prologue

1년 넘게 열심히 준비했던 첫 책 『처음 만드는 사계절 강아지 옷』을 따뜻한 봄에 출간하고, 다시 겨울이 왔습니다.

처음 했던 책 작업, 낯설고 서투른 부분들을 열정으로 채워가며 탄생시킨 첫 책이 강아지 옷을 만드는 데 정말 많은 도움이 되었다는 얘기를 들을 때마다 정말 보람 있고 기뻤습니다. 제 책으로 계절에 맞는 옷을 아가들에게 만들어 입혀주며 행복한 시간을 함께 나눌 수 있어 더욱 뜻깊은 날들이었습니다. 많은 사랑을 받은 『처음 만드는 사계절 강아지 옷』을 통해 개엄마들과 함께 소통하며, 실제로 옷을 만들면서 겪는 고충과 궁금한 점들, 더 다양한 트렌디한 옷에 대한 요구로 인해 두 번째 책인 『트렌디한 강아지 옷 만들기』를 내놓게 되었습니다. 한정된 지면상 첫 책에 담지 못했던 더 알찬 정보들을 수록하여, 따뜻한 옷이 절실히 필요한 올겨울부터 한 차원 업그레이드된 트렌디한 강아지 옷을 만들 수 있습니다.

첫 책 『처음 만드는 사계절 강아지 옷』이 초보자를 위한 지침서로, 기초에 충실한 꼭 필요한 베이직 아이템들을 모아놓았다면, 이번 『트렌디한 강아지 옷 만들기』에는 누구나 갖고 싶어하는 꿈의 아이템들을 엄선하여, 보다 완성도 높고 훨씬 더 스타일리시한 연출이 가능하도록 저의 모든 노하우를 담아 구성했습니다.

이 책에는 패턴을 직접 그리거나 변형·수정할 수 있는 법, 어려워서 피하게 되는 바지 만들기, 작은 차이로 명품을 만들 수 있는 팁, 전문가들이 사용하는 장비 또는 특수한 장식 등 좀 더 심도 있는 고급 정보들을 알차게 다루었습니다. 또한, 대형견을 위한 옷과 3가지 상하의로 9가지 스타일을 연출할 수 있는 완소 아이템을 소개하였으며, 각종 행사나 파티를 위한 스페셜한 스타일의 옷도 다양하게 실었습니다. 이 책을 통해 디자인숍에서 판매하는 고가의 의상을 합리적인 가격으로 직접 만들 수 있습니다. 나만의 개성까지 더한 트렌디한 스타일로 우리 아가들의 봄, 여름, 가을, 겨울, 사계절을 준비해보세요.

첫 책을 시작으로 이번 책을 만들기까지 내 인생 그 자체인 사랑하는 우리 신랑과 우리 두 딸들(똥가혜와 개아둥), 든든한 지원과 응원을 아끼지 않은 가족들, 그리고 책 속의 과정 컷에 들어갈 손의 손톱까지도 완벽하게 신경 써서 준비하고, 부끄러울 법한 모델 역할도 마다하지 않으며 도와준 공방 식구들(최미라 선생님, 이은정 선생님)께 감사드립니다. 또 소중한 기회를 주신 주정관 대표님과 예쁜 아이들 사진을 함께 보며 피로를 이겨내고 애써주신 출판사 편집부에 가슴 깊은 감사의 마음을 전합니다.

공방에서 아둥엄마

어느덧 계절이 바뀌어 다시 쌀쌀해진 공기가 낯설지 않네요.
우리 아이들도, 우리도, 작년에 입었던 옷을
다시 꺼내야 하는 계절이 왔답니다.
지난 계절 한 땀, 한 땀, 예쁜 옷을 만들던 추억을 떠올리며
앞으로 더 행복할 소망을 담아봅니다.

자, 다시 한 번 재봉틀 앞에 앉아,
사랑하는 내 아이를 위한
마법의 바느질을 시작해보면 어떨까요.

contents

prologue 4

이 책의 특징 10

실물 패턴(옷본)의 구성 11

강아지 옷 만들기 전에 알아두어야 할 것

Lesson 1 도구의 이해와 선택 34

Lesson 2 원단의 이해와 선택
  원단의 방향 35
  원단의 소요량 계산하기 36
  원단의 종류 36

Lesson 3 장식 소품의 종류와 사용법
  각종 장식 소품 37
  레이스 / 리본 38
  여밈 단추 39
  여밈 단추 다는 법 40
  장식 소품 다는 법 42

Lesson 4 강아지 옷 만들기
  STEP 1 각 부위별 명칭 및 치수 재는 방법 46
  STEP 2 패턴 그리는 방법(기본 티셔츠) 48
  STEP 3 패턴 재단하기 50

Lesson 5 우리 강아지에게 만들어줄 옷 선택 시 주의사항 52

Lesson 6 옷 만든 후, 체크 사항 55

일러두기
수준에 맞게 작품을 선택하고
완성할 수 있도록 옷마다 난이도를
표시했습니다.

초급 ★ 1~2개
중급 ★ 3개
고급 ★ 4~5개

· 64 ·
Clothes 1 ★
고깔모자 티셔츠

· 70 ·
Clothes 2 ★★
딸기 샤벳 데님 원피스

· 76 ·
Clothes 3 ★★★
플로라 튜튜 원피스

· 84 ·
Clothes 4 ★★★
노리 점프 수트

· 92 ·
Clothes 5 ★★★★★
안젤로 웨딩드레스
& 턱시도

· 106 ·
Accessory ★
블링블링 왕관 핀

· 110/115 ·
Etc ★★★
이지 핫 강아지 슬링
& 매너벨트

· 128 ·
Clothes 1 ★★
딸기공주 나시 원피스

· 134 ·
Clothes 2 ★★★
멍스쿨 마린룩

· 140 ·
Clothes 3 ★★
도트 하네스 원피스

· 146 ·
Clothes 4 ★★★
뽀송한 샤워 가운

· 150 ·
Clothes 5 ★★★★
마린 올인원

· 158 ·
Etc 1 ★
편리한 손타월

· 162 ·
Etc 2 ★
수세미 장난감

· 164 ·
Etc 3 ★
마린 쿨매트

· 174 ·
Clothes 1 ★★★
소공녀 케이프 원피스

· 182 ·
Clothes 2 ★★★★
아멜리에 트렌치코트

· 190 ·
Clothes 3 ★★★★
조블랙 멜빵 정장

· 198 ·
Clothes 4 ★★★★★
클로이 레이스 원피스

· 204 ·
Clothes 5 ★★★★★
콜린 라이더 재킷

· 214 ·
Accessory 1 ★
클로이 레이스 리본 핀

· 216 ·
Accessory 2 ★★★★
하트 가죽 목걸이 & 목줄

· 220 ·
Etc ★★★
청바지 방석

· 232 ·
Clothes 1 ★★
바니 니트 조끼

· 238 ·
Clothes 2 ★★★★★
제임스 패딩 점퍼

· 248 ·
Clothes 3 ★★★★★
윈터리 퍼피 코트

· 256 ·
Clothes 4 ★★★★
밀리터리 커플룩

· 270 ·
Accessory 1 ★★
밀리터리 군모

· 274 ·
Accessory 2 ★
청땡땡이 칼라 장식

· 278 ·
Accessory 3 ★
따뜻한 니트 스누드

SPECIAL

• 292 •
Top & Bottom 1
Top ★★ Bottom ★
플라워 칼라 줄무늬 티셔츠
& 플랜 치마

• 300 •
Top & Bottom 2
Top ★★ Bottom ★★★★
맨투맨 티셔츠
& 청바지

• 310 •
Top & Bottom 3
Top ★★★ Bottom ★★
칼라 레이스 셔츠
& 튜튜 치마

• 320 •
Big Dog ★
대형견 고깔 후드티

대형견
'트렌치코트' 만드는 방법은
182p를 참고하세요!

아둥바둥 공방 소개 **326**

원단 및 부자재 구매 팁 **328**

옷 만들 때 찾아보기

손바느질 방법 **332** 시접 정리 방법 **333** 바이어스 만드는 방법 **334**
바이어스 싸는 방법 **335** 시보리 처리 방법 **336** 끝단 처리 방법 **337** 말아박기 **337**
쌍침 사용하기 **338** 노루발 **338** 주름 잡는 방법 **339** 가위집 넣는 방법 **340**
고무줄 넣는 방법 **340** 바지 고무줄 넣는 방법 **341** 지퍼 다는 방법 **345** 심지 사용하기 **346**
싸개단추 **347** 단추 다는 방법 **348** 패턴 수정하는 방법 **350**

이 책의 특징

난이도
난이도에 따라 구분되어 있어 쉬운 옷부터 단계적으로 시작할 수 있다.

패턴 배치표
패턴을 원단에 짜임새 있게 배치하도록 도움을 준다(부속 원단은 따로 준비하도록 표시되어 있음).

디자인 과정 안내
기본 패턴에서 만들 옷의 디자인을 한눈에 알아보기 쉽게 응용 풀이 맵을 보여준다.

사용 원단, 부자재 및 대체 가능 표시
부위별 사용 원단과 대체 가능한 원단을 소개해 원단 선택의 폭을 넓혀주어 다양한 작업이 가능하다.

남·여 선택 가능
공통 디자인에서도 성별에 따라 실물 패턴 상에 배 길이를 다르게 선택할 수 있도록 표시되어 있다.

다양한 패턴(옷본)
후드형, 망토형, 원피스형, 올인원형, 래글런 소매형 등 다양한 스타일의 패턴이 수록되어 있어 만드는 옷의 스타일을 확인한다.

패턴(옷본) 수정
다양한 패턴의 옷을 견종에 맞게 수정할 수 있도록 각각 스타일별로 부위별 사이즈 수정법을 자세히 소개한다. ▶ 350~359p 참고

만드는 과정
'원단 재단하기'부터 시작해 '완성'까지 강아지 옷 만드는 전체적인 흐름을 파악할 수 있다.

원단 재단하기
부위별 사용 원단과 얼마의 시접을 주고 재단하는지를 담고 있다.

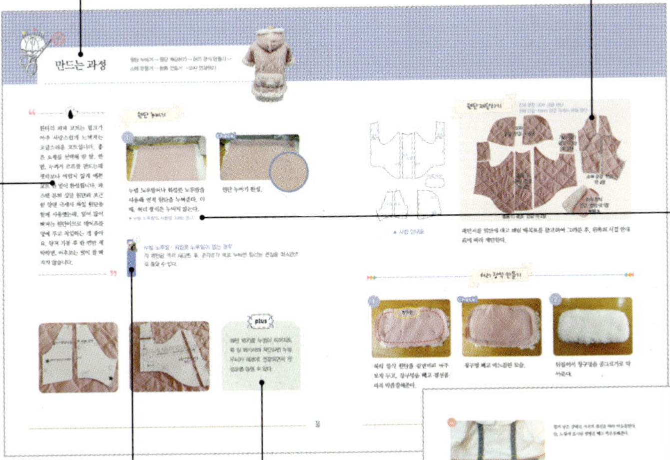

옷 만들 때 찾아보기
따라 하기 어려운 부분은 따로 '옷 만들 때 찾아보기(330p)'를 할애해 사진과 함께 자세한 설명을 담았다.

옷의 특징
만들 옷의 원단 특징이나 디자인 특징, 또 옷의 포인트를 중심으로 디자인 전반의 중요 내용을 소개한다.

plus & tip
알아두면 좋은 유용한 정보는 'plus'로, 옷을 만들 때 당장 필요한 정보는 'tip'으로 구분해 표시했다.

완성 옷 점검
옷의 앞면, 옆면, 윗면까지 상세한 완성 컷을 보여주어 만든 옷의 완성 모양을 점검할 수 있다.

실물 패턴(옷본)의 구성

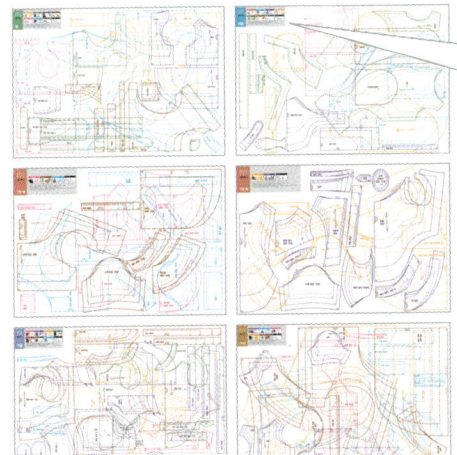

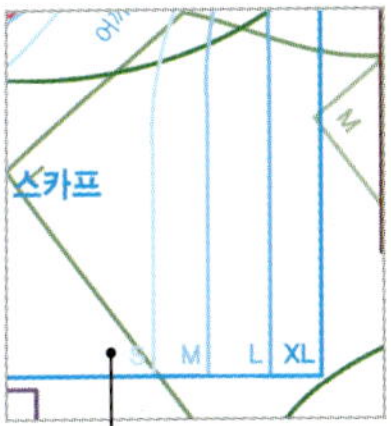

*총 3장(앞뒤 양면)
실물 패턴 1 - 봄
실물 패턴 2 - 여름
실물 패턴 3 - 가을 ①
실물 패턴 4 - 가을 ②
실물 패턴 5 - 겨울
실물 패턴 6 - 스페셜

패턴 위치 안내
복잡한 패턴에서 내가 만들 옷의 위치를 쉽게 찾을 수 있게 색깔별로 위치를 안내한다.

패턴의 구분
각 사이즈별로 색깔의 채도 차이를 주어, 찾기 쉽게 구분했다.

RIDER JACKET

여름내 뜨거운 햇볕을 피해
웅크리고 있던 몸을 펴,

엄마,
우리 여행 가요!

차갑고 설레는 이 공기를 만나러 밖으로 나가요.

엄마!
옷 입으니까
진짜 따뜻해~

따뜻하게 안아주던 엄마 품도 좋지만,
엄마의 사랑으로 만든 따스한 옷을 입고,
가족의 웃음소리로 가득한 산책을 하고 싶어요.

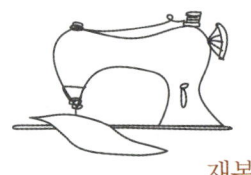
드르륵~
재봉틀 소리와 함께 다시 마법이 시작됩니다.

강아지 옷을 만들어본 사람만 아는 즐거움.

만들어보았기에 조금 더 욕심을 부려도, 괜찮아요.

스타일리시하면서도
조금 더 따뜻하고, 꼭 맞는
옷을 만들어주세요.

나의 엄마가
되어줘서
고마워요!

사랑하는 이를 위한
마법과 같은 나만의 특별한 시간.

스타일을 살려주는 트렌디한 강아지 옷 만들기.
이제 시작해볼까요?

엄마, 새 옷
만들어줄 거예요?
두근두근 짱 좋아!

강 아 지 옷

만 들 기 전 에

알 아 두 어 야 할 것

Lesson 1
도구의 이해와 선택

강아지 옷을 만들기 위해 모든 도구를 꼭 완벽하게 준비할 필요는 없다. 정말 꼭 필요한 도구만 먼저 준비하고, 작업량이나 완성도에 맞춰 부차적으로 필요한 도구들을 추가로 준비하는 것도 요령이다. 쓸데없는 낭비를 막기 위해 필요도에 따라 도구를 3단계로 구분했다.

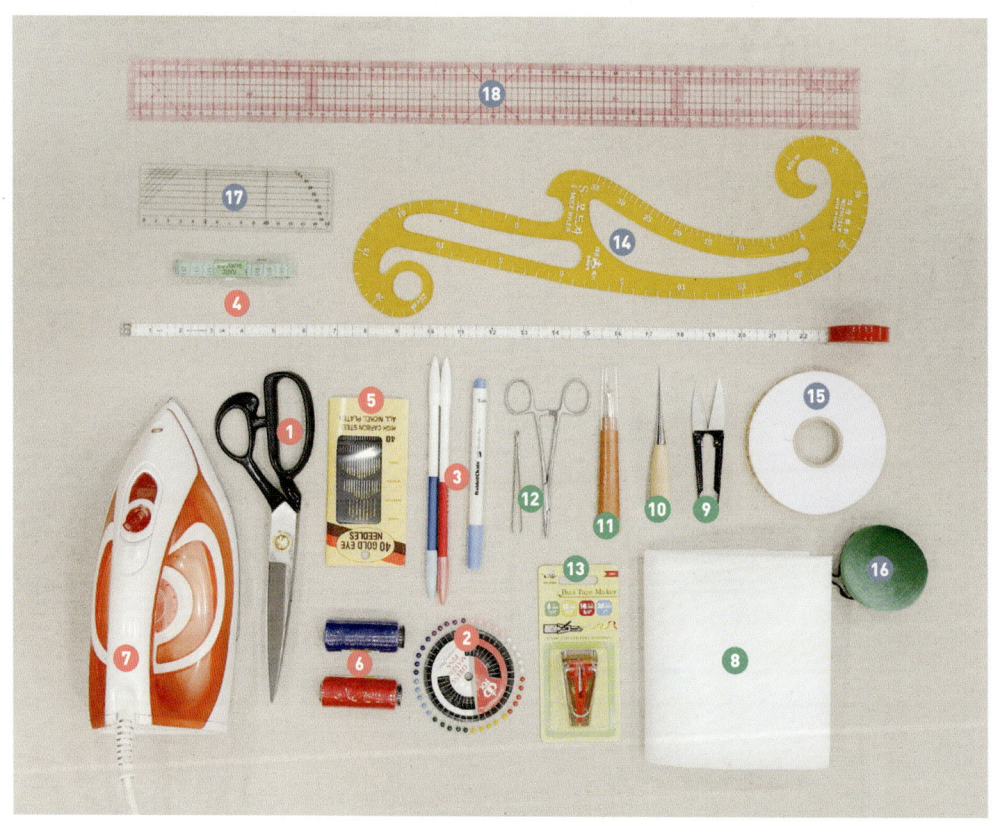

1단계 ★★★
꼭 필요한 기본 도구

1 가위(재단용)
2 시침핀(수예용)
3 수성펜 또는 초크
4 줄자
5 바늘
6 실
7 다리미

2단계 ★★☆
있으면 도움이 되는 도구

8 부직포 패턴지
9 쪽가위
10 송곳
11 리퍼(실뜯개)
12 겸자 가위 & 고무줄 끼우개
13 바이어스 메이커

3단계 ★☆☆
갖춰두면 좋은 도구

14 S모드(암홀자)
15 심지(다데테이프 등)
16 시침봉
17 시접자
18 그리딩 자

Lesson 2
원단의 이해와 선택

강아지 옷의 주재료인 원단을 이해하고, 원단의 방향에 따른 특성을 알고 옷을 만들어야 옷이 틀어지거나 변형되는 것을 막을 수 있다. 또한 각 계절에 맞는 적절한 원단을 선택하기 위해서도 원단을 제대로 아는 것은 중요하다.

원단의 방향

원단은 방향을 꼭 지켜서 사용해야 한다. 그렇지 않으면 옷이 틀어지거나 세탁 후 모양이 변형될 수 있다.

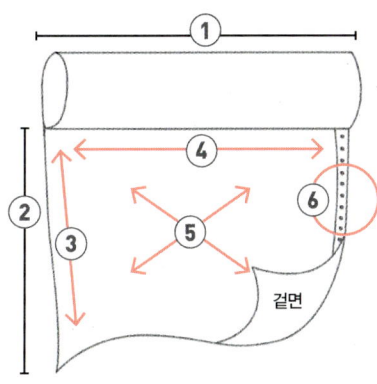

1 **원단 폭** 44인치~60인치 등 다양.
2 **원단 길이** 보통 1마(90cm) 단위로 판매.
3 **식서 방향** 원단이 풀리는 방향(원단의 길이 방향으로 보통 1마 단위를 계산하는 방향). 늘어짐이 적어 중력이 향하는 방향으로 사용한다.
4 **푸서 방향** 식서 방향에 비해 잘 늘어나는 방향(원단의 폭 방향). 신축성이 좋아 운동하는 방향으로 사용한다.
5 **정 바이어스** 가장 잘 늘어나는 방향(사선 방향)으로 목, 소매와 같은 곡선에 사용한다.
6 **원단의 겉과 안** 원단의 식서에 타공 면이 튀어나온 쪽이 겉면이다. 만약 원단의 식서가 잘리고 없을 때는 무늬가 선명하고 면이 부드러운 쪽을 겉면으로 본다.

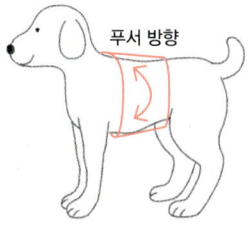
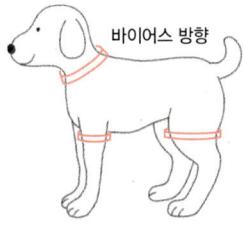

▶ **푸서 방향**
강아지의 몸통 방향(가슴둘레 방향)을 푸서 방향으로 배치한다.

▶ **바이어스 방향**
목, 소매 등의 곡선(진동)은 바이어스 방향을 사용함으로써 움직임이 자유롭게 해준다.

원단의 소요량 계산하기

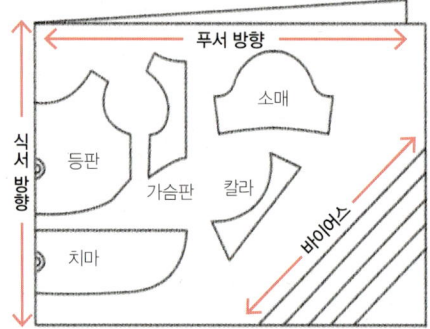

원단의 폭을 고려해 왼쪽 그림처럼 강아지 옷 패턴(옷본)을 몸통 방향을 살펴 배치한다. 이때 큰 조각부터 배치한 후 작은 조각까지 차례로 배치해본 후, 필요한 원단을 계산한다.
조각 사이의 간격은 시접분(0.5cm~3cm)을 고려하여 넉넉하게 배치해서 전체적인 소요량을 가늠한다.

원단의 종류

강아지는 털 때문에 마찰이 적고, 통풍이 잘되는 원단을 골라 사용하는 것이 좋다. 신축성, 두께에 따라 가봉의 난이도가 달라지니 이 점을 참고하여 다양한 원단으로 만들어보자.

니트류 : 무지 다이마루
1. 30수 싱글(화이트)
2. 분또(옐로우)
3. 30수 PK 원단(화이트)
4. 미니쭈리(멜란그레이)
5. 3단쭈리(레드)

니트류 : 다양한 다이마루
1. 20수 싱글 나염 원단
2. 나염 미니쭈리
3. 퀼팅 나염 다이마루
4. 면 타올지
5. 기모 미니쭈리

직기류 : 기본 직기
1. 20수 린넨(마)
2. 20수 광목(면)
3. 30수 면트윌
4. 40수 면혼방
 (TC=면+나일론)

직기류 : 나염 직기
1. 30수 나염 린넨
2. 20수 나염 광목
3. 20수 나염 옥스퍼드
4. 40수 나염 면혼방

직기류 : 체크 직기
1. 30수 면 선염 체크
2. 30수 나일론 선염 체크
3. 10수 모직 하운드 체크 원단
4. 20수 울 하운드 체크 원단

직기류 : 청지 직기
1. 워싱 청지
2. 나염 청지
3. 청해지
4. 면청지
5. 스판 청지

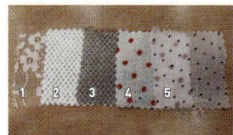

레이스 · 망사류
1. 라셀 레이스
2. 망사
3. 망사 튜튜
4. 나염 거즈
5. 쉬폰 망사

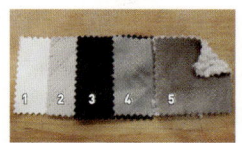

화학섬유 : 가죽류
1. 인조 가죽(아이보리)
2. 퀼팅 가죽(베이지)
3. 모직
4. 스웨이드
5. 본딩 스웨이드
 (스웨이드+뽀글이 덤블)

화학섬유 : 퍼(fur)류
1. 5mm 양면 파일
2. 나염 극세사
3. 폴라폴리스
4. 나염 폴라폴리스
5. 나염 벨보아

화학섬유 : 특별한 소재
1. 네오플랜
2. 아크릴 니트
3. 누빔 다후다(안감용)
4. 나염 다후다
5. 하드 공단(세틴)지

Lesson 3
장식 소품의 종류와 사용법

기본 디자인의 옷에 장식 소품으로 적절한 레이스나 와펜, 금속 장식 등을 붙여주면 디자인 포인트가 되어 옷이 확실히 완성도가 높고 예뻐진다. 다양한 소품의 명칭만 정확히 알아두면 인터넷 쇼핑몰 등에서 구입해 사용할 수 있다.

각종 장식 소품

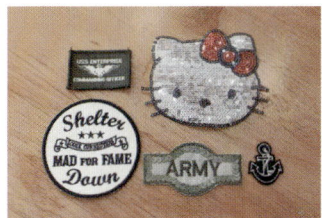
각종 와펜

각종 장식품

각종 스트링(줄)

각종 단추

각종 부자재

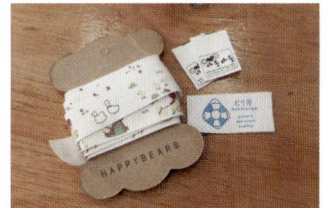
각종 라벨

레이스

이중 주름 레이스 / 면 자수 레이스 / 라셀 레이스

토숀 레이스 / 토숀 주름 레이스 / 오간디 주름 레이스

리본

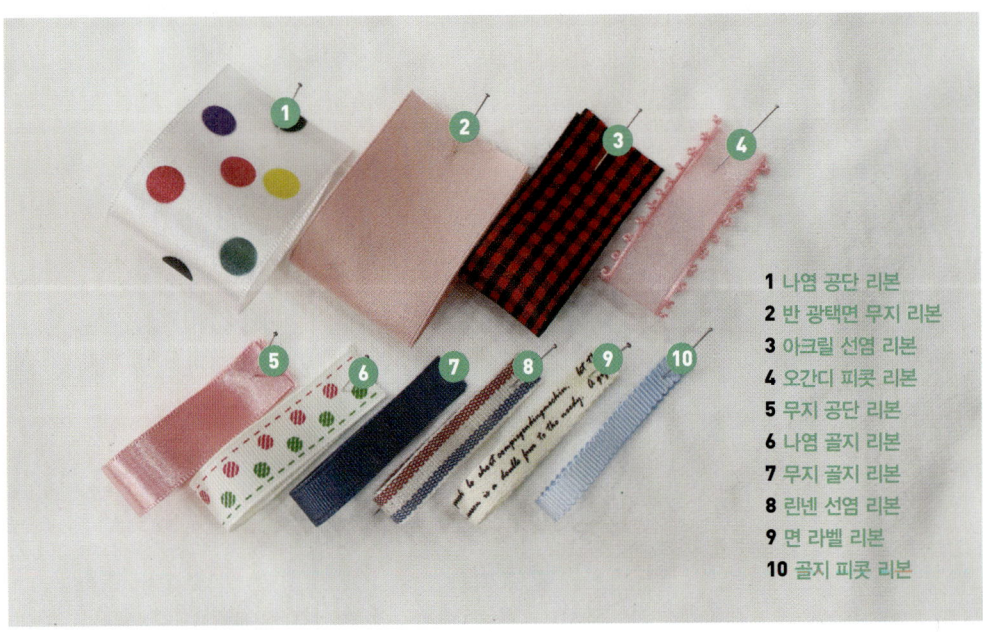

1 나염 공단 리본
2 반 광택면 무지 리본
3 아크릴 선염 리본
4 오간디 피콧 리본
5 무지 공단 리본
6 나염 골지 리본
7 무지 골지 리본
8 린넨 선염 리본
9 면 라벨 리본
10 골지 피콧 리본

여밈 단추

도트(똑딱이 단추)는 다양한 종류와 사이즈가 있다. 강아지 옷을 만들 때 적절한 곳에 사용하면 좀 더 예쁜 옷을 만드는 데 도움이 되므로, 각각의 장단점을 살펴보도록 하자.

	장점	단점	도구 ▶ 40p 참고
스냅 단추	저렴하고 도구가 필요 없다.	장식적인 요소가 다소 부족하고 약하다.	도구 필요 없음.
가시도트	깔끔하게 마감할 수 있으며, 다양한 장식 종류가 있다(진주 가시도트, 큐빅 가시도트 등).	원단의 손상이 불가피하고, 두꺼운 원단에는 사용 불가능하다.	손 몰드+고무 망치 스냅 기구 압축기+기계식 몰드
T도트	완성도가 높고 색상이 다양하며, 상대적으로 불량률이 적어 원단의 손상이 적다. 양면 의상에 적합하다.	두꺼운 원단에 적합하지 않고, 단가가 비싸다.	손 몰드+고무 망치 스냅 기구 압축기+기계식 몰드
링도트	두꺼운 아우터에 많이 사용되며, 고장이 잘 나지 않는다.	단가가 비싸고 수선이 어려우며, 부착 시 불량률이 높다.	손 몰드+고무 망치 압축기+기계식 몰드
스프링도트	완성도가 높고 다양한 디자인과 사이즈가 있으며, 두꺼운 원단이나 가죽에도 적합하다.	단가가 비싸고 수선이 어렵다. 사용 중 스프링 부분이 고장 날 수 있다.	손 몰드+고무 망치 압축기+기계식 몰드

여밈 단추 다는 법

 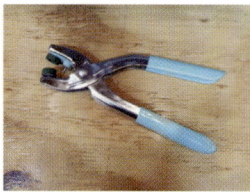 

1 손 몰드+고무 망치 **2** 스냅 기구 **3** 압축기+기계식 몰드

▶ **스냅 기구 사용법**

기구마다 모양이 조금씩 다르므로 기구의 설명서를 토대로 사진과 같이 가시도트를 넣는다. 아래쪽은 가시 모양이 위를 향하도록 두고, 위쪽은 수놈 또는 암놈의 도트를 사진과 같은 방향으로 넣는다.

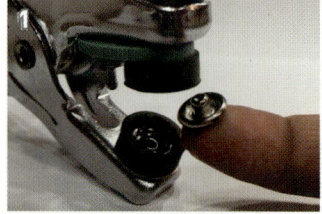 

스냅 단추 수놈 장착하는 모습. 스냅 단추 암놈 장착하는 모습.

원단을 기구 사이에 두고, 손잡이를 지긋이 꾹 눌러준다. 수놈 완성된 모습. 동일한 방법으로 암놈도 부착한다. 위아래 모두 완성된 모습.

▶ **압축기+기계식 몰드 사용법**

각각의 도트는 각 사이즈와 종류에 맞는 몰드를 별도로 준비해야 한다.

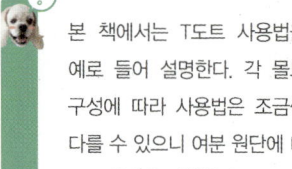

본 책에서는 T도트 사용법을 예로 들어 설명한다. 각 몰드 구성에 따라 사용법은 조금씩 다를 수 있으니 여분 원단에 테스트해본 후 장착한다.

가시도트   T도트   링도트   스프링도트

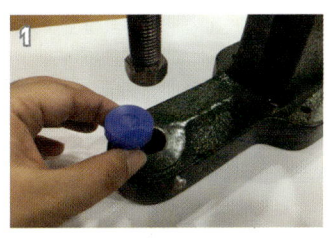
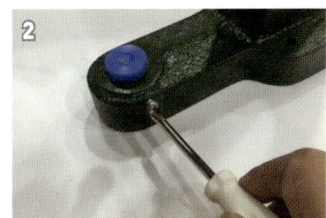

압축기의 밑동 부분에 아래 몰드를 끼워 넣는다.

나사로 조여 단단히 고정한다.

아래 몰드와 도트의 암놈, 수놈 모양이 동일한 T도트를 올린다.

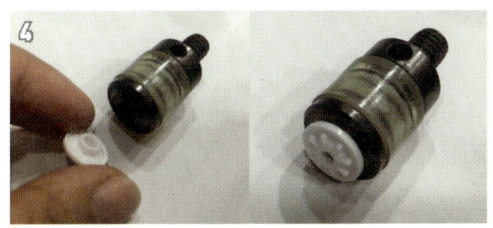

수놈 도트 장착 모습. 오목한 몰드에 끼웠을 경우, 정확하게 결합된다.

암놈 도트 장착 모습. 볼록한 몰드에 끼웠을 경우, 정확하게 결합된다.

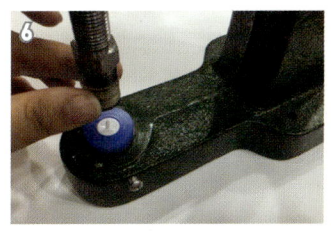

미리 준비해둔 압축기에 위 몰드를 나사에 돌려 끼워 단단히 고정한다.

도트를 고정할 부위에 미리 송곳으로 구멍을 뚫어준다.

아래 몰드의 도트에 끼워 넣는다.

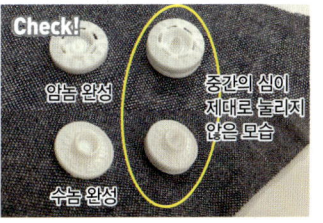

압축기 손잡이를 지긋이 눌러 완성한다. 오른쪽 사진은 완성된 모습.

이 과정을 암놈, 수놈을 한 번씩 번갈아가며 위 몰드를 변경하여 실행한다.

위 사진의 완성된 모습을 참고하여 제대로 장착되었는지 여부를 살핀다.

장식 소품 다는 법

장식 소품은 옷을 만들 때 꼭 필요한 요소는 아니다. 하지만 종류와 사용법을 알면 인터넷 등에서 쉽게 구매하여 완성도 높은 옷을 만들 수 있다.

	장점	단점	도구
솔트	나사와 볼트가 결합된 형태로, 별도의 장비 없이 작업이 가능하다. 다양한 형태와 소재로 연출 가능하다.	비싼 단가와 일일이 수작업으로 해야 하는 번거로움이 있다. 마감이 무겁다.	손작업
가시발	단가가 저렴하며, 별도 장비 없이 작업이 가능하다. 다양한 형태와 소재로 연출 가능하다.	뒷면 마감이 다소 거칠다. 많은 양의 작업을 해야 할 경우, 기계식 몰드가 효율성이 높다.	손작업 압축기+기계식 몰드
비즈	다양한 모양과 간편한 장착이 최대 장점이다. 단가도 저렴하고 쉽게 구할 수 있다.	사용 중에 떨어지기 쉽다. 일일이 손바느질해야 하는 번거로움이 있고, 뒷면에 자국이 남는다.	손작업(바느질)
리벳	앞, 뒷면 모두 깔끔한 마감이 가능하다. 다양한 디자인이 있으며, 가장 대중적으로 많이 사용되는 부속이므로 구하기가 쉽다.	반드시 장비가 있어야 하며, 모양과 사이즈가 다를 경우, 몰드를 각각 구비해야 한다.	손 몰드+고무 망치 압축기+기계식 몰드
아일렛	펀칭 스타일로 사이에 끈을 넣는 형태나 장식으로 다양하게 연출이 가능하다. 색상, 사이즈 등에 따라 의상뿐 아니라 소품에도 사용 폭이 넓다.	반드시 장비가 있어야 하며, 모양과 사이즈가 다를 경우, 몰드를 각각 구비해야 한다.	손 몰드+고무 망치 압축기+기계식 몰드
핫픽스 (멜팅비즈)	단가가 저렴하며, 나만의 디자인을 연출할 수 있다. 장착 방법이 비교적 간단하고 대중적이기 때문에 예쁘고 다양한 제품을 쉽게 구할 수 있다.	장착 후 사용과 세탁을 반복하다 보면 어느 정도 떨어져 나가는 점을 감수해야 한다.	다리미로 손작업 (스팀다리미 사용 불가)

▶ 솔트 다는 법

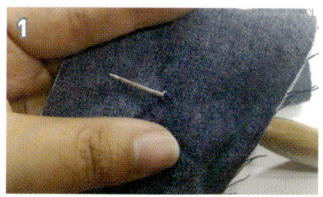
송곳을 이용하여 적당한 사이즈의 구멍을 뚫어준다.

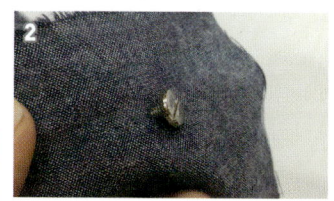
뒷면에 나사 부분을 끼워 넣는다.

겉면에서 바라본 모습.

겉면에서 너트에 해당하는 장식품을 끼워 돌려서 고정한다.

뒷면에 나사 부분을 끼워 넣는다.

완성된 모습.

▶ 가시발 다는 법

부착할 위치를 확인한 후, 겉면에서 사진과 같이 배치하여 꾹 눌러준다.

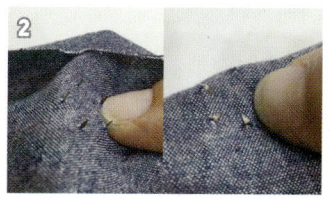
튀어나온 가시들을 손톱 또는 나무 막대기 등을 이용하여 안쪽으로 접어 넣어준다.

완성된 모습.

▶ 비즈 다는 법

비즈 양쪽의 구멍 위치를 확인한 후, 감침질로 여러 번 감듯이 박음질해준다.

완성된 모습.

▶ 리벳 다는 법

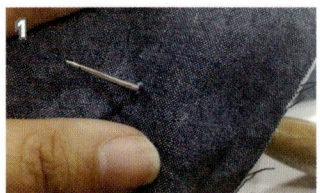
장착하려는 위치를 확인한 후 송곳을 사용하여 적당한 사이즈의 구멍을 뚫어준다.

뒷면에서 바라보고, 리벳 아래 부속을 끼워준다.

겉면에서 튀어나온 아래 부속 위로, 위 부속을 톡 소리가 나도록 끼워준다.

손 몰드를 겉면에서 바라보고 위 사진과 같이 덮어둔다.

고무 망치로 수평 상태로 여러 번 내리쳐서 고정한다.

완전히 겹쳐져 완성된 모습.

▶ 아일렛 다는 법

장착하려는 위치를 확인한 후 펀칭을 대고 고무 망치로 쳐서 구멍을 뚫는다(펀칭이 없는 경우, 작은 구멍은 송곳을 사용해도 좋다).

깔끔하게 구멍이 뚫린 모습. 이때 구멍의 크기는 실제 아일렛 내경 사이즈보다 작게 뚫는다(단, 가죽은 정 사이즈로 뚫는다).

겉면에서 바라보고 부속 중 기둥이 있는 위 부속을 사진과 같이 구멍에 끼워준다.

뒷면에서 바라본 모습.

받침 몰드를 준비한다.

몰드 위에, 뒷면이 위로 향하도록 사진처럼 배치한다.

나머지 부속을 위 사진과 같이 뒷면에서 보고 준비한다.

위 사진처럼 끼워준다.

누름쇠 몰드를 위 사진처럼 구멍에 끼워준다.

망치로 내리쳐서 고정한다. 이때 망치를 수평하게 내리치도록 유의한다.

완성된 모습(겉면에서 바라본 모습).

▶ 핫픽스(멜팅비즈) 다는 법

핀셋을 이용하여 핫픽스 부속을 그림을 그리듯 배치하여 준비한다.

같은 소재의 원단을 하나 더 준비하여 덮어준다.

다리미로 꾹 눌러 20~30초 고정해준다.

완성된 모습.

Lesson 4
강아지 옷 만들기

강아지의 각 부위별 명칭 및 치수 재는 방법을 알아보고, 옷본(패턴)을 그리는 방법과 시접을 계산해 재단하는 방법을 단계별로 하나씩 살펴보자.

STEP 1 — 각 부위별 명칭 및 치수 재는 방법

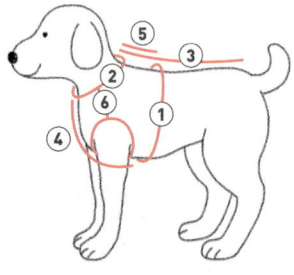 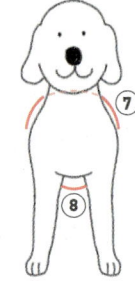 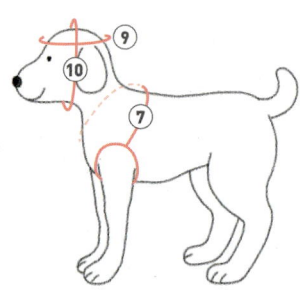

1. **가슴둘레** 가슴의 가장 두꺼운 부분을 말한다. 손가락 두 개를 붙여 쉽게 넣었다 뺄 수 있을 정도로 여유있게 잰다(가슴둘레가 30cm 이하 사이즈는 손가락 한 개, 40cm 이상은 손가락 서너 개 기준으로 측정한다).
2. **목둘레** 강아지 체인 목줄을 찰 때 위치로, 넉넉하게 측정한다.
3. **등 길이** 목둘레를 잰 목덜미 위치에서부터 척추뼈를 따라가다가 꼬리가 시작하기 1cm 전까지를 측정한다.
4. **앞가슴 길이** 목둘레를 측정한 앞 목을 시작으로 앞다리 사이를 지나, 겨드랑이 밑 1cm 지점까지 라운드로 측정한다.
5. **진동 라인 기준선** 겨드랑이 밑 하위 1cm 지점에서 올라간 등선에서부터 목둘레 측정선까지의 길이로, 강아지를 위에서 아래로 내려다볼 때의 길이다.
6. **어깨 너비** 목둘레 측정 라인에서 어깨뼈가 위치한 라인까지다.
7. **등 너비** 양쪽 앞다리 어깨뼈 사이를 등을 따라 곡선으로 측정한 너비다.
8. **앞가슴 폭** 앞다리 사이의 가슴둘레를 말한다.
9. **머리 둘레(가로-모자 만들기)** 귀 위 머리 둘레를 가로 방향으로 둥글게 잰 치수이다.
10. **머리 둘레(세로-스누드 만들기)** 정수리부터 턱밑까지 세로 방향으로 둥글게 잰다.

사이즈 측정할 때 주의할 점!
사이즈를 측정할 때는 무엇보다 강아지의 자세가 중요하다.
모든 다리를 곧게 뻗고 서 있는 상태에서 정면을 바라보도록 자세를 취하게 한 후 측정한다.
단, 가슴둘레와 목둘레를 잴 때는 손가락이 들어갈 수 있을 정도로 여유 있게 잰다.

내 강아지 사이즈 알아보기

사이즈를 선택할 때는 아래 사이즈 구성표의 가슴둘레를 기준으로 선택한 후, 옷을 만들 때 목둘레와 등 길이의 패턴을 조금씩 수정해주면 우리 강아지의 체형에 딱 맞는 옷을 만들어줄 수 있다(단, 체중은 발육 상태에 따라 절대적 수치는 아니니, 참고해서 사이즈를 정한다).

▶ 의류 사이즈 구성표

	가슴둘레	목둘레	등 길이	체중
S	30cm	21cm	20cm	~2kg
M	36cm	25cm	26cm	~4kg
L	43cm	29cm	32cm	~7kg
XL	49cm	32cm	38cm	~10kg
2XL	56cm	35cm	44cm	~13kg
3XL	65cm	39cm	50cm	~20kg
4XL	74cm	45cm	58cm	~31kg
5XL	84cm	51cm	65cm	~45kg

▶ 모자 사이즈 구성표

S	M	L
~20cm	~30cm	~40cm

STEP 2   패턴 그리는 방법(기본 티셔츠)

기본 티셔츠 그리딩 방법

패턴이 없거나 기본 체형과 많이 차이가 나는 경우, 직접 기본 패턴을 그려보자. 우리 강아지의 몸을 구석구석 살펴보고 하나씩 따라 그리면 그리 어렵지 않게 우리 강아지에게 딱 맞는 옷을 만들어줄 수 있다.

기준 사이즈 아동이 사이즈(단위:mm)
▶ 아메리칸 코카 스파니엘 8kg

등 길이 400	앞가슴 길이 150
가슴둘레 480	앞가슴 폭 90
목둘레 320	어깨너비 90
진동 라인 기준선 70	등 너비 220

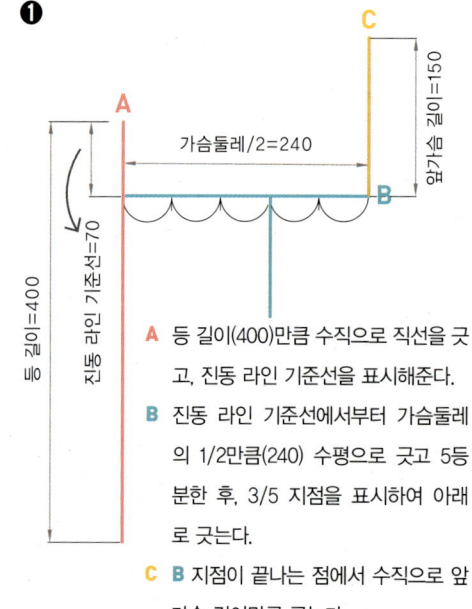

❶

A 등 길이(400)만큼 수직으로 직선을 긋고, 진동 라인 기준선을 표시해준다.

B 진동 라인 기준선에서부터 가슴둘레의 1/2만큼(240) 수평으로 긋고 5등분한 후, 3/5 지점을 표시하여 아래로 긋는다.

C B 지점이 끝나는 점에서 수직으로 앞가슴 길이만큼 긋는다.

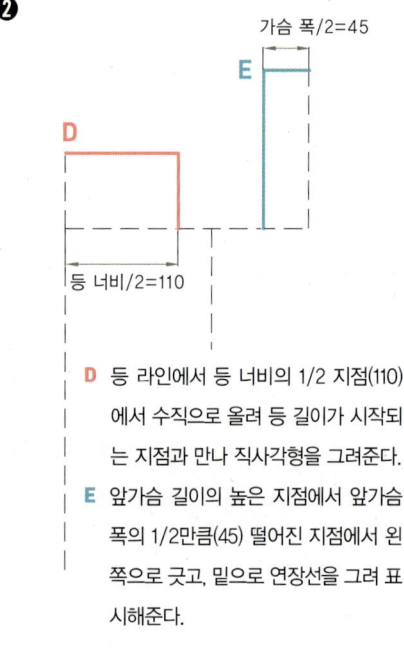

❷

D 등 라인에서 등 너비의 1/2 지점(110)에서 수직으로 올려 등 길이가 시작되는 지점과 만나 직사각형을 그려준다.

E 앞가슴 길이의 높은 지점에서 앞가슴 폭의 1/2만큼(45) 떨어진 지점에서 왼쪽으로 긋고, 밑으로 연장선을 그려 표시해준다.

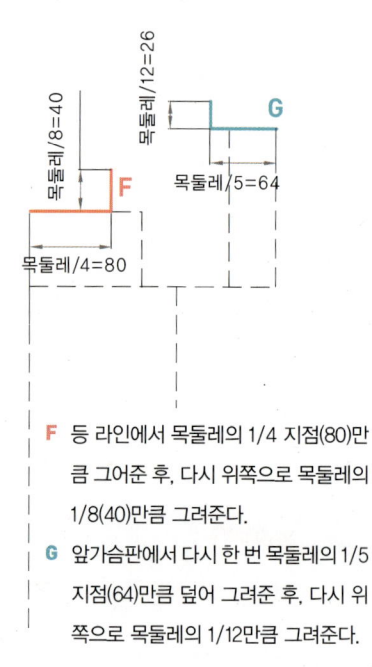

❸

F 등 라인에서 목둘레의 1/4 지점(80)만큼 그어준 후, 다시 위쪽으로 목둘레의 1/8(40)만큼 그려준다.

G 앞가슴판에서 다시 한 번 목둘레의 1/5 지점(64)만큼 덮어 그려준 후, 다시 위쪽으로 목둘레의 1/12만큼 그려준다.

❹

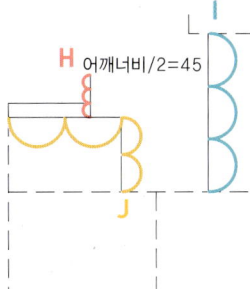

H 목둘레의 1/8 지점 한 선분을 3등분해 표시해둔다.
I ❶의 **C**에서 그려뒀던 라인을 3등분 해준다.
J 수직과 수평 방향으로 2등분해 표시한다.

❺

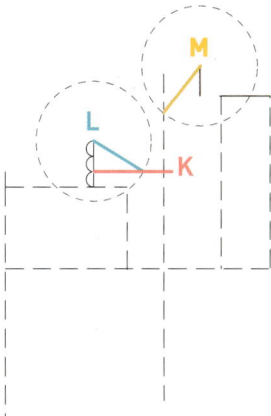

K 1/3 지점에서 오른쪽으로 연장해 그린다.
L 측정된 어깨 너비에서 20%가량을 뺀 후, 그 치수를 반지름으로 사용하여 **L** 지점을 중심으로 원을 그려 **K**라인과 만나는 점을 찾아 직선을 긋는다.
M 가슴 쪽 어깨 라인도, 그림의 중심에서 원을 그려, 겨드랑이 밑선에서 **L**과 동일한 길이로 그어 생성한다.

❻

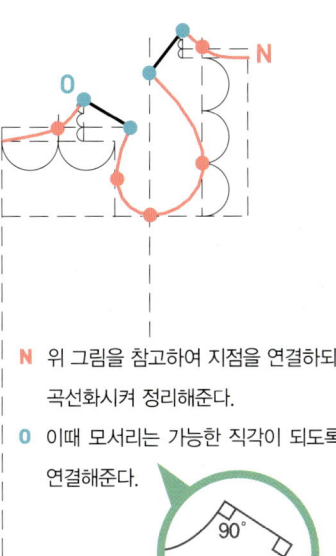

N 위 그림을 참고하여 지점을 연결하되, 곡선화시켜 정리해준다.
O 이때 모서리는 가능한 직각이 되도록 연결해준다.

❼

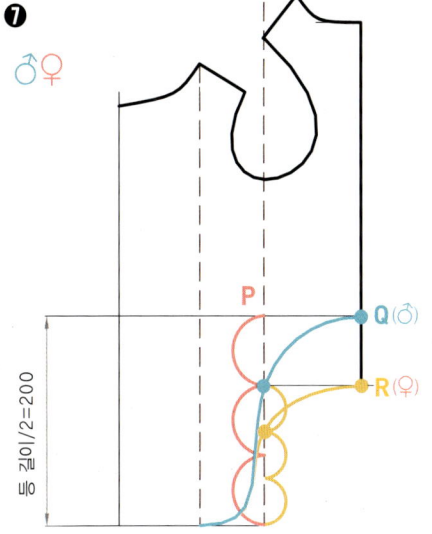

P 등 길이의 1/2 지점에서 3등분하여 그림과 같이 표시한다.
Q(♂) 표시된 점을 연결하여 마무리한다.
R(♀) 나머지 길이를 다시 3등분한 후, 그림과 같이 표시된 지점을 연결하여 마무리한다.

STEP 3   패턴 재단하기

가봉 방식에 따른 시접분 계산하기

바이어스 싸기 시접 0cm

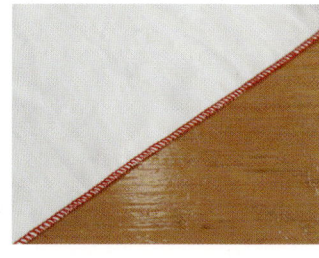
인터록 처리하기 시접 0cm

시보리 처리하기 시접 1cm

말아박기 시접 1~3cm

오버록 처리한 후 접어박기
시접 1~2cm

기본 시접 연결 시접 1cm

위의 방식을 참고하여, 본 패턴에 시접분을 계산해서 원단에 그려준 후 재단한다. 초보자의 경우에는 원본의 패턴 라인과 시접 라인을 함께 그려준다. 일반적인 가봉 방식의 경우, 시접은 1cm 정도면 적당하다.

원단 및 디자인에 따른 여유분 늘리기

원단의 신축성이 없거나 두꺼운 경우, 가슴둘레에서 1~3cm 정도를 여유분으로 늘려준다. 목에 칼라나 후드가 붙어 있는 경우, 1~2cm 정도 목둘레를 여유분으로 늘려준다. ▶ 가슴, 목둘레 사이즈 조절하기 351~352p 참고

여밈분 늘리기

여밈 스타일의 옷은 가슴이나 등 또는 단추(도트) 사이즈에 따라 여밈분이 달라진다. 단추 사이즈가 다르거나 샘플과 다르게 응용하여 변경하고 싶다면 아래 내용을 참고해보자.

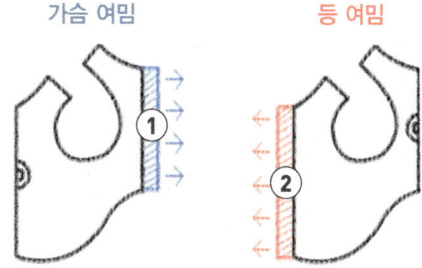

▶ **여밈 부위 늘리기**
① 총 겹침 부위의 1/2만큼 늘려준다.
② 등 여밈의 경우, 가슴 여밈보다 1cm 정도 더 늘려준다.

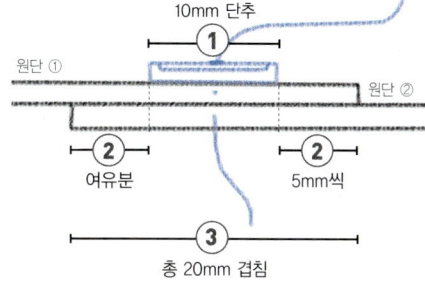

▶ **여밈 부위 계산**
① 단추 지름. ② 단추 양옆의 여유분. ③ 원단 겹친 부위 총 20mm.

※ 책의 실물 패턴에는 원단과 디자인에 대한 여유분 및 여밈분이 포함되어 있으니 가봉 방법을 참고하여 시접을 계산한 후 재단한다.

내 몸에 딱!
완전 편해요~

Lesson 5
우리 강아지에게 만들어줄 옷 선택 시 주의사항

강아지 체형에 딱 맞아떨어지는 디자인을 찾아 만들어준다면 보기에도 예쁘고 강아지들이 활동하기에 더 편안하고 기분 좋을 것이다.
다음의 주의사항을 살펴보고, 우리 강아지에게 알맞은 디자인을 고려해서 만들어보도록 하자.

	이런 강아지에게 어울려요!	이런 강아지는 피해 주세요!
H라인의 상의가 길고 치마가 짧은 옷 (목, 소매, 허리 조임 없음) 	등 길이가 길고 허리가 가는 강아지에게 어울린다. 특히 여자 강아지의 경우, 배를 깊이 덮을 수 있어 겨울에 좋다. ex) 아프간 하운드, 푸들	등 길이가 길고 뚱뚱한 강아지는 더 뚱뚱해 보이고 답답할 수 있다. ex) 페키니즈, 퍼그
A라인의 상의가 짧고 치마가 풍성한 옷 (목, 소매, 허리 조임 없음) 	등 길이가 짧은 강아지에게 어울린다. 특히, 허리가 너무 가는 강아지들은 풍성한 치마가 체형을 보완해주므로 아주 좋은 아이템이 될 수 있다. ex) 요크셔 테리어, 치와와	등 길이가 길고, 허리가 긴 강아지들의 경우, 치마가 양쪽 옆구리로 흘러내려서 상하의가 따로 놀 수 있다. ex) 푸들, 몰티즈 등
H라인 민소매 T 바이어스 마감 (목, 소매, 허리 조임 없음) 	비교적 가슴에서부터 허리까지 일자로 이어지는 강아지에게 불편하지 않고 넉넉하게 입힐 수 있다. ex) 웰시 코르기, 샤페이 – 다리털만 기르는 강아지 또는 털이 붕 뜨는 스타일의 강아지는 바이어스 마감한 옷이 입히고 벗기기도 쉽고, 털이 엉키지 않게 도와주어 좋다. ex) 코카 스파니엘, 포메라니안	초소형견의 경우, 몸에 비해 머리가 크기 때문에 상대적으로 신축성이 적은 바이어스 마감은 입었다 벗기기가 불편하므로 적합하지 않다. 신축성 좋은 시보리 마감이 좋다. ex) 초소형 몰티즈, 요크셔 테리어 – 허리가 가는 강아지들의 경우, 허리를 잡아주지 않는 옷은 허리단이 몸에서 많이 떠 있어서 핏이 좋지 않다. ex) 아프간 하운드, 쉽독

꼭 맞는
옷이 좋아요!

	이런 강아지에게 어울려요!	이런 강아지는 피해 주세요!
A라인의 민소매 T 시보리 마감 (목, 소매, 허리 조임 있음) 	시보리 마감이 된 옷은 모든 견종들에게 전체적으로 핏감이 좋으며 신축성도 좋아 활동성이 좋다.	시보리 마감은 보통 감싸주는 소재이기 때문에 목이 두껍고 짧은 견종에겐 불편하고 답답하기에 좋지 않다. ex) 불독, 불 테리어, 차우차우
일반 소매 T 시보리 마감 (목, 소매, 허리 조임 있음) 	시보리 마감에 소매가 있는 옷은 다리가 가는 견종들의 경우 따뜻하게 몸을 감싸주며 체형을 보완해주어 좋다. ex) 치와와, 몰티즈	털을 많이 기르고 있는 장모 견종의 경우 소매가 있는 옷은 털이 엉키기 쉽고, 움직임이 불편하다. ex) 요크셔 테리어
래글런 소매 T 시보리 마감 (목, 소매, 허리 조임 있음) 	소매가 큰 래글런 옷은 대표적인 스포츠옷 디자인으로, 다리가 짧거나 목이 두껍고 긴 강아지를 제외하고는 대부분의 강아지에게 활동이 편안한 옷이다.	가슴이 벌어지고, 다리가 짧은 견종의 경우 소매 진동이 큰 래글런 스타일의 옷은 잘 벗겨질 수 있으니 피하는 게 좋다. ex) 닥스훈트, 웰시 코르기, 페키니즈
망토형 원피스 또는 티 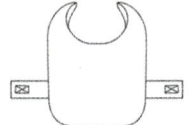	부한 털을 가진 강아지에겐 털을 누르지 않고 덮어만 주는 형식으로 털이 엉키지 않게 도와주며, 여름엔 배 부분이 오픈되어 있어서 시원하고 좋다. ex) 포메라니안, 비숑 프리제	허리가 너무 가는 견종은 엉덩이 부분이 붕 떠서 일자형 망토는 잘 어울리지 않는다. ex) 도베르만 핀셔, 달마시안

Lesson 6
옷 만든 후, 체크 사항

안 맞는 옷을 입었을 때 나타나는 문제점들을 살펴보고, 옷을 만들 때 중점적으로 체크해야 할 사항들을 정리했다. 다음의 사항들을 하나씩 점검하면서 옷을 만들기 전에 옷의 사이즈를 수정 보완한다면 좀 더 완성도 높은 강아지 옷을 만들 수 있다.

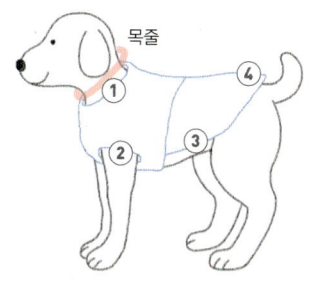

▶ 민소매 원피스

- ☐ **1** 일반 목줄을 채웠을 때 목줄보다 아래 위치에 목둘레가 있고, 손가락 1~2개 정도가 들어갈 정도의 여유가 있는지 확인한다.
- ☐ **2** 진동이 너무 파여 있거나, 혹은 너무 좁아서 활동에 불편하지 않는지 확인한다.
- ☐ **3** 치마가 겨드랑이 밑에서 끝나서 주름진 치마의 경우 옆구리 밑으로 흘러내리지 않는지 확인한다.
- ☐ **4** 치마 길이가 꼬리가 올라갔을 때 덮지 않는지 확인한다.

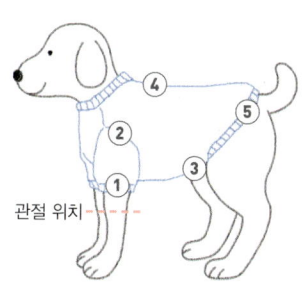

▶ 소매 일반 티셔츠

- ☐ **1** 소매 끝단이 발목 위 첫 번째 관절보다 높아야 하므로 확인한다.
- ☐ **2** 어깨 라인이 너무 낮거나 높은 경우, 주름이 많이 잡히거나 원단이 당겨 불편하므로 확인한다.
- ☐ **3** 앞 가슴판이 너무 파여 있거나 또는 생식기를 덮지 않는지 확인한다.
- ☐ **4** 사이즈가 작은 경우 가슴둘레 방향으로 주름이 지므로 확인한다.
- ☐ **5** 끝단이 허리를 잘 감싸주어 옷이 겉돌지 않는지 확인한다.

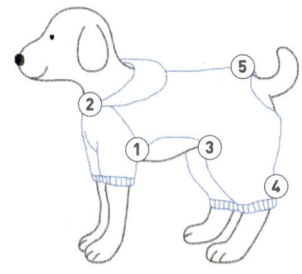

▶ 래글런 올인원(바지)+후드

- ☐ **1** 진동이 커서 소매가 빠지지 않는지 확인한다.
- ☐ **2** 후드가 목을 조르거나 한쪽 어깨로 쏠려서 흘러내리지 않는지 확인한다.
- ☐ **3** 사타구니 쪽 고무줄이 몸에서 떠 있지 않고, 자연스럽게 감싸지는지 확인한다.
- ☐ **4** 활동 시 뒷다리 쪽 소매통이 첫 번째 관절보다 올라가 있는지 확인한다.
- ☐ **5** 꼬리 위쪽 고무줄이 꼬리를 덮거나 또는 누르지 않는지 확인한다.

SPRING

How to make **92p**

플로라 튜튜 원피스는 아주 기본적인 원피스 스타일이지만
우아하면서도 러블리한 느낌을 물씬 내준답니다.
봄나들이에 꼭 어울리는 원피스지요?

How to make **76p**

완전 편해!
딱! 내 스타일~

조금은 차가운 봄바람이 살랑 불 때
신축성 좋은 면 소재의 노리 점프 수트를 만들어주세요.
외출용은 물론 실내복으로도 아주 그만이에요!

아, 포근해~

이지 핫 슬링만 있으면
시장에 갈 때도
잠깐 볼일을 보러 나갈 때도
늘 아가와 함께할 수 있어 아주 편리해요.
하나쯤 만들어 구비해두세요.

Clothes 1
고깔모자 티셔츠

난이도 초급 ★☆☆☆☆ **소요 시간** 1시간 30분(미싱 작업 기준 재단 시간 포함)

사용 원단 및 부자재

	사용	대체 가능
몸통·모자	싱글 나염 누빔 원단(퀼팅 다이마루)	미니쭈리, 특양면, 기모쭈리, 20수 싱글 원단 등
시보리	2×1 립직 시보리(아이보리)	미라노 시보리, 접밴드 등
장식용 볼	양모 볼(레드)	리본 또는 왕단추 등

디자인 과정 안내

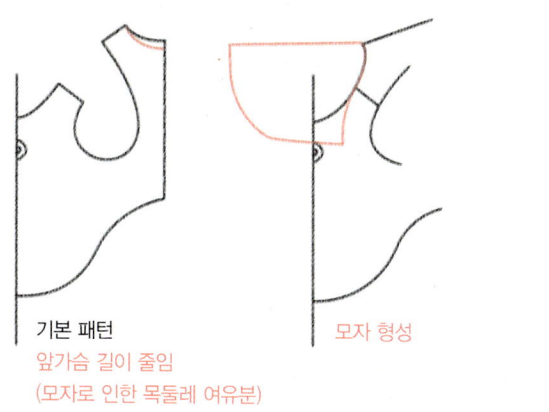
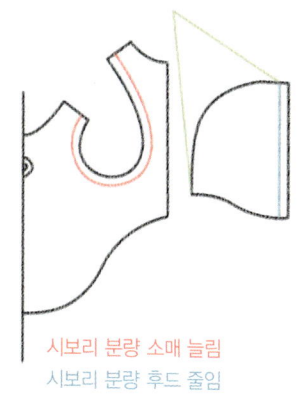

기본 패턴
앞가슴 길이 줄임
(모자로 인한 목둘레 여유분)

모자 형성

시보리 분량 소매 늘림
시보리 분량 후드 줄임
고깔 후드 응용

패턴 배치 및 원단 소요량 안내

※ 실제 패턴과 다를 수 있으니, 소요량 및 패턴 배치 방법만 참고하세요(패턴 배치표-정사각형 기준).

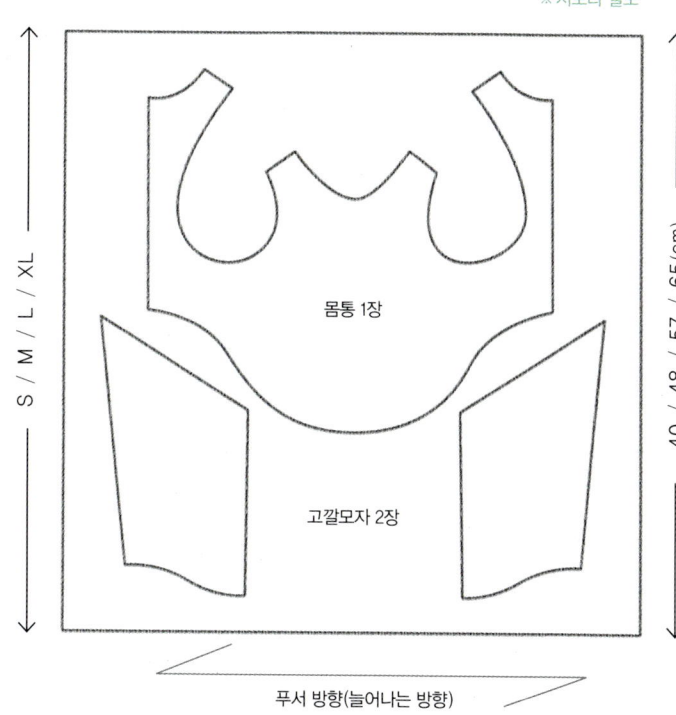

※ 시보리 별도

S / M / L / XL

40 / 48 / 57 / 65(cm)

몸통 1장

고깔모자 2장

푸서 방향(늘어나는 방향)

Check!

- **스타일** ☑ 기본형 ☑ 후드형 ☐ 망토형
  ☐ 올인원형 ☐ 원피스형
- **소매** ☑ 민소매형 ☐ 기본 소매형
  ☐ 래글런 소매형 ☐ 응용 소매형
- **여밈** ☐ 똑딱이 단추 ☐ 벨크로 ☑ 없음
- **FIT** ☐ 여유 ☑ 정사이즈
- **구분** ☐ 공통 ☑ 선택 가능

만드는 과정

원단 재단하기 → 고깔모자 만들기 →
몸통·진동 만들기 → 모자·몸통 연결하기

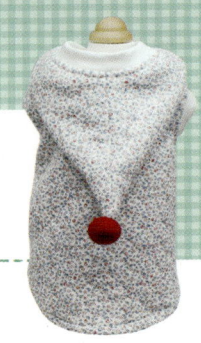

고깔모자 티셔츠는 기본 민소매 티에 고깔모자로 포인트를 준 깜찍한 스타일의 옷이에요. 평범한 후드 스타일이 아니라 만들면 매일 입히고 싶을 정도로 디자인이 평범한 듯 산뜻하답니다. 모자 끝에 양모 볼로 포인트를 줄 수 있는 색깔로 배색했는데, 예쁜 왕단추나 리본으로 다양하게 연출해보세요.

원단 재단하기

* 노란 선 : 시접 없음

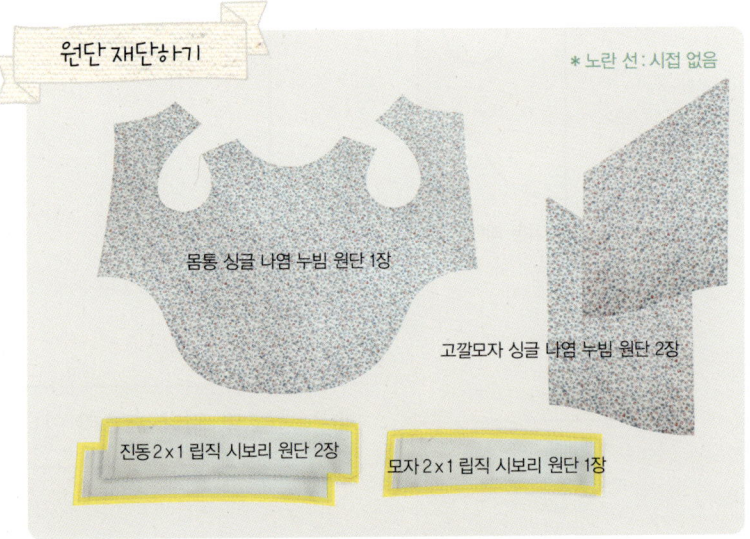

몸통 싱글 나염 누빔 원단 1장

고깔모자 싱글 나염 누빔 원단 2장

진동 2x1 립직 시보리 원단 2장

모자 2x1 립직 시보리 원단 1장

패턴지를 원단에 대고 패턴 배치표를 참고하여 그려준 후, 시보리는 시접 없이 재단하고, 그 외는 모두 1cm 정도의 시접을 주고 재단한다.

고깔모자 만들기

1. 고깔모자 원단 2장을 위 사진과 같이 겉감끼리 포개어둔 후, 점선을 따라 박음질한다.

2. 고깔 끝 모서리를 잘라 시접을 정리해주고 뒤집으면, 모서리가 깔끔하게 정리된다.

Check! 뒤집었을 때 모습.

모자 끝에 양모 볼을 손바느질로 박음질하여 붙여준다.

모자 시보리를 반으로 접어 위 사진처럼 모자 겉면에 겹쳐두고 점선을 따라 박음질한다.

고깔모자 완성된 모습.

몸통·진동 만들기

몸통을 위 사진처럼 양어깨를 포갠 후, 사진의 점선을 박음질한다.

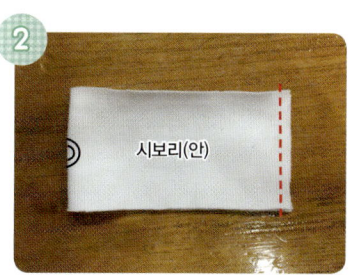

진동 시보리를 반으로 접어 사진의 점선을 따라 박음질한다.

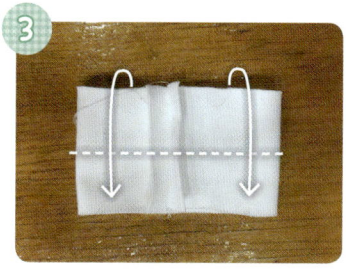

가름솔을 갈라 반으로 접어준다.

겨드랑이 진동에 시보리를 위 사진처럼 놓고 점선을 따라 동그랗게 박음질하여 붙여준다.

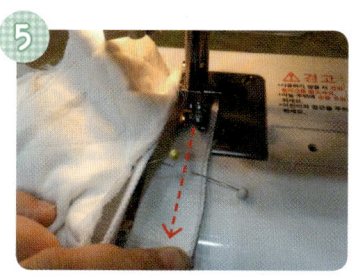

이때 겨드랑이 둘레보다 짧은 시보리를 적당히 당겨가며 박음질해준다.

시접을 오버록 쳐서 마무리한다(단, 오버록이 없는 경우에는 생략 가능).

7. 겉면에서 바라본 모습. 사진의 점선을 따라 홈질 또는 박음질하여 시접을 몸통 원단에 붙여 상침하여 정리해준다.

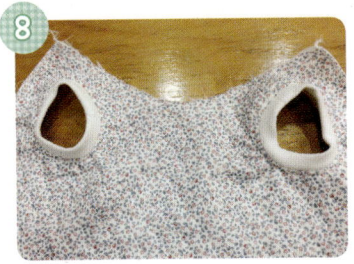

8. 같은 방법으로 다른 쪽 소매 시보리도 달아 완성한다.

plus

누빔 다이마루(퀼팅 원단)의 경우 자극 없이 부드러운 겨울철 원단으로 매우 좋다. 단, 가봉하기 전 손세탁(담금질)을 해주면 가봉 후 옷의 수축 및 변형을 방지할 수 있다.

모자·몸통 연결하기

1. 고깔모자와 몸통을 위 사진처럼 겹쳐놓은 후, 점선을 따라 박음질해준다. 시접은 오버록 또는 쌈솔로 정리한다. ▶ 시접 정리 방법 333p 참고

Check!
이때, 모자 끝에 1cm 정도가 남으면 예쁘게 완성된 것이다.

2. 위 사진처럼 반으로 접어 시접을 1cm를 두고 점선을 따라 박음질하여 몸통을 완성한다.

3. 허리 밑단을 말아박기 또는 오버록 처리한 후, 접어 박음질로 마무리하면, 완성!

4. 강아지의 허리가 가슴에 비해 가늘다면, 위 사진의 점선 부분에 고무줄을 넣어 박음질해준다. ▶ 고무줄 넣는 방법 340p 참고

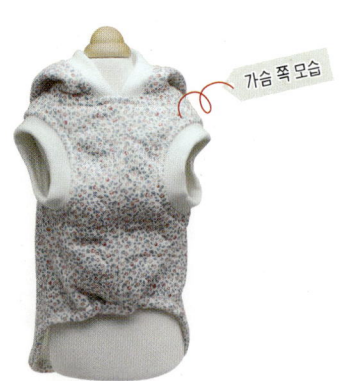

가슴 쪽 모습

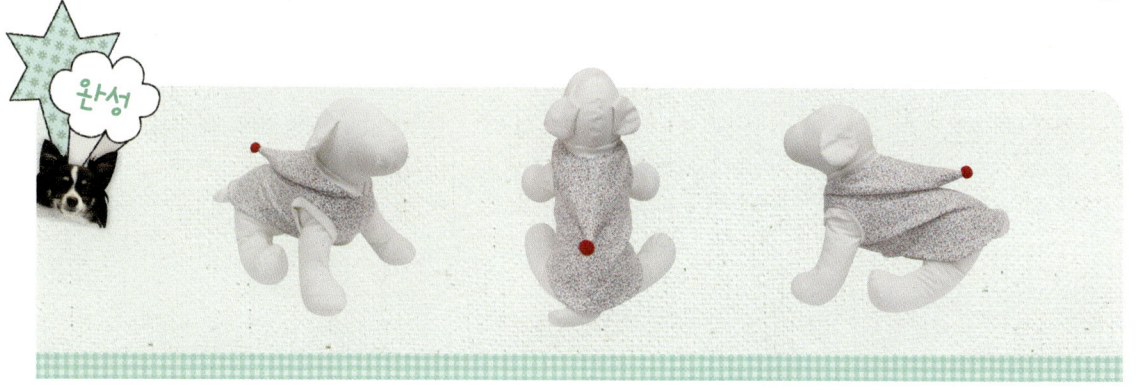

Clothes 2
딸기 샤벳 데님 원피스

난이도 초급 ★★☆☆☆ **소요 시간** 2시간 30분(미싱 작업 기준 재단 시간 포함)

사용 원단 및 부자재

	사용	대체 가능
상의·하의·어깨끈·주머니	30수 청지	30수 이상 청해지, 린넨, 옥스퍼드
상의 안감	40수 면혼방(TC)	40수 이상 직기 원단
하의 치마 프릴	거즈 도트 나염(레드 도트)	20~30수 나염 다이마루 및 면
장식용 단추	베어 컬러 단추(레드)	싸개단추 및 리본 등
주머니 장식	엔틱 리벳(8mm)	가시발, 스터드 등

디자인 과정 안내

- 기본 패턴
- 허리끈 형성
  나시 라인 선정
  나시끈 길이 확인
- 나시끈 형성
  여밈 부위 연장
  (1cm 단추 기준 1cm 연장)
  치마 주름 연장(2배 주름)
- 겉치마 라인 형성
  속치마 라인 및 프릴 형성

패턴 배치 및 원단 소요량 안내

※ 실제 패턴과 다를 수 있으니, 소요량 및 패턴 배치 방법만 참고하세요(패턴 배치표–정사각형 기준).

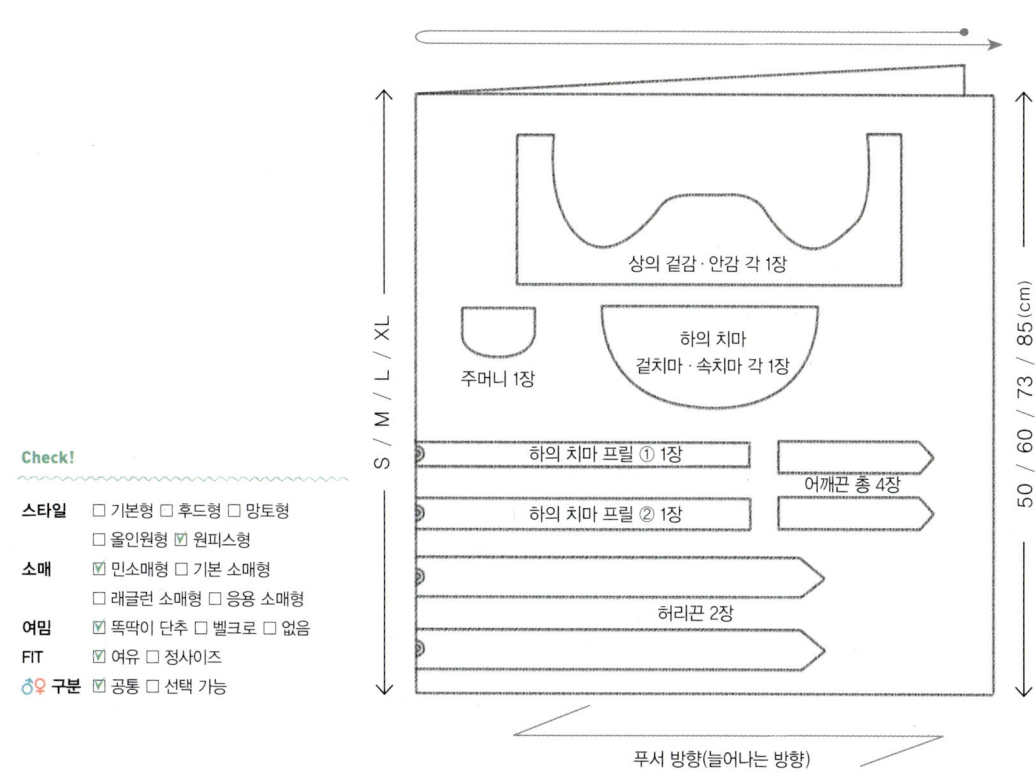

상의 겉감·안감 각 1장
하의 치마 겉치마·속치마 각 1장
주머니 1장
하의 치마 프릴 ① 1장
하의 치마 프릴 ② 1장
어깨끈 총 4장
허리끈 2장

S / M / L / XL
50 / 60 / 73 / 85 (cm)

푸서 방향(늘어나는 방향)

Check!

스타일	☐ 기본형 ☐ 후드형 ☐ 망토형
	☐ 올인원형 ☑ 원피스형
소매	☑ 민소매형 ☐ 기본 소매형
	☐ 래글런 소매형 ☐ 응용 소매형
여밈	☑ 똑딱이 단추 ☐ 벨크로 ☐ 없음
FIT	☑ 여유 ☐ 정사이즈
♂♀ 구분	☑ 공통 ☐ 선택 가능

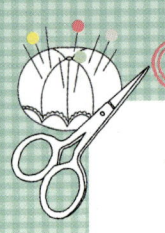

만드는 과정

원단 재단하기 → 어깨끈·허리끈 만들기 → 하의 치마 만들기 →
상의 만들기 → 상·하 연결하기 → 장식 달기

"
딸기 샤벳 데님 원피스는 상큼한 봄에 어울리는 사랑스러운 디자인으로, 활동성 좋은 데님과 레드 도트로 포인트를 준 컨츄리풍 원피스예요. 앙증맞은 허리띠와 포인트 곰돌이 단추로 패션을 완성해보아요.
"

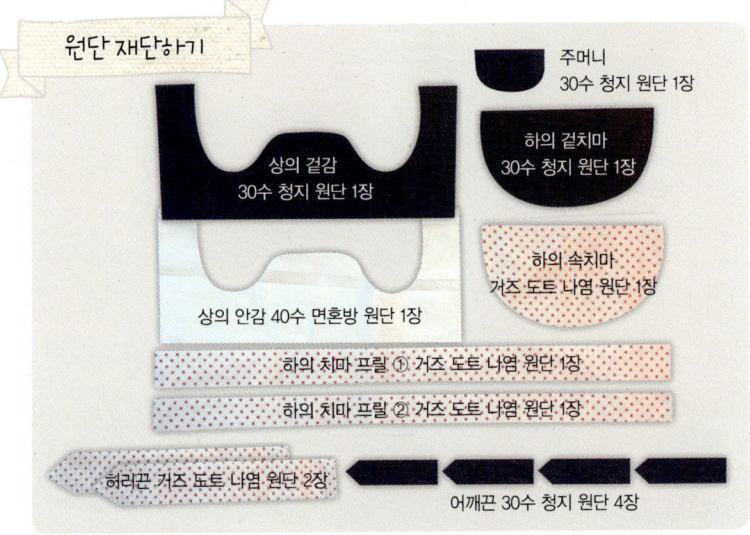

패턴지를 원단에 대고 패턴 배치표를 참고하여 그려준 후, 1cm 정도의 시접을 주고 재단한다.

어깨끈·허리끈 만들기

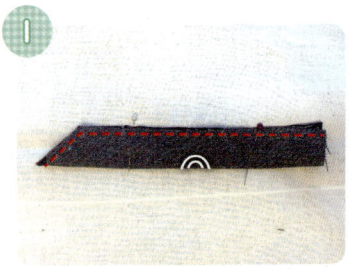

1. 어깨끈 원단을 반으로 접어서 사진의 점선을 따라 박음질한다.

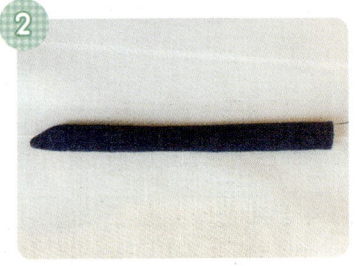

2. 박음질 후, 뒤집어준다. 위의 사진 같은 상태로 총 4개를 만든다.

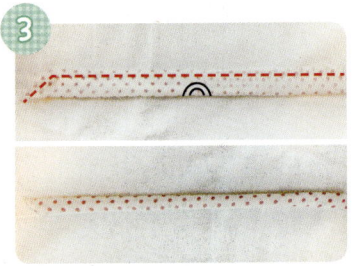

3. 어깨끈과 동일한 방법으로 허리끈도 2개 만들어준다.

하의 치마 만들기

1. 치마 겉감(청 원단) 끝단을 말아박아준다. 또는 오버룩 처리한 후, 접어박아준다. ▶ 끝단 처리 방법 337p 참고

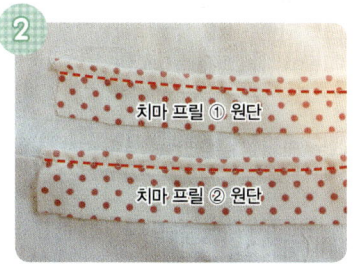

2. 치마 프릴 ①, ② 원단 끝단을 모두 말아박아준다.

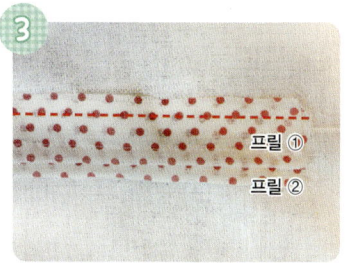

3. 프릴 ①, ② 원단을 나란히 겹쳐놓고 점선을 따라 홈질해준다.

4. 홈질 후 당겨주면 주름이 만들어진다.

5. 속치마 원단과 치마 프릴 원단을 겉면끼리 마주 대고, 프릴 주름을 조절해가면서 점선을 따라 박음질해준다.

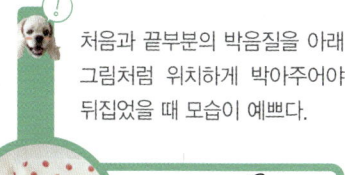

처음과 끝부분의 박음질을 아래 그림처럼 위치하게 박아주어야 뒤집었을 때 모습이 예쁘다.

6. 시접은 오버룩 처리한 후, 위 사진처럼 상침으로 박음질하거나 통솔 처리로 마무리한다. ▶ 시접 정리 방법 333p 참고

7. 속치마 원단 위에 치마 겉감을 사진과 같이 올려놓고 점선을 따라 박음질한다.

상의 만들기

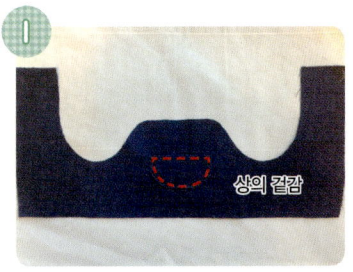

1. 상의 겉감(청 원단) 위에 주머니 원단을 놓고, 주머니 원단의 시접을 안으로 접어넣고 점선을 따라 박음질해준다.

Check! 바느질한 모습.

스티치사, 청바지사 등 두꺼운 실로 홈질해주면 더 깜찍하다.

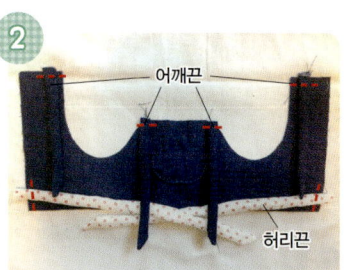

2. 상의 겉감에 어깨끈과 허리끈(끈 길이 잘 조절)을 위 사진처럼 배치하고 표시된 위치를 박음질한다.

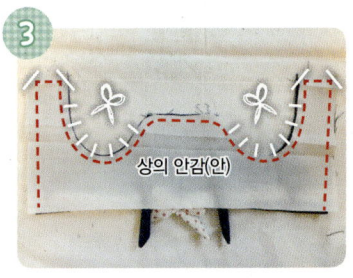

3. 상의 겉감 위에 상의 안감을 겉면끼리 마주 보게 포개어두고 점선을 따라 박음질한 후, 가위집을 낸다.
▶ 가위집 넣는 방법 340p 참고

4. 뒤집어 다림질한다.

상·하의 연결하기

1. 상의와 치마를 겉면끼리 마주 보게 겹쳐두고 점선을 따라 박음질해준다. 이때 상의의 겉감에만 박음질을 한다.

2. 안감 원단의 시접 부분을 안으로 접어넣고 점선을 따라 박음질해준다.

3. 겉면의 점선 부분을 홈질로 예쁘게 스티치를 넣어준다.

장식 달기

1. 주머니 윗부분에 송곳을 이용해 구멍을 뚫어준다.

2. 구멍에 리벳을 끼운 후, 몰드를 사용하여 고무 망치로 두드려주면, 완성! ▶ 장식 소품 다는 법 42p 참고

3. 장식용 곰돌이 단추를 달아준 후, 어깨끈을 강아지한테 맞게 묶어준다.

4. 가슴 쪽에 여밈 단추를 달아주면, 완성!

가슴 쪽 모습

청순한 깜찍이

완성

Clothes 3

플로라 튜튜 원피스

난이도 중급 ★★★☆☆   **소요 시간** 3시간(미싱 작업 기준 재단 시간 포함)

사용 원단 및 부자재

	사용	대체 가능
상의·하의	20수 싱글(네이비/핑크)	20수 싱글, 또는 면 나염 등(직기)
하의 튜튜	튜튜 망사 원단	레이스 원단 등
목 장식 레이스	광목 면 자수 레이스(폭 4cm x 목둘레 4배)	리본 및 장식류 교체 가능
허리 장식	반 광택면 리본 (폭 2cm 또는 4cm x 허리둘레 2배)	리본 혹은 원단으로 만들어 사용 가능
여밈용 단추	T도트(10mm)	스냅 단추, 가시도트 등

디자인 과정 안내

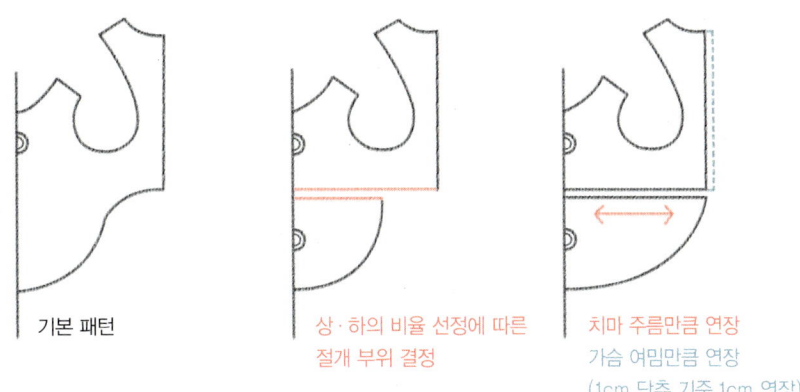

기본 패턴

상·하의 비율 선정에 따른
절개 부위 결정

치마 주름만큼 연장
가슴 여밈만큼 연장
(1cm 단추 기준 1cm 연장)

패턴 배치 및 원단 소요량 안내

※ 실제 패턴과 다를 수 있으니, 소요량 및 패턴 배치 방법만 참고하세요(패턴 배치표−정사각형 기준).

※ 튜튜 망사 별도− 1/4마(S size 기준) 소요

가슴판 총 4장

등판 총 2장

하의 치마 1장

S / M / L / XL

40 / 48 / 57 / 65 (cm)

푸서 방향(늘어나는 방향)

Check!

스타일 ☐ 기본형 ☐ 후드형 ☐ 망토형
　　　　 ☐ 올인원형 ☑ 원피스형
소매　 ☑ 민소매형 ☐ 기본 소매형
　　　　 ☐ 래글런 소매형 ☐ 응용 소매형
여밈　 ☑ 똑딱이 단추 ☐ 벨크로 ☐ 없음
FIT　　☐ 여유 ☑ 정사이즈
♂♀ 구분 ☑ 공통 ☐ 선택 가능

만드는 과정

원단 재단하기 → 상의 만들기 ① → 레이스 달기 →
상의 만들기 ② → 하의 치마 만들기 → 상·하의 연결하기

> 플로라 튜튜 원피스는 아주 기본적인 원피스 스타일이지만, 만들고 보면 기본적인 원피스라 믿기지 않을 정도로 너무나 사랑스럽고 예뻐서 만족할 수밖에 없지요. 튜튜 망사, 면 레이스, 면 리본 등의 장식 부자재를 이용해서 더욱 사랑스러운 원피스를 완성해보아요.

원단 재단하기

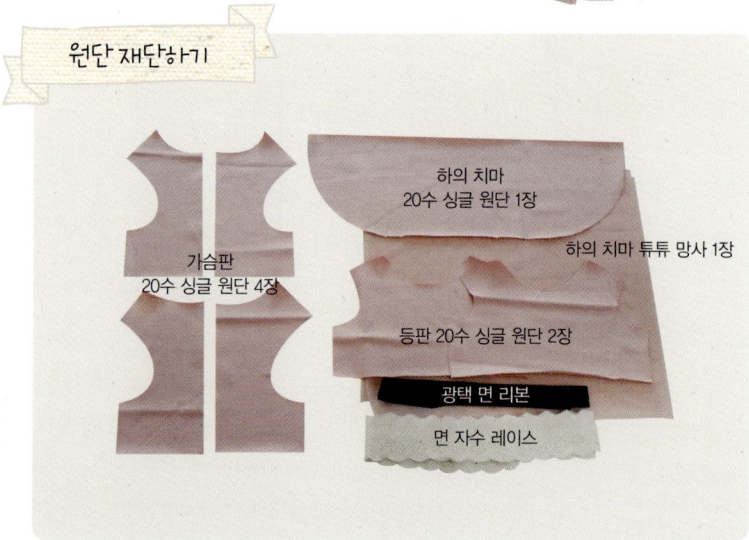

패턴지를 원단에 대고 패턴 배치표를 참고하여 그려준 후, 1cm 정도의 시접을 주고 재단한다.

상의 만들기 ①

1. 등판 원단과 가슴판 원단 어깨 부분을 연결해보자.

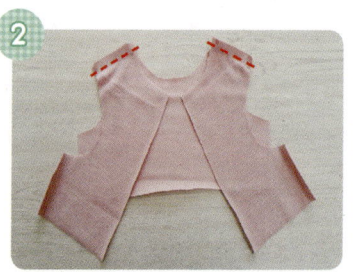

2. 원단 겉면끼리 마주 대고 양쪽 어깨선을 점선을 따라 박음질한다.

Check!
박음질한 후 펼친 모습.
하나 더 만들어 안감을 준비한다.

레이스 달기

① 레이스는 2개를 약간의 간격을 두고 놓아준 후, 홈질로 주름을 만들어준다.

주름을 잡아 만든 모습.

② 미리 만든 상의 위에 레이스를 놓고, 사진의 점선을 따라 박음질이나 홈질해준다.

상의 만들기 ②

 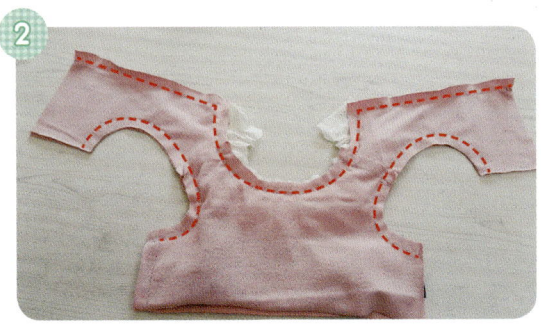

① 사진에 표시된 노란 부분의 시접분 1cm를 띄운 위치에 양쪽 모두 허리 리본을 놓고 사진대로 박음질해준다.

② 만들어놓은 상의 안감을 겉면끼리 마주 보게 놓고 사진의 점선 표시된 부분을 박음질한다.

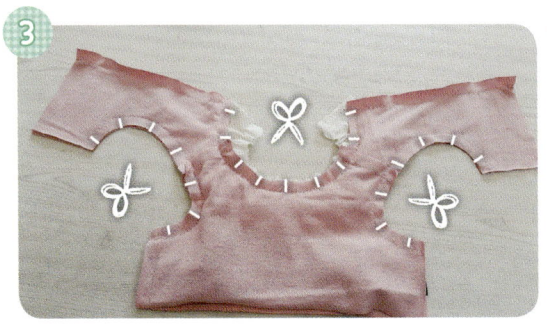 

③ 뒤집었을 때 예쁘고 부드러운 모양새를 위해 곡선 부분에 가위집을 내준다(신축성 좋은 다이마루 원단이라 가위집은 조금만 넣는다).

④ 뒤집어서 소매 진동 부분과 목둘레 레이스 부분을 다림질한다.

허리 옆 부분을 연결해보자.

옆구리 부분 겉감과 안감을 펼쳐 허리 옆 부분의 겉면끼리 마주 보게 놓고 점선을 박음질한다.

박음질한 모습.
반대쪽도 같은 방법으로 똑같이 옆선을 연결해준다.

하의 치마 만들기

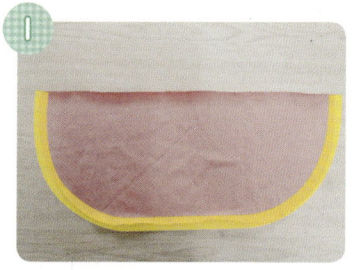

치마 원단에 노랗게 표시된 부분을 말아박기 또는 오버록 처리한 후, 접어박기한다.

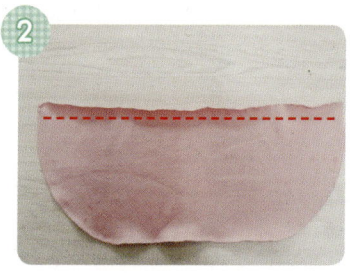

사진의 점선을 따라 큰 바늘로 홈질을 해준다. 땀 길이를 크게 잡으면 크고 깊은 주름이 생긴다.

홈질 후, 실을 당겨서 주름을 잡아준다.

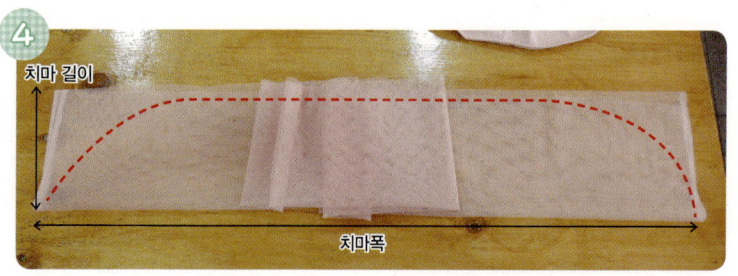

치마로 사용할 튜튜 망사 원단을 폭 방향으로 반으로 접어, 사진처럼 양 끝부분을 곡선으로 굴려 홈질해준다. 이때, 치마의 폭은 가슴 둘레의 최소 4배 이상으로 해서 가능한 길게 사용한다.

치마와 마찬가지 방법으로 홈질해 실을 당겨서 주름을 잡아준다.

곡선 외의 부분은 시접 1cm를 남기고 잘라내준다.

튜튜 망사가 완성된 모습.

주름을 조절해서 안감과 겉감의 모양이 적당하게 맞도록 조절한다. 두 겹으로 된 치마 위쪽의 점선 부분을 박음질해준다.

치마 끝부분이 접혀 있어 깔끔하고 예쁘게 마무리된 끝단 모습(이때, 치마보다 튜튜 원단이 1~2cm 길게 연출되면 OK!).

상·하의 연결하기

상의를 사진과 같이 펼쳐놓는다.

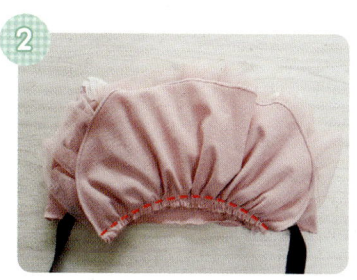
치마를 상의 겉면과 마주 보게 놓고 점선을 박음질한다. 이때 상의 원단 두 겹 중 상의 원단 겉면에만 치마를 박음질하도록 한다.

상의에 치마 연결된 모습.

뒷면에서 바라보고, 상의 원단의 시접 부분을 접어 넣고 시침핀으로 고정한다.

점선 표시된 부분을 상침해준다. 이 때, 허리 리본은 피해서 상침한다.

허리 리본을 예쁘게 묶어준다.

가슴 쪽에 여밈 단추를 달아주면, 완성!

플로라 튜튜 원피스를 핑크색 원단을 사용해 러블리한 느낌으로 만들어봤다면,
핑크 리본을 넣은 네이비색 조합으로도 만들어보세요.
단정하면서도 세련된 느낌의 또 다른 연출이 가능합니다.

Clothes 4
노리 점프 수트

난이도 중급 ★★★☆☆ 소요 시간 2시간 30분(미싱 작업 기준 재단 시간 포함)

사용 원단 및 부자재

	사용	대체 가능
하의 바지 허리 덧단 가슴판 · 어깨끈	20수 싱글(멜란 그레이 8%)	미니쭈리, 20수 후라이스 등 다이마루
바지 소매 시보리	2x1 립직 시보리(멜란 그레이 8%)	접 시보리, 요코 시보리 등
허리용 고무줄	10골 고무줄(폭 10mm)	없음
다리용 고무줄	4골 고무줄(폭 4mm)	없음

※ 사진에 함께 연출한 기본 흰 티는 300p를 참고하세요.

디자인 과정 안내

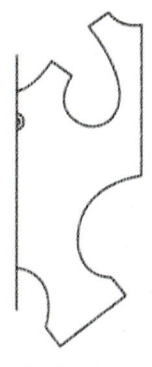

기본 올인원 패턴

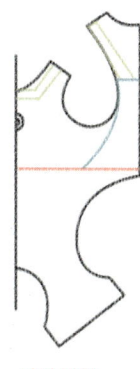

바지 분할
가슴판 형성
홀터 목 끈 길이 측정

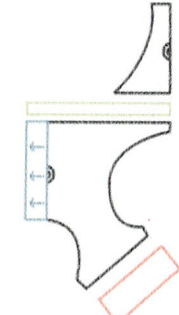

바지 분할
가슴판 형성
허리 벨트 원단 배치

패턴 배치 및 원단 소요량 안내

※ 실제 패턴과 다를 수 있으니, 소요량 및 패턴 배치 방법만 참고하세요(패턴 배치표-정사각형 기준).

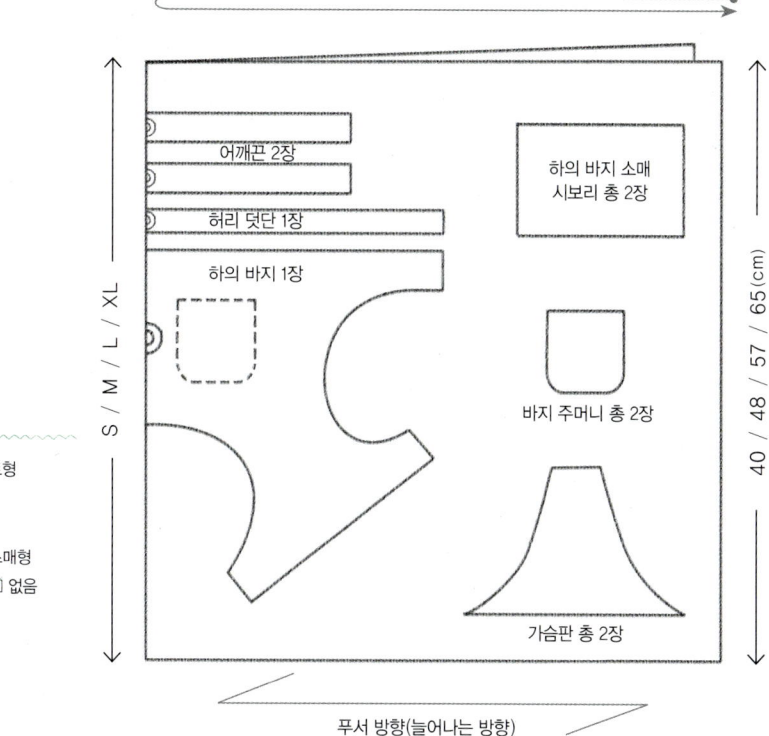

Check!

- **스타일** ☐ 기본형 ☐ 후드형 ☐ 망토형
  ☑ 올인원형 ☐ 원피스형
- **소매** ☐ 민소매형 ☐ 기본 소매형
  ☐ 래글런 소매형 ☑ 응용 소매형
- **여밈** ☐ 똑딱이 단추 ☐ 벨크로 ☑ 없음
- **FIT** ☐ 여유 ☑ 정사이즈
- **구분** ☑ 공통 ☐ 선택 가능

만드는 과정

원단 재단하기 → 어깨끈·가슴판 만들기 → 하의 바지 만들기 →
상·하의 연결하기 → 바지 소매 시보리 만들기

신축성 좋은 면 소재로 실내복으로 입기에 안성맞춤인 예쁜 점프 수트예요. 겨울철에도 실내에서 입기 좋고, 무엇보다 깔끔한 디자인의 편안함을 주는 수트라 아가들이 계속 입고 있으려 한답니다. 그래도 최소 1~2일에 한 번은 벗겨 통풍을 시켜주고 브러싱질을 해주어야 피부병을 줄이는 데 도움이 되겠지요?

원단 재단하기

*노란 선 : 시접 없음

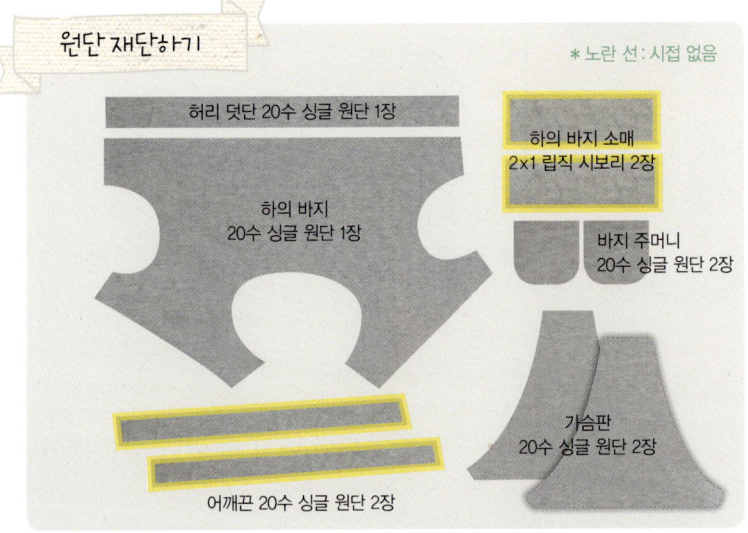

- 허리 덧단 20수 싱글 원단 1장
- 하의 바지 20수 싱글 원단 1장
- 하의 바지 소매 2x1 립직 시보리 2장
- 바지 주머니 20수 싱글 원단 2장
- 가슴판 20수 싱글 원단 2장
- 어깨끈 20수 싱글 원단 2장

패턴지를 원단에 대고 패턴 배치표를 참고하여 그려준 후, 어깨끈과 바지 소매 시보리는 시접 없이 재단하고, 그 외는 모두 1cm 정도의 시접을 주고 재단한다.

어깨끈·가슴판 만들기

1 어깨끈 원단의 양옆 시접 부분을 접어 시침핀으로 고정한다.

2 끝부분은 안으로 접어 넣어 시침핀으로 고정시켜준다.

3 가운데를 중심으로 한 번 더 접어준다.

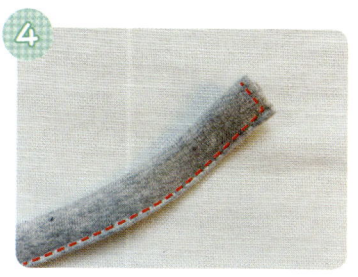

4 고정한 후, 사진의 점선을 따라 박음질한다.

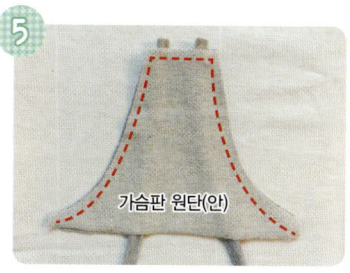

5 가슴판 원단 겉면끼리 마주 대고 가슴판 원단 사이에 어깨끈을 넣어 준 후, 박음질해준다.

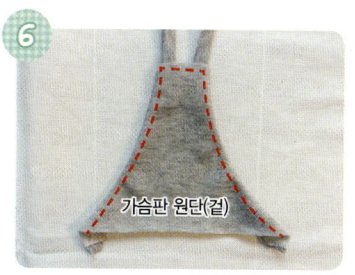

6 뒤집은 모습. 사진의 점선 표시된 부분에 상침하여 마무리한다.

하의 바지 만들기

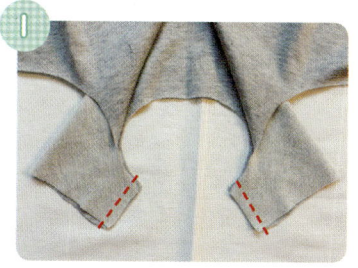

1 양쪽 바지 소매를 반으로 접은 후, 위 사진의 점선을 따라 박음질해 바지통을 만들어준다.

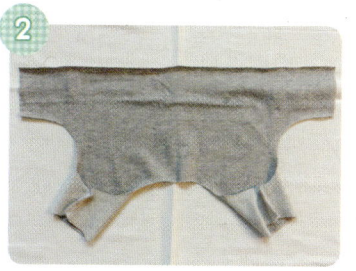

2 오버록이나 쌈솔 등의 방법으로 시접을 마무리해준다. ▶ 시접 정리 방법 333p 참고

3 주머니 원단의 위쪽 부분을 두 번 접어 말아 점선대로 박음질해준다.

4 엉덩이 부분에 주머니 위치를 잡아 시침핀으로 고정시킨 후, 시접 부분을 안쪽으로 접어 넣고 점선을 따라 'ㄷ자'로 박음질한다.

Check! 양쪽 주머니 완성된 모습.

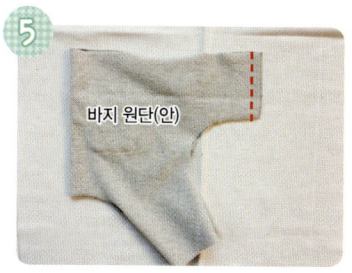

5 바지를 겉면끼리 마주 대고 반으로 접어 점선을 따라 박음질해준다.

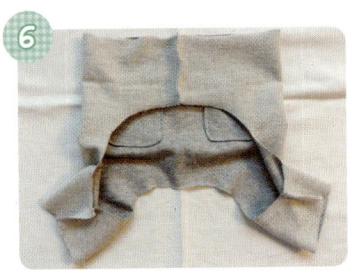

6 시접을 오버록 또는 쌈솔로 정리한다.

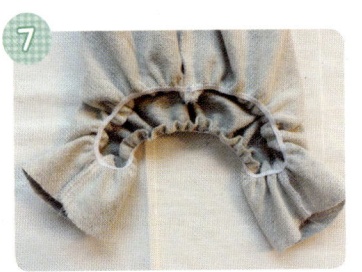

7 다리용 고무줄을 넣어 당겨 박아준다. ▶바지 고무줄 넣는 방법 - ② 원통형 바지 342p 참고

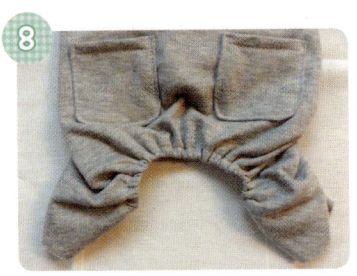

8 고무줄을 피해 접어 박으면 바지 완성!

Check!
안쪽에서 본 모습.

> **plus**
>
> 바지에 사용되는 고무줄은 보통 폭이 좁은 4골 고무줄을 사용한다. 너무 두껍지 않은 원단이라면 고무사를 사용하여 말아박기 또는 접어박아주는 것도 좋다.

상·하의 연결하기

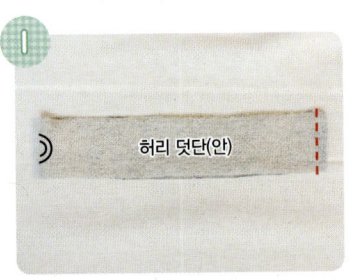

1 허리 덧단을 겉면끼리 마주 대고 반으로 접은 후, 점선을 따라 박음질해준다.

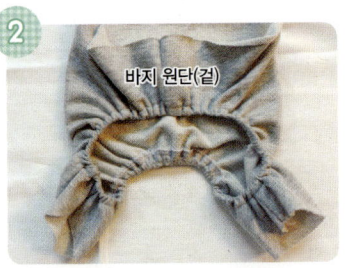

2 앞서 만든 바지를 준비한다.

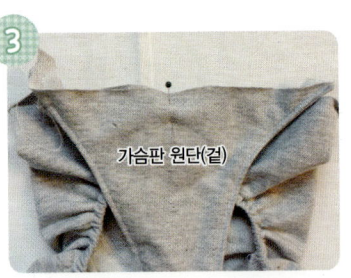

3 그 위에 가슴판 원단을 올려준다.

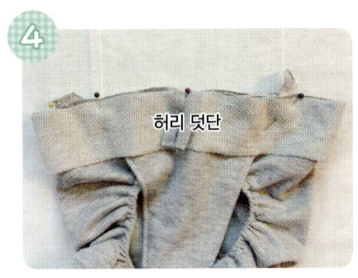

④ 그다음 허리 덧단을 올려 허리 덧단으로 바지 원단을 둘러싸준다.

⑤ 점선대로 빙 둘러가며 박음질한다.

⑥ 허리용 고무줄은 패턴에 표시된 길이의 1/2로 준비하고, 고무줄을 당기면서 박음질해준다. ▶고무줄 넣는 방법 – 통 만들어 넣기 340p 참고

⑦ 가슴판 옆쪽 시접 부분에 고무줄을 세로로 튼튼하게 박아준다.

⑧ 허리 덧단을 바지 안쪽으로 내려서 시접 부분을 접어 넣고 박음질한다.

⑨ 허리 덧단을 안쪽으로 접어 넣으며 박음질해준다. 고무줄이 있는 등쪽 부위는 고무줄을 당기면서 고무줄을 피해서 박아준다.

Check! 가슴판 부분 박음질한 모습.

Check! 등쪽 고무줄 들어간 부분 박음질한 모습.

바지 소매 시보리 만들기

1. 바지 소매 시보리 원단을 반으로 접어 겉면끼리 마주 대고 박음질한다.

2. 가름솔을 갈라준 상태에서 반으로 접어 올려준다.

Check! 반으로 접어 올린 모습.

3. 바지 소매 부분의 안쪽에 시보리를 넣고, 아래 시보리를 당기면서 바지 소매 둘레에 맞춰 빙 둘러가며 박음질한다.

4. 반대쪽도 같은 방법으로 박음질해서 양쪽 바지 소매 시보리를 완성한다.

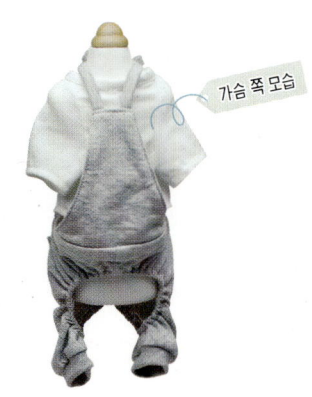

가슴 쪽 모습

완성

집 안에서 입고 있으면
잠이 솔솔 쏟아질 것 같은 편안한 수트.
사계절 내내 편안하게 입을 수 있는
노리 점프 수트 만들기에 도전해보세요.

심플하고
편안한 멋!

Clothes 5
안젤로 웨딩드레스 & 턱시도

난이도 고급 ★★★★★ **소요 시간** 4시간(미싱 작업 기준 재단 시간 포함)

사용 원단 및 부자재

		사용	대체 가능
	상·하의	하드 새틴 공단 원단(백색)	광택감이 도는 직기 원단
	상의 장식 레이스	자수 레이스 원단(백색)	시스루 계열의 자수 원단
♀	하의 튜튜 망사	펄 튜튜 망사 원단(백색)	없음
	허리 벨트	하드 새틴 공단 원단(레드)	장식 포인트가 가능한 원단
	여밈용 단추	가시 도트	스냅 도트 등
	턱시도·소매	20수 면트윌(검정)	30수 면트윌, 광택 있는 직기류
	턱시도 칼라	하드 새틴 공단 원단(검정)	포인트가 될 체크 모직 원단
♂	셔츠	20수 면트윌(오프화이트)	30수 면트윌, 광택 있는 직기류
	몸통·소매	다후다(검정)	면혼방(TC)
	리본	하드 새틴 공단 원단(레드)	포인트가 될 체크 모직 원단

웨딩드레스

디자인 과정 안내

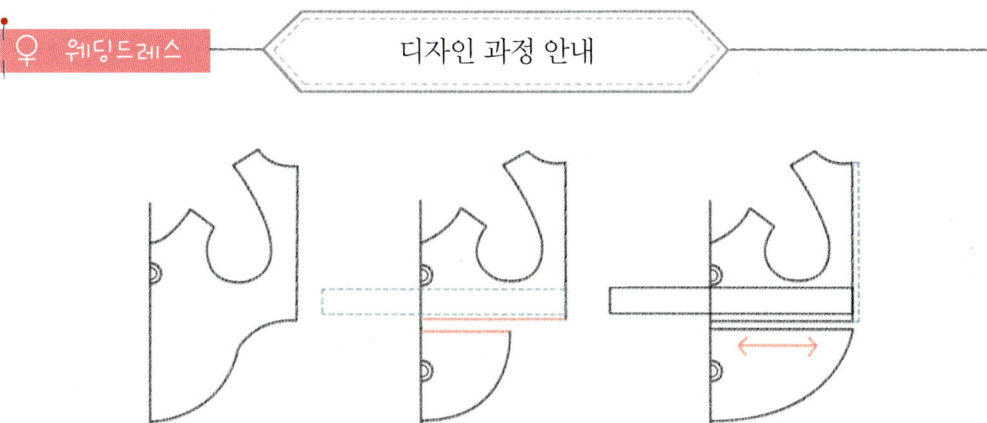

기본 패턴

상·하의 비율 선정에 따른
절개 부위 결정
허리 장식 추가

치마 주름만큼 연장
가슴 여밈만큼 연장
(1cm짜리 단추 기준 1cm 연장)

패턴 배치 및 원단 소요량 안내

※ 실제 패턴과 다를 수 있으니, 소요량 및 패턴 배치 방법만 참고하세요(패턴 배치표–정사각형 기준).

※ 튜튜 망사 별도 – 1/8마(S size 기준) 소요

상의 겉감·안감 각 1장
상의 레이스 1장

하의 치마 1장

허리 벨트 총 2장

S / M / L / XL

40 / 48 / 57 / 65 (cm)

푸서 방향(늘어나는 방향)

Check!

- **스타일** ☐ 기본형 ☐ 후드형 ☐ 망토형 ☐ 올인원형 ☑ 원피스형
- **소매** ☑ 민소매형 ☐ 기본 소매형 ☐ 래글런 소매형 ☐ 응용 소매형
- **여밈** ☑ 똑딱이 단추 ☐ 벨크로 ☐ 없음
- **FIT** ☑ 여유 ☐ 정사이즈
- **구분** ☑ 공통 ☐ 선택 가능

♂ 턱시도 — 디자인 과정 안내

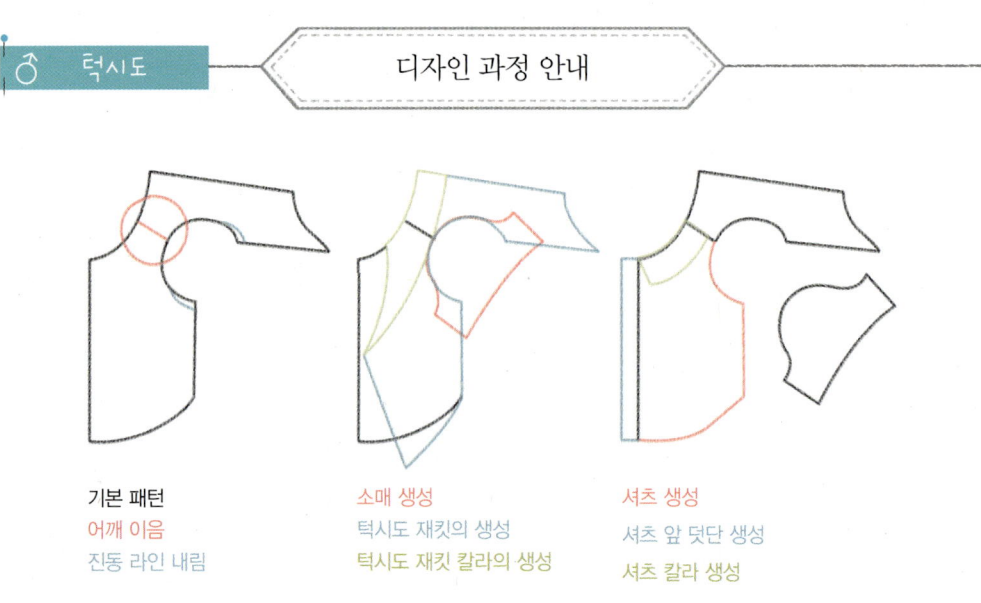

기본 패턴
어깨 이음
진동 라인 내림

소매 생성
턱시도 재킷의 생성
턱시도 재킷 칼라의 생성

셔츠 생성
셔츠 앞 덧단 생성
셔츠 칼라 생성

패턴 배치 및 원단 소요량 안내

※ 실제 패턴과 다를 수 있으니, 소요량 및 패턴 배치 방법만 참고하세요(패턴 배치표–정사각형 기준).

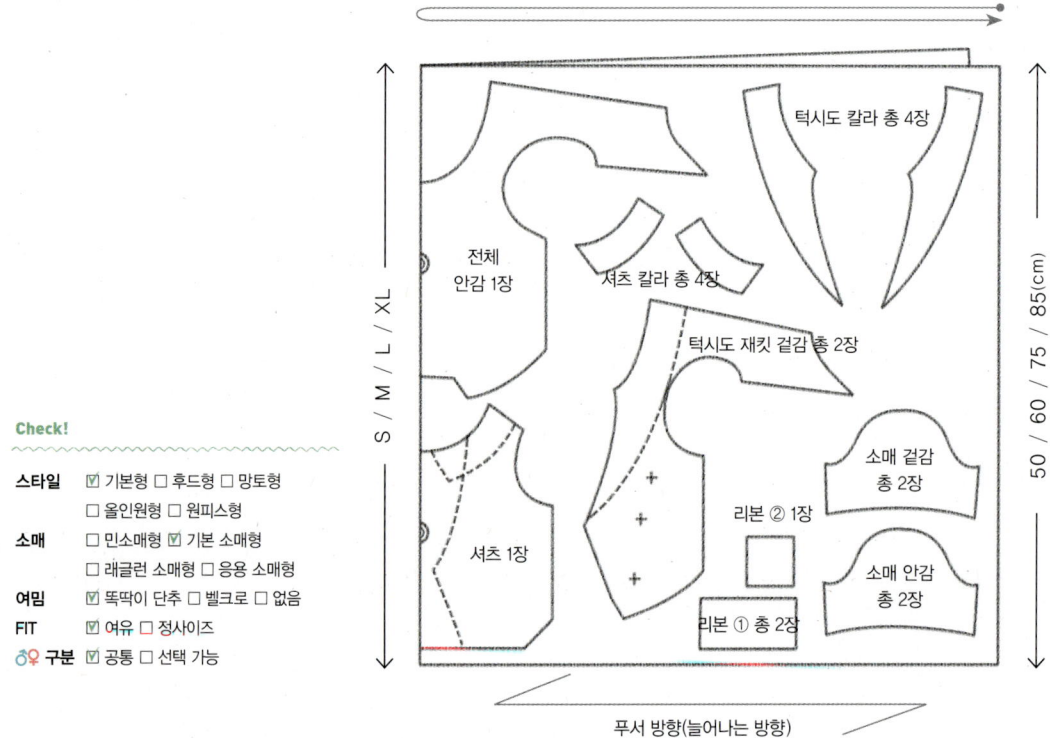

Check!

- **스타일**: ☑ 기본형 ☐ 후드형 ☐ 망토형 ☐ 올인원형 ☐ 원피스형
- **소매**: ☐ 민소매형 ☑ 기본 소매형 ☐ 래글런 소매형 ☐ 응용 소매형
- **여밈**: ☑ 똑딱이 단추 ☐ 벨크로 ☐ 없음
- **FIT**: ☑ 여유 ☐ 정사이즈
- **♂♀ 구분**: ☑ 공통 ☐ 선택 가능

만드는 과정

원단 재단하기 → 허리 벨트 만들기 → 상의 만들기 →
하의 치마 만들기 → 상·하의 연결하기

웨딩드레스

새하얀 웨딩드레스는 5월의 신부를 연상하게 하지요. 결혼식 행사나 특별한 날을 위해 웨딩드레스를 만들어보세요. 새하얀 드레스에 빨간색 허리 벨트로 포인트를 주어서 아주 화사하고 예쁘답니다.

원단 재단하기

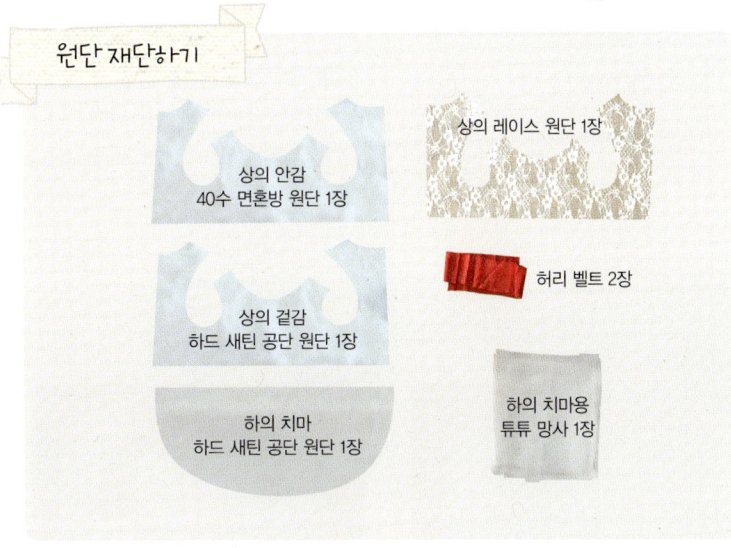

- 상의 안감 40수 면혼방 원단 1장
- 상의 레이스 원단 1장
- 상의 겉감 하드 새틴 공단 원단 1장
- 허리 벨트 2장
- 하의 치마 하드 새틴 공단 원단 1장
- 하의 치마용 튜튜 망사 1장

패턴지를 원단에 대고 패턴 배치표를 참고하여 그려준 후, 1cm 정도의 시접을 주고 재단한다.

허리 벨트 만들기

1. 허리 벨트는 위 사진의 점선대로 박음질해준다.

2. 모서리는 잘라낸다.

3. 겸자 가위 등을 이용해 뒤집는다.

뒤집은 모습.

허리 벨트는 상침하지 않고, 다림질해서 단단하게 모양을 잡아준다.

2개의 허리 벨트를 준비한다.

상의 만들기

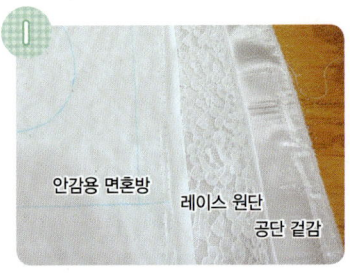

면혼방 위에 상의 패턴을 그려준 후, 위 사진처럼 '안감용 면혼방-레이스 원단-공단 겉감' 순서로 원단을 포갠다.

포개져 있는 모습.

먼저 만들어둔 허리 벨트를 위 사진처럼 면혼방 옷감 사이에 넣고 점선대로 박음질한다.

가위집을 내준 후, 뒤집어서 다림질로 정리한다.

어깨를 연결하기 위해 위 사진처럼 어깨 부분을 벌려 펼친다.

겉면이 안쪽으로 겹치게 포갠다.

시침핀으로 고정한 후, 사진의 점선대로 박음질한다.

다시 펼쳐서 접을 때 정십자가 똑바로 이어져야 예쁘다.

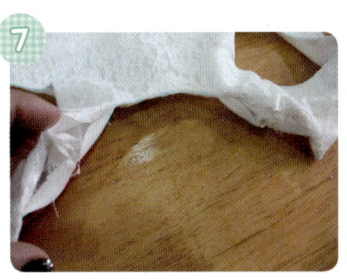

어깨 이음 부분의 목 쪽으로 창구멍 2개가 터져 있는 곳의 시접을 잘 넣어 정리한다.

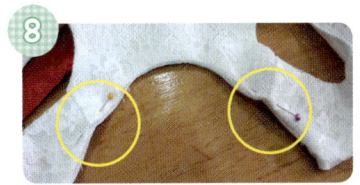

창구멍을 시침핀으로 임시 고정해 둔다.

하의 치마 만들기

시접을 두고 자른 치마의 밑단을 말아박기로 정리해준다.

우선 치마의 중심과 샤 원단의 중심을 잡는다.

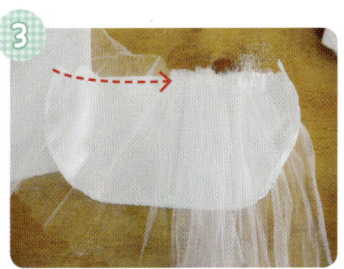

중심에서 양쪽으로 박아서 주름을 잡아준다.

리퍼 등의 기구를 이용해 밀어 넣어주면서 박아준다. ▶주름 잡는 방법 339p 참고

샤 원단은 치마보다 약 3~5cm 정도 더 길게 잘라서 마무리한다.

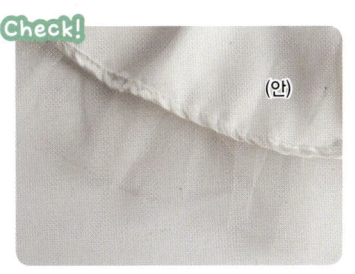

치마 밑단 완성된 모습.

상·하의 연결하기

상의 부분에 치마를 끼운 후, 위 사진의 점선대로 상침을 해준다.

T도트 또는 스냅 단추를 사용해 가슴을 정리해준다.

가슴 쪽 스냅 단추를 달아준 모습.

웨딩드레스 완성!

아름다운 5월의 신부를 위한 홈메이드 드레스!

완성

만드는 과정

원단 재단하기 → 보타이 만들기 → 셔츠 만들기 →
칼라 만들어 달기 → 셔츠·턱시도 연결하기 →
소매·안감 만들어 달기 → 안감·겉감 연결하기

 **턱시도**

눈부신 웨딩드레스를 만들었다면 커플로 턱시도 만들기에도 도전해보세요. 고급 난이도로 만들기는 어렵지만, 어려운 만큼 만들고 나면 보람 있고 웨딩드레스와 함께 연출하면 환상적이랍니다. 턱시도를 돋보이게 하는 보타이부터 만들어봐요.

패턴지를 원단에 대고 패턴 배치표를 참고하여 그려준 후, 리본 ①, ②는 시접 없이 재단하고, 그 외는 모두 1cm 정도의 시접을 주고 재단한다.

보타이 만들기

리본 ① 원단 2장을 겉면끼리 겹쳐두고 점선을 따라 박음질해준 후, 두 장 중 한 장에만 중간에 가위집을 낸다.

중간에 넣은 가위집을 창구멍 삼아 뒤집어준다.

M자 모양으로 리본을 접어 주름을 만들어준 후, 바늘을 관통해 실을 여러 번 감아준다.

리본 ② 원단을 접어 위 사진처럼 점선대로 박아 뒤집는다.

뒤집은 모습.

리본 중심에 잘 접어 말은 후, 감침질로 마무리한다.

셔츠 만들기

셔츠 원단을 패턴에 표시된 대로 안과 밖으로 접는다.

접은 후 점선을 상침해 와이셔츠 느낌으로 연출한다.

칼라 만들어 달기

셔츠 칼라 원단을 겉을 마주 보게 놓고 점선 표시대로 박음질한다.

곡선 부분에 가위집을 넣어주고, 끝 모서리 부분은 잘라낸다.

뒤집은 모습. 동일한 방식으로 2개 만들어준다.

미리 만들어둔 셔츠 원단에 셔츠 칼라를 사진처럼 놓고 점선 표시된 부분을 홈질 또는 박음질해 고정해둔다.

턱시도 칼라 원단 겉감과 안감의 겉면끼리 마주 보게 놓고 점선 표시대로 박음질한 후, 곡선 부분에 가위집을 넣어주고 뒤집어준다.

뒤집은 원단은 다림질을 약으로 해서 살짝살짝 다려준다.

턱시도 재킷 원단 위에도 미리 만들어놓은 턱시도 칼라를 알맞은 위치에 놓고, 점선 표시된 부분을 따라 홈질 또는 박음질해준다. 반대쪽도 똑같이 만들어준다.

원단의 특성상 뜨거운 다림질은 원단이 쭈그러들 수 있으니 주의한다. 다리미 온도를 실크 또는 공단 기준으로 두고 온도를 약하게 하되, 손에 힘을 주어 꾹꾹 눌러 다림질한다.

셔츠 · 턱시도 연결하기

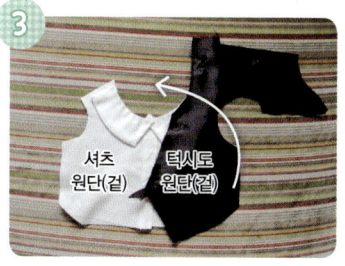

셔츠 위에 턱시도 원단을 고정하는 작업을 해보자. 난이도 상으로, 잘 비교하며 따라 해보자.

패턴 셔츠 원단 위에 사진에 표시된 대로 표시한다.

우선 턱시도 원단만 왼쪽으로 넘겨준다.

겉감끼리 마주 보게 놓고 점선 표시된 부분만 박음질해준다.
노란 표시 부분을 턱시도 원단(안)을 셔츠 원단(겉)으로 끌어 붙여서 박음질한다.

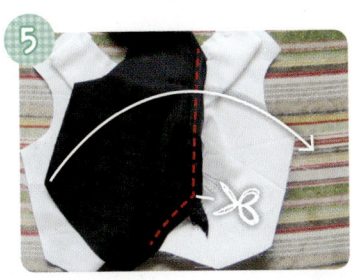

박음질 후 표시된 위치에 가위집을 넣어준다. 턱시도 원단을 다시 오른쪽 제자리에 넘겨둔다.

턱시도 한쪽과 셔츠가 연결된 모습. 반대쪽도 같은 방법으로 연결한다.

양쪽 모두 완성된 모습. 턱시도 가운데 표시된 부분의 모서리가 예쁘게 잘 맞아떨어지도록 신경 쓴다.

소매·안감 만들어 달기

소매를 위에서부터 빙 둘러가며 박음질해준다.

소매 박음질 후, 안쪽에서 본 모습.

소매 박음질 후, 겉에서 본 모습. 반대쪽도 동일하게 박음질해 소매를 달아준다.

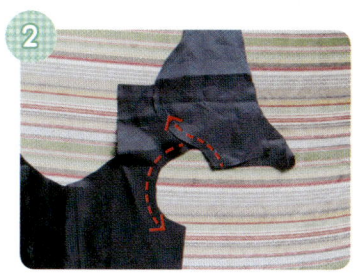

전체 안감 원단과 소매 부분도 앞의 겉감처럼 연결해준다.

안감도 양쪽 모두 소매를 만들어 준다.

소매를 기준으로 반으로 점선을 따라 접어준다.

한쪽을 접어준 모습.

양쪽 모두 접어준 후, 점선 표시된 부분을 박음질해준다.

박음질 후, 뒤집어준 모습.

안감도 마찬가지로 소매를 기준으로 반을 접어 점선 표시를 따라 박음질해준다.

위 사진처럼 팔을 뒤로 빼놓는다.

안감·겉감 연결하기

턱시도의 겉면과 안감의 겉면끼리 마주 보게 놓고, 아래의 순서대로 박음질한다.

아래쪽 '———' 일자 부분 ①만 박음질한다.

가위 표시된 부분에 가위집을 넣고 안감 ②만 화살표 방향으로 접어준다.

◀ ②번 부분 박음질.

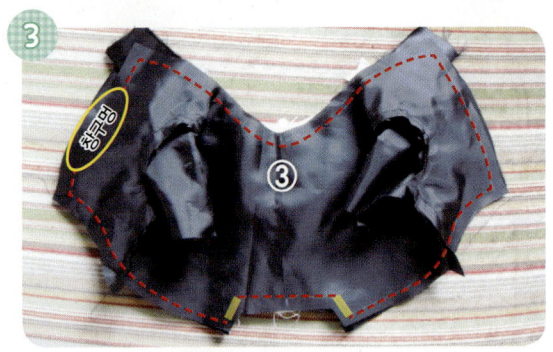

창구멍과 노란 표시된 부분 ③을 제외한 나머지 부분을 점선을 따라 빙 둘러가며 박음질한 후 가위집을 낸다.

안감에서 바라보고 팔 안감과 겉감을 잡아서 모아준다.

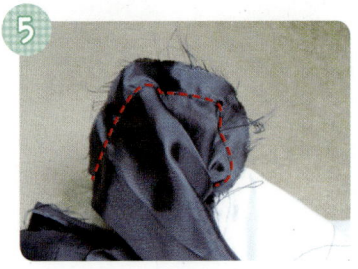

팔 안감과 겉감 원단을 겉면이 보이도록 하고 맏두 빗듯 점선을 빙 둘러가며 박음질한다.

연결 완성(S사이즈 이하는 겉면에서 보고 안감과 겉감 시접을 안으로 접어 넣고 상침 또는 공그르기로 마감한다).

남겨둔 창구멍은 공그르기로 마무리한다.

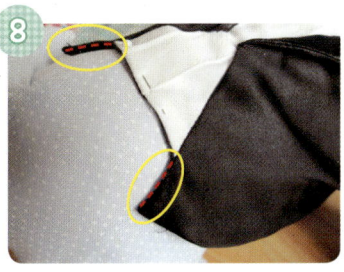
표시된 부분도 공그르기로 마무리해준다.

싸개 단추와 셔츠 단추를 패턴에 표시된 곳에 달아주면, 완성!

아들, 딸 구별 없이 10마리만 낳아 잘 키울게요~

완성

Accessory

블링블링 왕관 핀

난이도 초급 ★☆☆☆☆　**소요 시간** 20분 이내(손바느질 기준 재단 시간 포함)

사용 원단 및 부자재

	사용	대체 가능
왕관 펠트지	하드 펠트지(2mm/화이트)	없음
튜튜 망사	펄 튜튜 망사(작은 망/화이트)	레이스 원단
장식 진주 볼	진주 볼(지름 3mm)	지름 비슷한 비즈

만드는 과정

왕관 모양 만들기 → 튜튜 주름 만들기
집게 핀 리본 테이핑하기 → 핀 대 붙여 진주 장식하기

블링블링 왕관 핀은 웨딩드레스와 함께 연출하면 완벽한 스타일을 완성해줍니다. 만들기도 쉬워 웨딩드레스를 입을 때 심심한 헤어에 포인트로 장식해줄 수 있어 좋아요. 블링블링 왕관 핀 만들기 한번 시작해볼까요?

왕관 모양 만들기

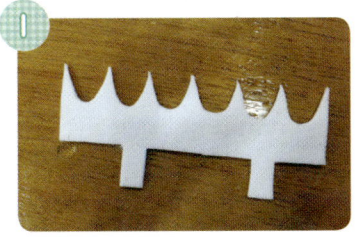

패턴지대로 시접 없이 펠트를 재단한다.

양쪽 끝 면에 글루건을 발라 양쪽을 동그랗게 연결해준다.

감침질로 한 번 더 고정해준다.

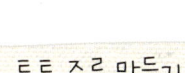

튜튜 주름 만들기

펄 튜튜 망사를 폭 3cm로 왕관 둘레의 약 6배 정도 길이로 자른다.

5mm 정도의 시접을 주고, 홈질로 주름을 잡아준다.

왕관 둘레만큼 당겨 길이를 조절한 후, 사진처럼 가윗날을 세로로 세워 불규칙하게 뾰죽한 모양으로 자른다.

주름 잡은 튜튜를 위 사진과 같이 왕관의 아래쪽에 홈질로 붙여준다 (이때, 바닥을 글루로 붙여준 후 바느질하면 더욱 깔끔하게 모양을 잡을 수 있다).

튜튜가 붙어 있는 모습.

집게 핀 리본 테이핑하기

골지 띠 전체 면에 양면 테이프를 붙여준다.

표시된 집게 핀의 끝부분에 글루를 살짝 묻힌다.

양면 테이프를 붙인 골지 띠를 집게 핀의 입이 벌어지는 쪽에서 붙이기 시작해서 집게 쪽 방향으로 꾹꾹 눌러가며 핀 대에 잘 붙여준다.

사진의 표시한 집게 부분에 글루를 묻혀 골지 띠를 잘 붙인다.

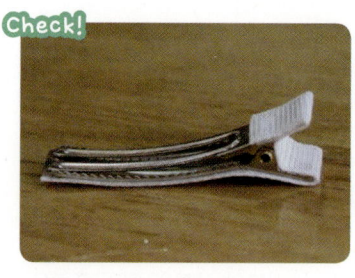

깔끔하게 마무리된 모습.

집게 핀 완성!

핀 대 붙여 진주 장식하기

1. 미리 만든 왕관 밑의 직각다리를 꺾어 위 사진처럼 모은 후, 글루를 바르고 핀 대를 붙인다.

Check! 핀 대를 붙인 모습.

2. 왕관 사이즈에 맞게 진주를 철사에 꿰어 고정한다.

3. 튜튜 끝단에 빙 둘러가며 글루를 바르고 진주를 붙여준다.

4. 왕관 펠트지 위쪽에도 글루 또는 손바느질을 이용해 진주를 하나씩 붙여준다.

Finish! 블링블링 왕관 핀 완성!

오늘은 내가 공주님!

Etc
이지 핫 강아지 슬링 & 매너벨트

난이도 초급 ★★☆☆☆ **소요 시간** 1시간 30분(미싱 작업 기준 재단 시간 포함)

사용 원단 및 부자재

	사용	대체 가능
슬링 몸통	20수 나염 캔버스 원단	20수 이상 두꺼운 원단(옥스퍼드, 청지, 광목 원단)
어깨 장식	인조 가죽 원단(아이보리/브라운)	포인트가 되어줄 20수 이상 두꺼운 원단 (옥스퍼드, 청지, 광목 원단 등)
장식용 가시발	골드 원형 가시발	장식 단추, 리본 등 모두 가능
매너벨트 겉감	20수 나염 캔버스 원단	20수 이상 두꺼운 원단(옥스퍼드, 청지, 광목 원단)
매너벨트 안감	20수 싱글 다이마루 원단(네이비)	누빔 다이마루, 쭈리 등
매너벨트 덧단	매쉬 다이마루 원단	없음
장식품	인조 가죽(아이보리)	와펜이나 아플리케 등 또는 생략 가능

만드는 과정

원단 재단하기 → 솜 말아박기 → 자수 및 가죽 장식 달기

※ 실물 패턴 미포함

이지 핫 강아지 슬링은 원단 1마만 있으면 집에서도 손쉽게 슬링을 만들어낼 수 있어요. 접어박고 말아박으면 뚝딱 만들어지는 슬링은 꼭 만들어야 하는 머스트해브 아이템이에요. 하나 만들어두면 가까운 곳에 외출할 때 소형견에겐 정말 딱인 효자상품이랍니다. 본인 옷의 스타일에 잘 어울리는 예쁜 천으로 만들기에 도전해보세요.

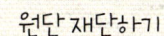

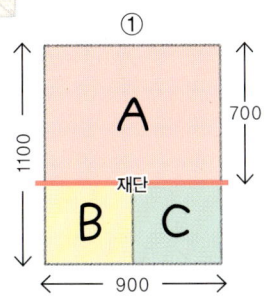

보통 평직 원단 1마를 사용한다. 위 그림 ①을 참고하여 원단을 A, B, C로 각각 재단하고, 그림 ②를 보고 배치하여 연결한다. 시접은 쌈솔로 튼튼하게 마감해준다.

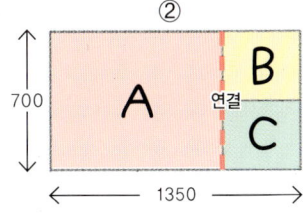

왼쪽 어깨로 매는 오른손잡이용 슬링이다. 왼손잡이용은 좌우를 반대로 만들어주면 된다.

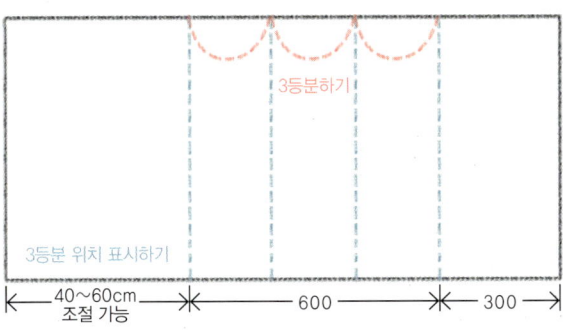

▲ 위의 그림처럼 3등분 위치를 표시한다.

▲ 위의 그림처럼 접어서 파란색 라인을 박음질하여 다트를 넣어준다.

◀ 다트가 들어간 원단의 위, 아래를 각각 1cm, 5cm로 말아박아준다.

솜 말아박기

1. 솜을 넣어줄 공간 확보를 위해 5cm로 말아박는 모습.

2. 길이 60cm, 폭 10cm의 퀼팅용 압착 솜을 돌돌 말아준다.

3. 감침질하여 동그란 솜을 만든다.

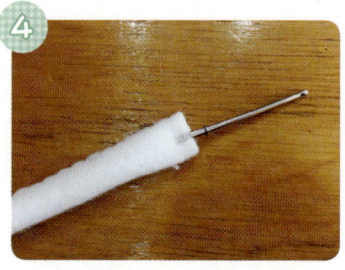

4. 집게로 잡아 5cm 말아박기한 위치의 중간 60cm 구간에 넣어준다.

5. 노랗게 표시된 부분에 솜이 들어가 있는 상태로, 사진의 빨간색 점선을 따라 박음질하여 솜을 고정해준다.

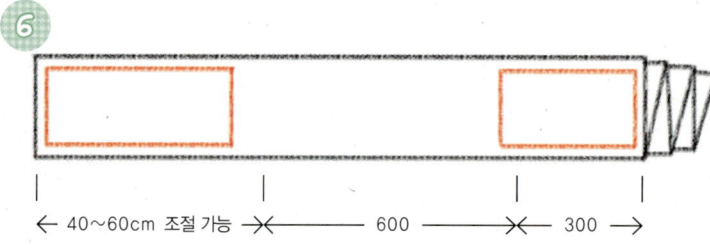

6. 위 그림처럼 부채 접듯 위아래를 지그재그로 접어준 후, 빨간색 네모 위치를 박음질해준다.

7. 양쪽 끝을 위 사진처럼 지그재그나 박음질로 튼튼하게 연결한다.

자수 및 가죽 장식 달기

1. 자수용 퀼팅 미싱이 있다면, 예쁘게 이니셜을 넣어 장식해본다.

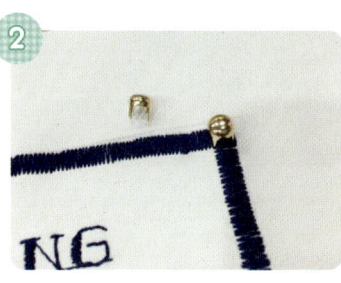

2. 골드 가시발을 모서리에 박아 끼워 넣어 장식한다. ▶장식 소품 다는 법 - 42p 참고

Check! 자수 완성 모습.

! 가죽 원단을 사용할 때 뒤쪽에 부직포를 댄 후 자수를 하면 훨씬 깔끔하고 예쁘게 완성된다.

3. 완성된 원단(가죽)을 위 사진처럼 반 접었을 때 시접 분을 남겨두고 슬링에 끼운 채로 박음질한다.

4. 뒤집어 자수가 보이게 정리한다.

Check! 장식 앞 모습.

5. 윗단을 안쪽으로 접어 넣어 박음질해서 완성한다(단, 올이 풀리지 않는 원단은 접어 넣지 않고 그대로 박음질한다).

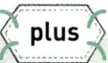

plus

만약 자수용 퀼팅 미싱이 없다면?

1. 원단에 넣고 싶은 글씨를 예쁘게 적는다.
2. 한 땀, 한 땀, 예쁘게 박음질로 자수를 넣어준다. 이때 스티치사, 퀼팅용 수예사 등을 사용하면 더욱 예쁘게 수놓을 수 있다.

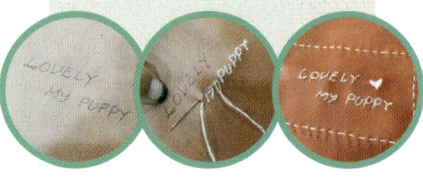

원단에 예쁜 무늬가 있다면 모양대로 잘라 박음질하고 뒤집어준다.

솜을 넣어 입체적으로 살려준다.

가죽 원단에 글루건이나 바느질로 부착하여 예쁘게 장식하여 마무리한다.

장식까지 완벽하게 완성!

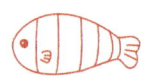

네이비 원단에 브라운 가죽 장식으로 하나 더 만들어봤어요!

엄마 품에
안겨서 외출하니까
짱 좋아!

친구들과
만날 때는
매너 있게~

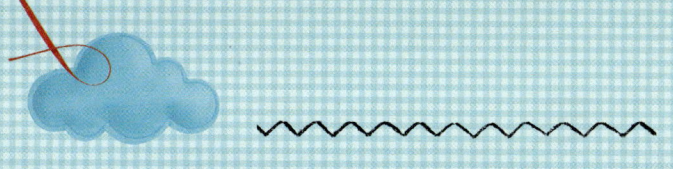

SUMMER

엄마 품에
안겨서 외출하니까
짱 좋아!

친구들과
만날 때는
매너 있게~

안감 만들기

1. 준비된 아사 심지의 까끌거리는 면 (접착 면)을 안감 원단의 안쪽으로 포개어둔다.

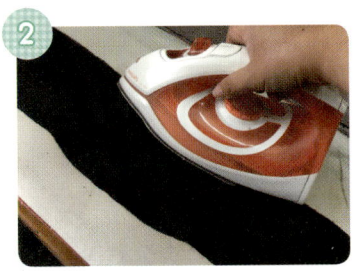

2. 다림질로 붙여준다.

3. 위의 사진에 표시된 매너벨트 덧단 부분의 양쪽의 길이만큼 식서테이프를 재단해 배치한다.

4. 다림질로 붙여준다(심지의 까끌거리는 면이 접착제 부분임).

5. 원단의 안쪽 방향에서 바라보고, 사진과 같이 식서테이프를 붙인 위치를 두 번 접어준다.

6. 접은 곳은 사진의 점선을 따라 박음질한다.

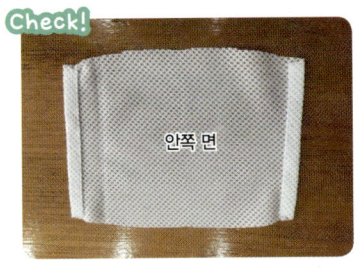

Check! 안쪽 면 완성된 모습.

7. 심지를 붙여 미리 준비해둔 매너벨트 안감의 겉면 위에 덧단의 안쪽 면을 포개 사진처럼 배치하고 점선대로 박음질한다(보이는 면이 매너벨트 덧단의 겉면임).

만드는 과정

원단 재단하기 → 가죽 장식 만들기 →
안감 만들기 → 겉감·안감 연결하기

> 강아지들에게 결코 없어서는 안 될 필수 아이템 매너벨트입니다. 예쁘게 가죽 원단에 장식으로 수놓거나 봉제 인형 장식을 달아 꾸며주면 패션 아이템으로도 손색이 없답니다. 하나쯤 꼭 있어야 할 매너벨트는 왕초보도 만들 수 있을 정도로 쉬운 만큼 꼭 한번 만들어보세요.

원단 재단하기

* 파란 선 : 시접 2cm
※ 장식용 가죽 원단 별도

- 매너벨트 안감 20수 싱글 원단 1장
- 접착식 식서 테이프
- 매너벨트 접착식 아사 심지 1장
- 매너벨트 겉감 30수 나염 옥스퍼드 원단 1장
- 매너벨트 덧단 매쉬 다이마루 원단

패턴지를 원단에 대고 그려준 후, 매너벨트 덧단의 파란 표시 부분은 시접 2cm, 그 외는 모두 1cm 정도의 시접을 주고 재단한다.

가죽 장식 만들기

1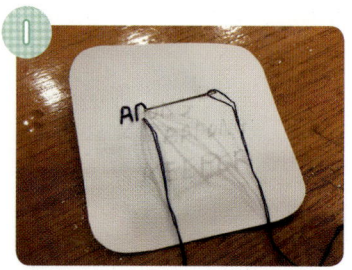

가죽 장식 덧단을 적당한 사이즈와 모양으로 준비한 후 연필로 새기고 싶은 글씨를 써서 스티치사 등으로 수를 놓거나 예쁜 와펜 등으로 장식한다(장식 생략 가능).

2

원단에 그려진 물고기 모양도 봉제 인형처럼 만들어 붙여준다. 장식은 자유롭게 연출한다.

겉감·안감 연결하기

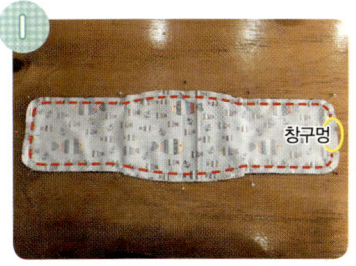

1. 매너벨트 겉감을 사진과 같이 겉면이 안감의 겉면과 마주 보도록 겉면끼리 포개어둔 후, 사진의 점선대로 박음질한다(오른쪽 박음질되지 않은 부분이 창구멍).

2. 가위집을 넣어준 후, 창구멍을 통해 뒤집어준다.

3. 뒤집어 모서리를 예쁘게 정리한 후, 위의 사진의 점선대로 박음질하여 상침한다.

Check! 상침하는 모습.

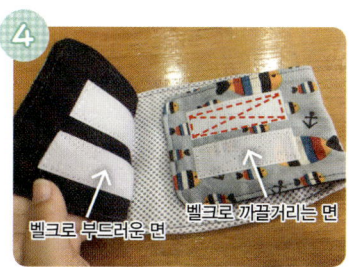

4. 벨크로의 까끌거리는 면이 겉감, 부드러운 면이 안감에 붙게 배치한 후, 'ㅁ자' 안에 X자가 그려지도록 박음질해준다(큰 강아지의 경우, 여러 줄의 벨크로를 사용해도 좋다).

5. 미리 준비해둔 가죽 장식을 벨크로가 박음질된 위치에 홈질로 고정한다.

Finish! 매너벨트 완성!

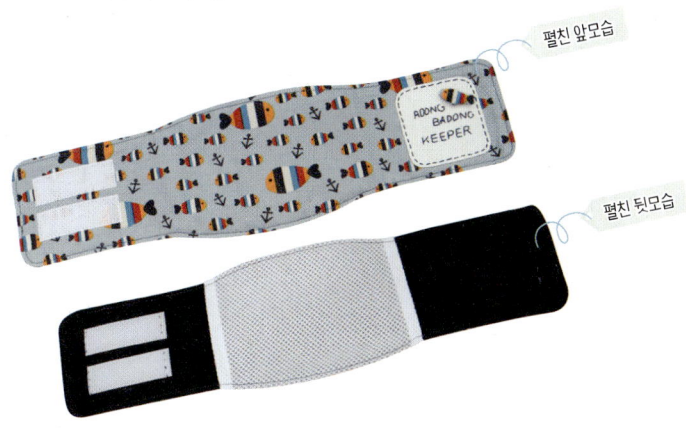

펼친 앞모습 / 펼친 뒷모습

매너벨트 사용법

1. 패드 붙이기 전 모습(매너벨트 완성된 상태).

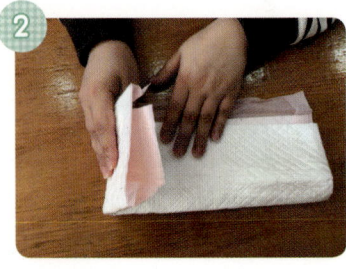

2. 배변 패드 또는 기저귀를 작게 접어준다.

3. 망사 원단 사이에 넣어준다.

Finish! 패드만 교체해 위생적으로 사용 가능하다.

완성

내 맘에
쏙 들어!
나 예뻐요?

How to make **128p**

상큼 발랄한 디자인의 딸기공주 나시 원피스.
시원한 원단으로 만들어주면
사랑스러운 느낌이 물씬 납니다.
무더운 여름, 시원하면서도 러블리한 원피스로
기분 전환하기 딱이에요!

COOL하게
여름 나기!

손타월을 이용해 구석구석 닦아주면 아주 편리해요~
부드럽게 피부를 감싸는 편안한 샤워 가운.
바캉스 물놀이 갈 때도 꼭 챙겨가서 이용해보세요!

How to make **146p**

How to make **150p**

How to make **140p**

How to make **164p**

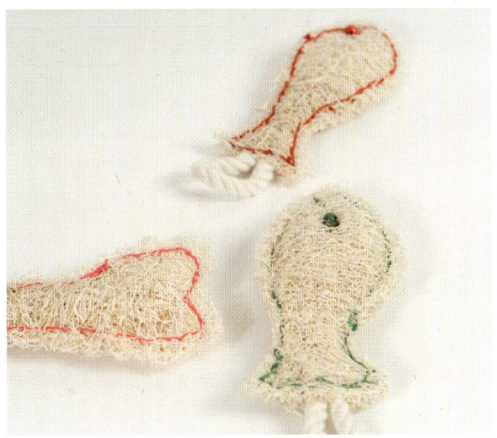
How to make **162p**

How to make **158p**

Clothes 1
딸기공주 나시 원피스

난이도 초급 ★★☆☆☆ **소요 시간** 1시간 30분(미싱 작업 기준 재단 시간 포함)

사용 원단 및 부자재

	사용	대체 가능
상의 겉감	30수 면트윌	20~30수 직기류
상의 안감	40수 면혼방(TC)	30~40수 직기류
하의 치마	20수 선염 체크 원단	30~40수 나염 원단
장식용 레이스	면 자수 끼움 레이스(폭 4cm)	없음
장식용 리본	골지 리본(폭 4mm)	없음
장식용 단추	레진 나염 단추	리본 및 비즈

디자인 과정 안내

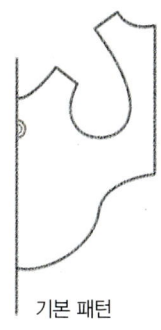

기본 패턴

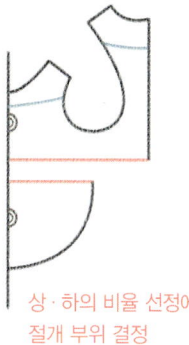

상·하의 비율 선정에 따른
절개 부위 결정
나시 라인 형성

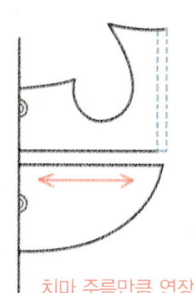

치마 주름만큼 연장
가슴 여밈만큼 연장
(1cm짜리 단추 기준 1cm 연장)

패턴 배치 및 원단 소요량 안내

※ 실제 패턴과 다를 수 있으니, 소요량 및 패턴 배치 방법만 참고하세요(패턴 배치표-정사각형 기준).

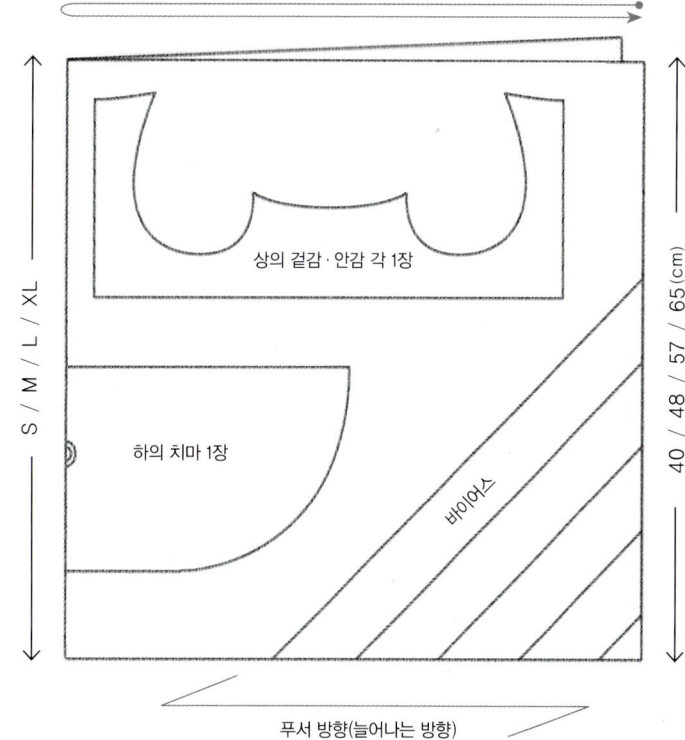

S / M / L / XL

40 / 48 / 57 / 65 (cm)

상의 겉감·안감 각 1장

하의 치마 1장

바이어스

푸서 방향(늘어나는 방향)

Check!

- **스타일** ☐ 기본형 ☐ 후드형 ☐ 망토형
  ☐ 올인원형 ☑ 원피스형
- **소매** ☑ 민소매형 ☐ 기본 소매형
  ☐ 래글런 소매형 ☐ 응용 소매형
- **여밈** ☑ 똑딱이 단추 ☐ 벨크로 ☐ 없음
- **FIT** ☑ 여유 ☐ 정사이즈
- **♂♀ 구분** ☑ 공통 ☐ 선택 가능

만드는 과정

원단 재단하기 → 상의 만들기 → 하의 치마 만들기
상·하의 연결하기

> 딸기공주 나시 원피스는 간단한 바이어스 사용법만 익히면 쉽게 만들 수 있는 기본 끈 나시 원피스입니다. 끈을 묶어주는 형식이라 등 길이나 목둘레를 자유롭게 조절하여 딱 맞게 피팅할 수 있기 때문에 예쁘게 입을 수 있어요. 여름 원피스로 제격인 딸기공주 나시 원피스 만들기 시작해볼까요?

원단 재단하기

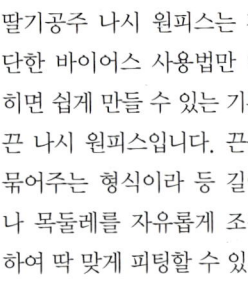

- 면 자수 끼움 레이스
- 바이어스 20수 선염 체크 원단 1장
- 상의 안감 40수 면혼방 원단 1장
- 꼴지 리본
- 상의 겉감 30수 면트윌 원단 1장
- 하의 치마 20수 선염 체크 원단 1장

패턴지를 원단에 대고 패턴 배치표를 참고하여 그려준 후, 1cm 정도의 시접을 주고 재단한다.

상의 만들기

1

상의의 겉감과 안감을 겉면끼리 마주 보게 두고 사진의 점선을 따라 박음질하고, 가위집을 낸 후 뒤집어준다.
▶ 가위집 넣는 방법 340p 참고

2

다림질로 예쁘게 정리한다.

3
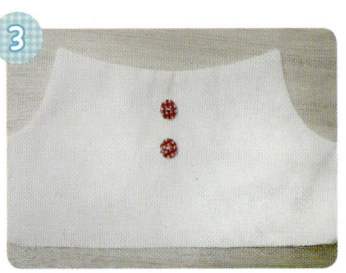
예쁜 단추를 달아준다.

하의 치마 만들기

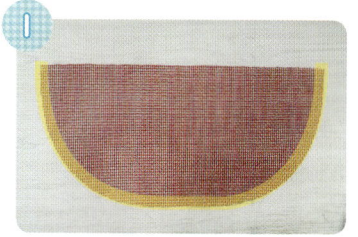

1. 사진에 표시된 치마 끝단 부분을 말아박기 또는 오버록 처리해서 접어 박아 정리해준다.

Check! 밑단 정리된 모습.

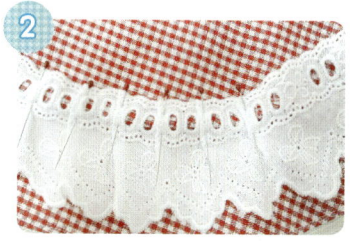

2. 치마 끝단에서 1cm 정도 위로 레이스를 배치하고 시침핀으로 고정한다.

3. 위 사진의 점선을 따라 박음질한다.

4. 레이스의 구멍에 골지 리본을 끼워 넣되, 리본으로 묶어줄 만큼은 길게 빼둔다. 리본 밑 부분도 사진의 점선대로 박음질한다.

5. 홈질로 주름을 잡아준다. 이때 치마의 폭은 겨드랑이 밑에서 끝나도록 한다.

상·하의 연결하기

1. 상의 안감과 겉감 사이에 치마를 넣고 사진의 점선대로 박음질한다.

2. 진동 둘레에 4cm짜리 폭의 바이어스를 둘러 시침핀으로 고정한 후, 점선대로 박음질한다. ▶ 바이어스 싸는 방법 335p 참고

3. 바이어스로 리본을 묶어 어깨를 연결해준다.

길게 빼두었던 골지 리본을 예쁘게 묶어준다.

가슴 쪽에 여밈 단추를 달아 마무리해준다.

딸기공주 나시 원피스 완성!

가슴 쪽 모습

상큼 발랄 딸기공주

완성

나시 디자인이라 시원하면서도 러블리한 딸기공주 나시 원피스.
무더운 여름엔 이 원피스 한 벌로도 충분해요~.
꼭 한번 도전해보세요!

Clothes 2
멍스쿨 마린룩

난이도 중급 ★★★☆☆ **소요 시간** 2시간 30분(미싱 작업 기준 재단 시간 포함)

사용 원단 및 부자재

	사용	대체 가능
상의 겉감	30수 면트윌(검정)	광택 있는 평직물
상의 안감	40수 면혼방(TC/검정)	얇은 평직물
하의 치마·스카프	30수 면트윌(오프화이트)	30수 이상 나염, 선염 원단
장식용 리본	공단 리본(폭 10cm)	주자 리본, 면 리본
장식용 와펜	돛단배 은사 와펜	분위기 어울리는 장식 와펜 또는 아플리케 핫픽스 모두 가능

디자인 과정 안내

기본 패턴

상·하의 비율 선정에 따른
절개 부위 결정
스카프 장식 추가

치마 주름만큼 연장
가슴 여밈만큼 연장
(1cm짜리 단추 기준 1cm 연장)

패턴 배치 및 원단 소요량 안내

※ 실제 패턴과 다를 수 있으니, 소요량 및 패턴 배치 방법만 참고하세요(패턴 배치표 – 정사각형 기준).

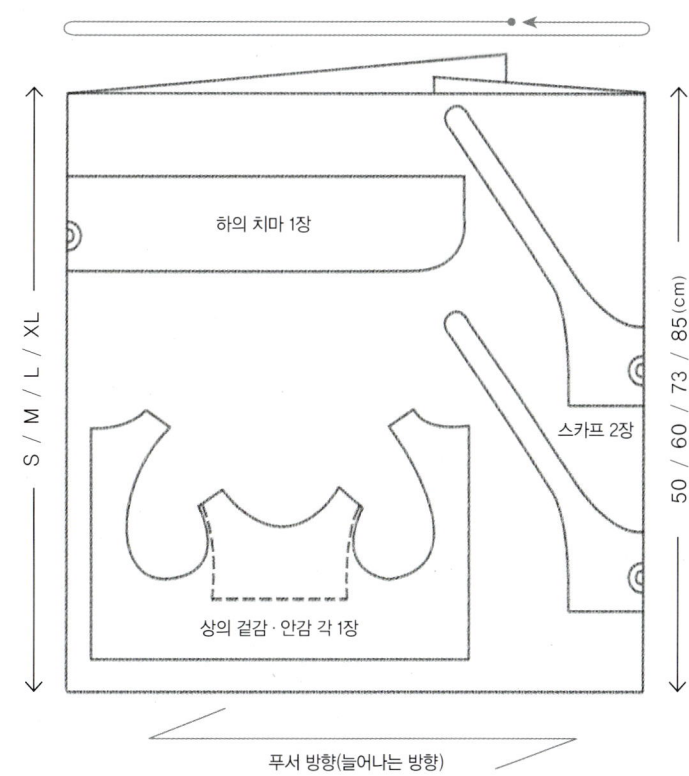

하의 치마 1장
스카프 2장
상의 겉감·안감 각 1장

S / M / L / XL
50 / 60 / 73 / 85 (cm)
푸서 방향(늘어나는 방향)

Check!

- **스타일** ☐ 기본형 ☐ 후드형 ☐ 망토형 ☐ 올인원형 ☑ 원피스형
- **소매** ☑ 민소매형 ☐ 기본 소매형 ☐ 래글런 소매형 ☐ 응용 소매형
- **여밈** ☑ 똑딱이 단추 ☐ 벨크로 ☐ 없음
- **FIT** ☑ 여유 ☐ 정사이즈
- **구분** ☐ 공통 ☑ 선택 가능

만드는 과정

원단 재단하기 → 스카프 만들기 → 스카프·상의 연결하기 →
하의 치마 만들기 → 상·하의 연결하기

> 멍스쿨 마린룩은 안젤로 웨딩드레스를 만들어봤다면, 아주 쉽게 완성할 수 있을 거예요. 안젤로 웨딩드레스처럼 어깨를 간편한 방법으로 이어주면서 목둘레 장식인 스카프가 추가된, 약간 응용된 원피스 스타일이거든요. 와펜과 같은 간단한 소품으로 디자인 포인트를 살려주면 더욱 예쁘게 완성할 수 있어요.

원단 재단하기

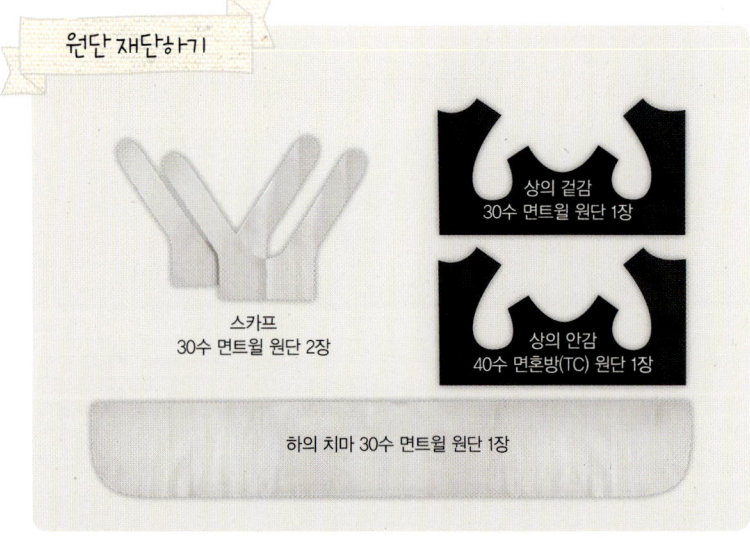

스카프 30수 면트윌 원단 2장

상의 겉감 30수 면트윌 원단 1장

상의 안감 40수 면혼방(TC) 원단 1장

하의 치마 30수 면트윌 원단 1장

패턴지를 원단에 대고 패턴 배치표를 참고하여 그려준 후, 1cm 정도의 시접을 주고 재단한다.

스카프 만들기

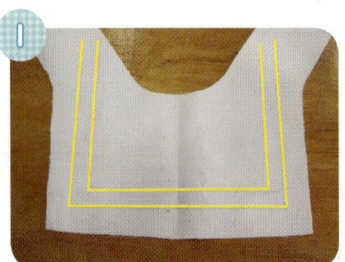

1. 스카프 원단에 공단 테이프가 놓일 위치를 표시한다.

2. 끝쪽부터 공단 테이프 위치에 테이프를 놓으며 시침핀으로 고정해나간다. 모서리는 리본을 45도 꺾어 접어주면 깔끔하게 정리된다.

3. 공단 테이프의 위아래를 사진의 점선대로 끝쪽부터 2번 박음질한다.

미싱을 사용하는 경우, 윗실은 검정색, 밑실은 흰색을 사용하면 위아래가 예쁘게 정리된다.

와펜을 달아준다.

스카프 원단 1장을 마주 대고 점선 표시된 부분(어깨선 표시)까지 박음질한다.

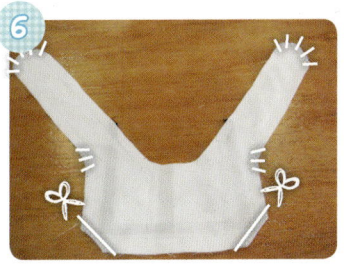

곡선 부분은 가위집을 넣어주고, 모서리 부분은 삼각형으로 잘라내 뒤집어준다.

뒤집어준 상의 모습.

스카프·상의 연결하기

상의 겉감을 준비한다.

그 위에 스카프를 올려준다.

그 위에 상의 안감을 올려놓고 점선 표시된 부분을 박음질해준다(목둘레를 박음질할 때 스카프의 시접과 잘 맞춰서 박음질한다). 곡선 부분에는 가위집을 내주고 모서리 부분은 삼각형으로 잘라내 뒤집어준다.

뒤집은 모습.

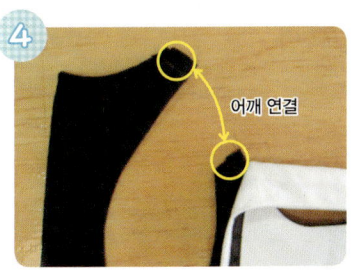

어깨 부분을 잡고 연결해보자.

5 한쪽 어깨의 시접분을 안쪽으로 잘 접어 넣는다.

6 다른 어깨를 그 사이에 쏙 놓고 점선을 따라 박음질해준다.

Check! 어깨 이음 완성된 모습. 같은 방법으로 반대쪽 어깨도 연결한다.

하의 치마 만들기

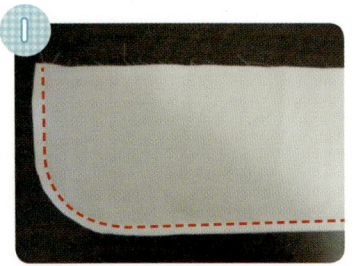
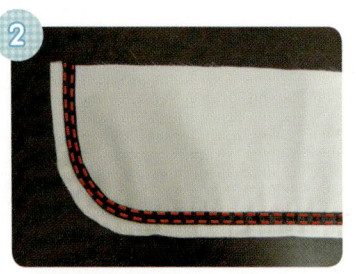
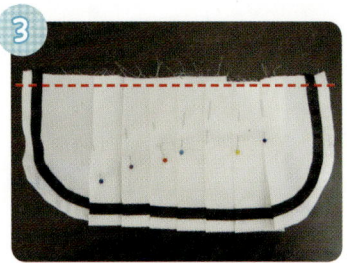

1 치마 끝단을 말아박거나 오버록 처리한 후, 접어서 박아준다. ▶ 끝단 처리 방법 337p 참고

2 치마 끝 라인을 따라 공단 테이프를 놓고 위아래를 박음질해준다.

3 사진처럼 손으로 접어 주름을 잡아 다림질한 후 사진의 점선대로 박음질해준다.

상·하의 연결하기

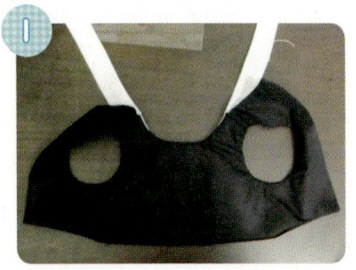
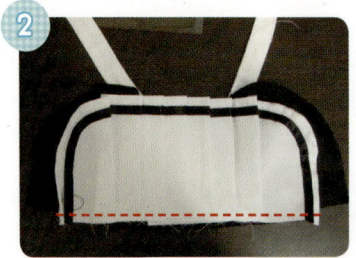

1 상의의 안감 원단이 보이게 준비한다.

2 그 위에 주름 잡은 치마를 놓고, 치마 원단과 상의 안감 원단만 점선대로 박음질해준다.

3 상의 원단 시접 부분을 접어 넣어서 점선대로 박음질해준다.

④

가슴 쪽에 여밈 단추를 달고 스카프를 묶어준다.

Finish!

멍스쿨 마린룩 완성!

가슴 쪽 모습

여름에는 역시 마린룩이 최고야!

완성

Clothes 3

도트 하네스 원피스

난이도 초급 ★★☆☆☆ **소요 시간** 2시간 30분(미싱 작업 기준 재단 시간 포함)

사용 원단 및 부자재

	사용	대체 가능
몸통 겉감·치마	20수 면청해지	20~30수 직기류 선염, 나염 원단
등판 덧단·넥 홀터	20수 면 나염 청해지	20~30수 직기류 선염, 나염 원단
몸통 안감	40수 면혼방(TC)	겉감과 동일하게 사용 또는 조금 더 얇은 직기류 원단
심지	아사 접착 심지(검정색)	얇은 접착 압축 솜
장식품	오간디 고무줄 레이스, 오팔 비즈	장식 가능한 레이스, 리본, 진주, 스터드 등
금속품	D링, 개고리	없음(원피스형으로 만들 경우, 생략 가능)

디자인 과정 안내

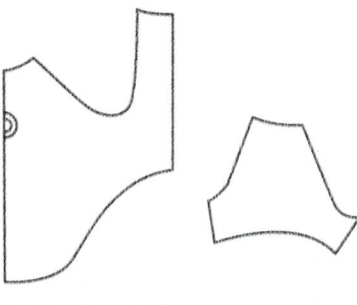

기본 패턴(래글런 티)
몸통만 사용

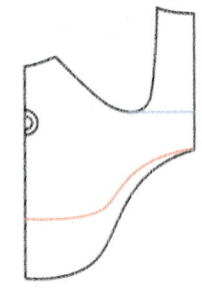

상·하의 절개
앞 가슴판 절개

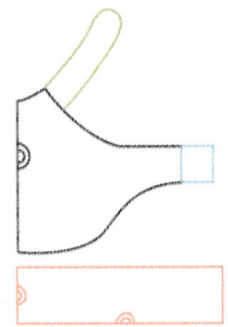

치마 주름 연장(골선 형성)
앞 가슴 여밈 연장(벨크로 기준 2cm)
넥 홀터 형성

패턴 배치 및 원단 소요량 안내

※ 실제 패턴과 다를 수 있으니, 소요량 및 패턴 배치 방법만 참고하세요(패턴 배치표-정사각형 기준).

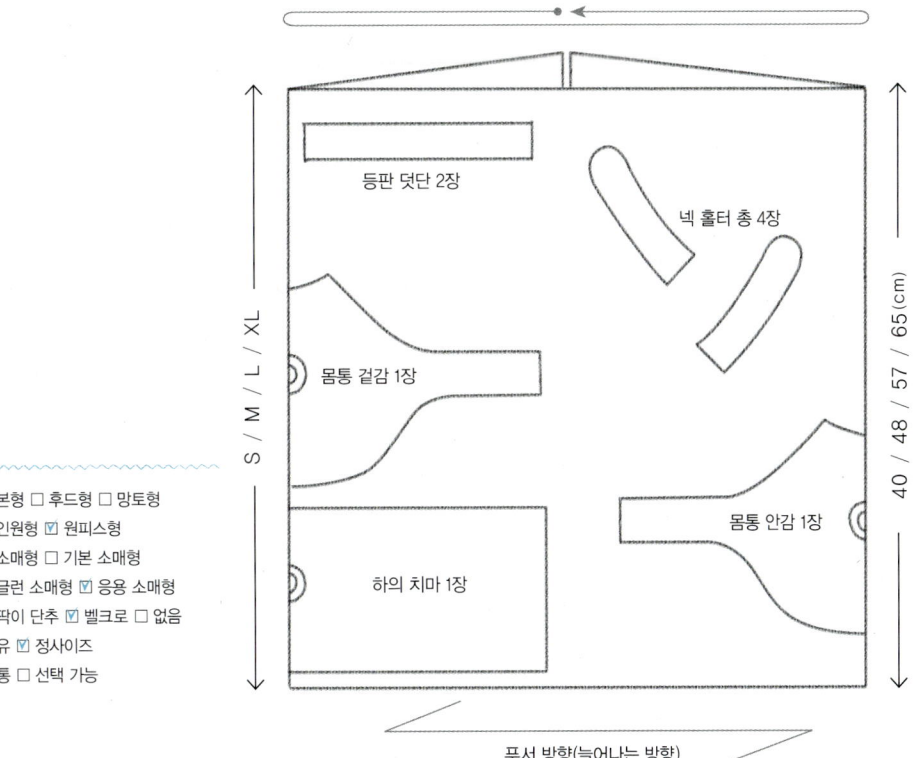

등판 덧단 2장
넥 홀터 총 4장
몸통 겉감 1장
몸통 안감 1장
하의 치마 1장

S / M / L / XL
40 / 48 / 57 / 65 (cm)
푸서 방향(늘어나는 방향)

Check!

- **스타일**: ☑ 기본형 ☐ 후드형 ☐ 망토형 ☐ 올인원형 ☑ 원피스형
- **소매**: ☐ 민소매형 ☐ 기본 소매형 ☐ 래글런 소매형 ☑ 응용 소매형
- **여밈**: ☑ 똑딱이 단추 ☑ 벨크로 ☐ 없음
- **FIT**: ☐ 여유 ☑ 정사이즈
- **구분**: ☑ 공통 ☐ 선택 가능

만드는 과정

원단 재단하기 → 넥 홀터 & 등판 덧단 달기 →
하의 치마 만들기 → 겉감·안감 연결하기 → 목줄 만들기

하네스(가슴 목줄)와 원피스를 결합한 실용성 있는 도트 하네스 원피스입니다. 무더운 여름에 시원한 색상의 원단으로 만들어주면 목줄까지 활용도가 높아서, 디자인과 실용성을 모두 갖춘 특별한 아이템이 완성된답니다. 도트 하네스 원피스로 멋진 피서지에서의 추억을 만들어보세요!

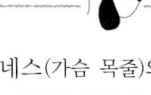

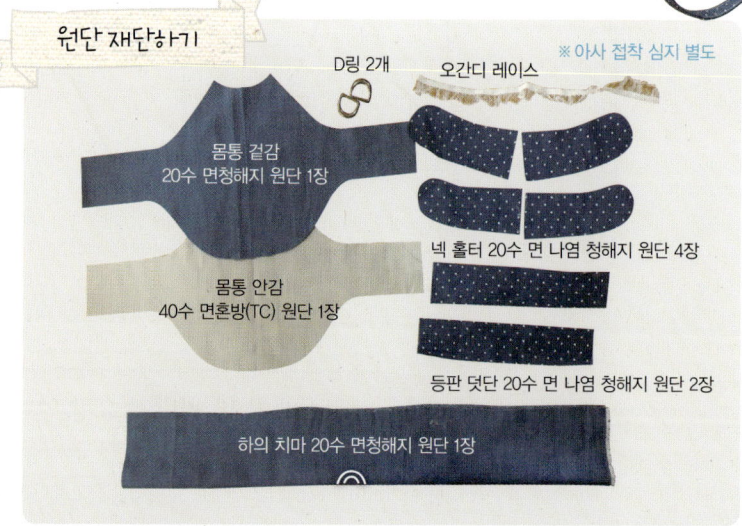

패턴지를 원단에 대고 패턴 배치표를 참고하여 그려준 후, 1cm 정도의 시접을 주고 재단한다.

넥 홀터 & 등판 덧단 달기

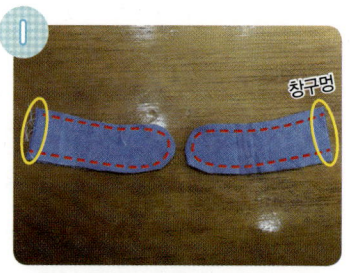

1 넥 홀터 원단을 겉면끼리 포갠 후, 사진의 점선대로 박음질한다. 박지 않은 부분을 창구멍으로 뒤집어준다.

2 뒤집어 위 사진처럼 겉면의 아웃라인을 박음질하여 상침한다.

3 등판 덧단 원단 사이즈에 맞도록 아사 심지를 준비한다. 까끌거리는 접착제가 도포되어 있는 면과 원단의 안쪽 면을 포갠 후, 다림질하여 붙여준다.

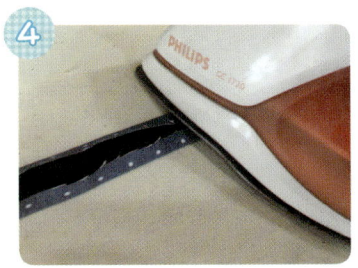

위 사진의 시접 부분을 중앙으로 접어 다림질한다.

덧단 원단의 끝부분을 위 사진처럼 D링에 끼워 빨간색 점선을 박음질하여 고정한다.

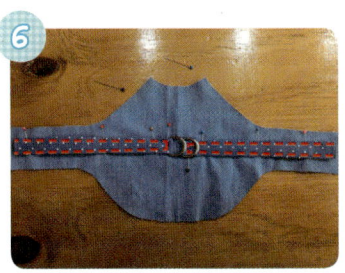

준비한 두 개의 덧단 원단을 위 사진처럼 몸통 원단 겉면에 배치한 후, 점선을 박음질하여 고정한다.

등판 완성된 위치에 위 사진과 같이 미리 준비한 넥 홀터 부분을 두 개 준비한다.

위 사진처럼 시접 부분은 피해 배치한 후, 점선을 박음질하여 임시 고정한다.

plus

활동 시 힘이 들어가는 부위나 뻣뻣하게 모양이 잡혀야 예쁜 칼라 등에는 심지를 사용해주면 더욱 예쁘게 완성할 수 있다.

▶ 심지 사용하기 346p 참고

하의 치마 만들기

치마를 위 사진과 같이 접어서 준비한다(이때 좀 더 풍성한 주름의 치마를 원할 경우 치마폭을 더 늘려도 좋다).

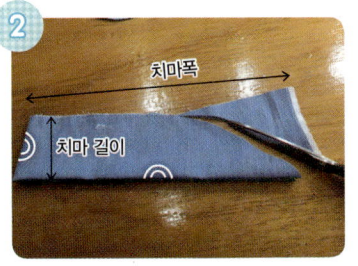

길이 방향으로 접은 치마를 폭 방향으로 한 번 더 접어 위 사진처럼 끝을 곡선을 그리며 잘라준다(임의대로 잘라서 사용해도 된다).

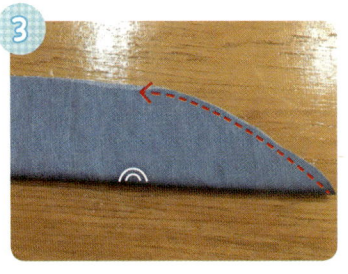

사진의 점선 부위를 홈질로 주름을 잡아준다.

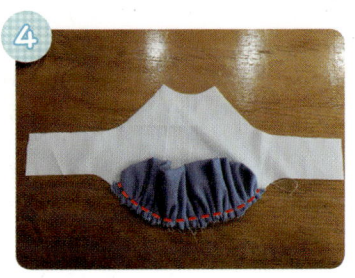

안감의 겉면(패턴상 표시된 치마 달릴 위치)에 위 사진처럼 배치하고 점선을 따라 박음질한다.

겉감에 레이스 원단을 위 사진처럼 몸통 밑단 쪽에 배치한다.

사진처럼 시접 1cm 위치에 오간디 레이스 부분만 보이도록 점선을 박음질하여 고정한다.

겉감·안감 연결하기

안감과 겉감을 준비한다.

겉면끼리 포갠 후, 점선을 박음질 하되, 몸통 밑 부분이 창구멍이 되도록 빼고 박음질한다.

뒤집기 전 곡선은 가위집을 내고, 모서리는 위 사진처럼 각을 쳐서 시접을 깔끔하게 정리한다. ▶ 가위집 넣는 방법 340p 참고

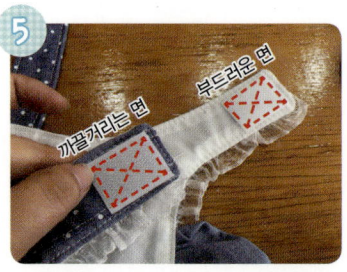

뒤집은 모습.

밑 부분에 남아 있는 창구멍을 시접을 접어 넣으며 상침하거나 공그르기로 마감해준다.

허리의 벨크로는 위 사진처럼 까끌거리는 면이 겉면, 부드러운 면이 안감에 부착되도록 배치한 후, 사진의 점선대로 박음질하여 옷을 완성한다.

목줄 만들기

1. 목줄의 길이는 총 130cm, 폭의 너비는 6cm가 되도록 원단을 준비해, 안쪽 면에 심지를 붙여준다.

2. 양쪽 끝을 1.5cm씩 접어 다림질한다.

3. 다림질한 후, 끝을 위의 사진처럼 각을 쳐낸다.

4. 끝 모서리를 사진과 같이 접어 임시 고정한다.

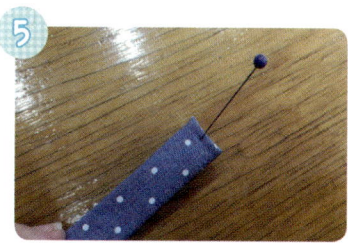

5. 다시 한 번 접어 아웃 라인을 박음질한다.

6. 끝부분을 손이 들어갈 수 있는 만큼을 접어 사진의 점선대로 박음질한 후, 장식 비즈를 달아준다.

7. 한쪽 끝은 위 사진처럼 개고리를 건 후, 점선을 박음질하여 고정한다.

가슴 쪽 모습

완성

Clothes 4
뽀송한 샤워 가운

난이도 중급 ★★★☆☆ **소요 시간** 1시간 30분(미싱 작업 기준 재단 시간 포함)

사용 원단 및 부자재

	사용	대체 가능
전체	면 타월 원단	테리 타월, 극세사 타월 등

디자인 과정 안내

기본 패턴
앞가슴 길이 줄임
(모자로 인한 목둘레 여유분)

어깨 이음
모자 형성

망토형으로 전환
주머니 형성

패턴 배치 및 원단 소요량 안내

※ 실제 패턴과 다를 수 있으니, 소요량 및 패턴 배치 방법만 참고하세요(패턴 배치표–정사각형 기준).

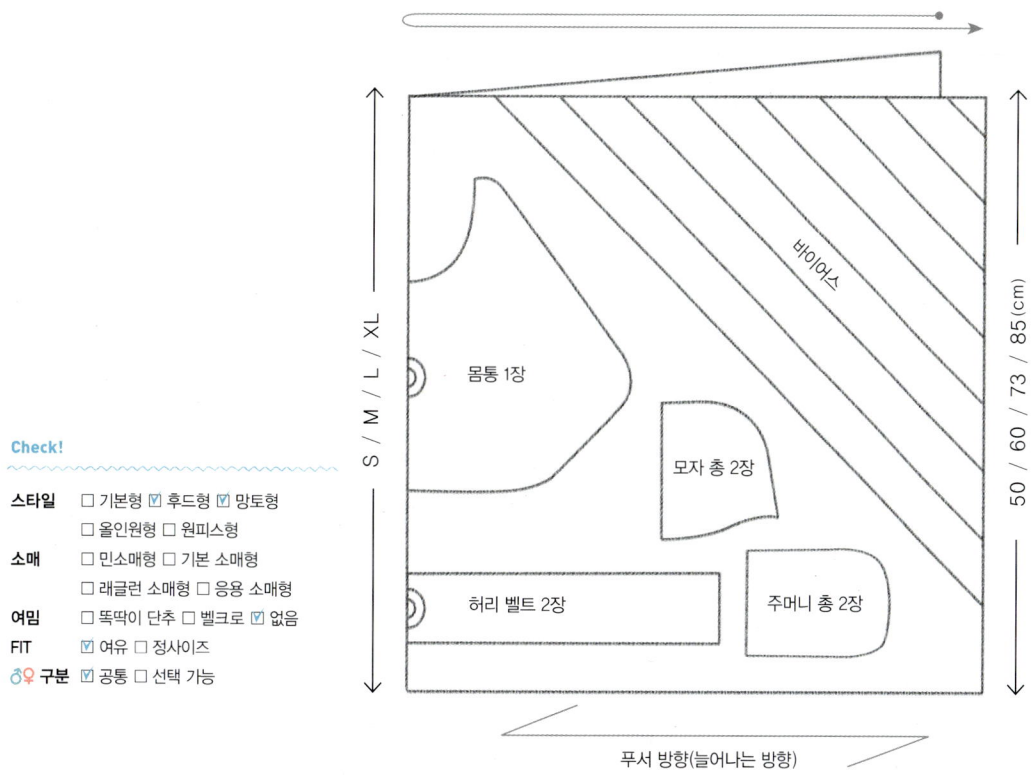

Check!

- **스타일** ☐ 기본형 ☑ 후드형 ☑ 망토형
  ☐ 올인원형 ☐ 원피스형
- **소매** ☐ 민소매형 ☐ 기본 소매형
  ☐ 래글런 소매형 ☐ 응용 소매형
- **여밈** ☐ 똑딱이 단추 ☐ 벨크로 ☑ 없음
- **FIT** ☑ 여유 ☐ 정사이즈
- **구분** ☑ 공통 ☐ 선택 가능

만드는 과정

원단 재단하기 → 가운 만들기

원단 재단하기

* 노란 선 : 시접 없음

- 샤워 가운 허리 벨트 면 타월 원단 2장
- 샤워 가운 모자 면 타월 원단 2장
- 샤워 가운 주머니 면 타월 원단 2장
- 샤워 가운 몸통 면 타월 원단 1장
- 샤워 가운 바이어스 면 타월 원단 1장

여름 물놀이에 꼭 챙겨가야 할 샤워 가운! 특히 샤워 가운 겸 타월로 쓸 수 있어서 가운 밑단에 손을 넣어 물기를 말리기 좋답니다. 너무 좋은 목욕 가운, 지금 함께 만들어봐요.

S·M사이즈의 경우 작아서 주머니 원단을 붙이기 어려우므로 생략하고 만들어도 된다.

패턴지를 원단에 대고 패턴 배치표를 참고하여 그려준 후, 위 사진에 표시된 바이어스 두를 부분은 시접 없이 재단하고, 그 외는 모두 1cm 정도의 시접을 주고 재단한다.

가운 만들기

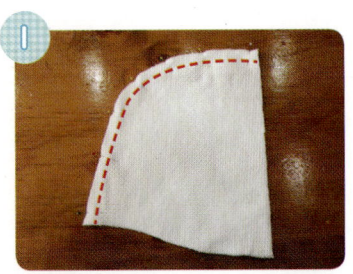

1. 모자를 사진의 점선을 따라 박음질한다.

2. 시접은 오버록 또는 쌈솔로 정리해준다.

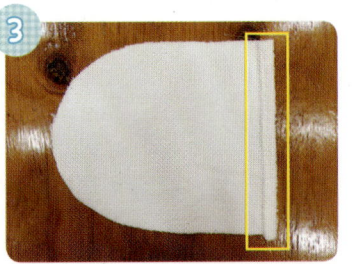

3. 주머니 원단 부분은 사진상의 표시된 부분을 말아박기로 마감한다.

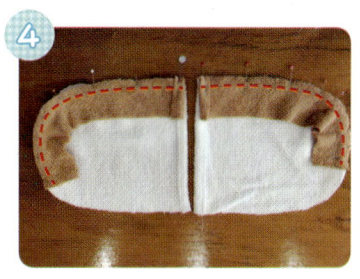

④ 샤워 가운 주머니 패턴상에 표시된 위치까지만 5cm짜리 폭의 바이어스를 붙여준다. ▶바이어스 싸는 방법 335p 참고

Check! 주머니 원단 부위 완성된 모습.

⑤ 몸통 원단 위에 주머니를 위 사진처럼 올려 놓은 후, 점선대로 박음질한다.

⑥ 몸통 원단에 모자를 올려 놓고 사진의 점선을 따라 박음질하고 시접을 정리해준다.

⑦ 옆에서 본 모습. 모자에서부터 몸통 끝단 부분까지 전체 바이어스로 마감한다.

 전체 바이어스 두르기는 '편리한 손타월' 부분의 160p를 참고하세요.

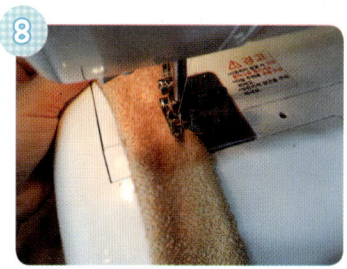

⑧ 허리 벨트는 접어박은 후 뒤집어서 몸통 원단 패턴상에 표시된 위치에 박아준다.

개시원 개뽀송

완성!

Clothes 5

마린 올인원

난이도 고급 ★★★★☆ **소요 시간** 3시간 30분(미싱 작업 기준 재단 시간 포함)

사용 원단 및 부자재

	사용	대체 가능
몸통	지지미 스트라이프 원단	지지미, 거즈, 인견 등 40수 여름 원단
칼라·안단	30수 트윌 원단(백색)	40수 면혼방(TC)이나 포인트 나염
장식용 단추	장식용 곰돌이 우드 단추, 멜란 단추(백색)	단추 또는 비즈 장식
바지용 고무줄	4골 고무줄(백색)	없음
장식용 파이핑	광목색 파이핑(48합)	없음

디자인 과정 안내

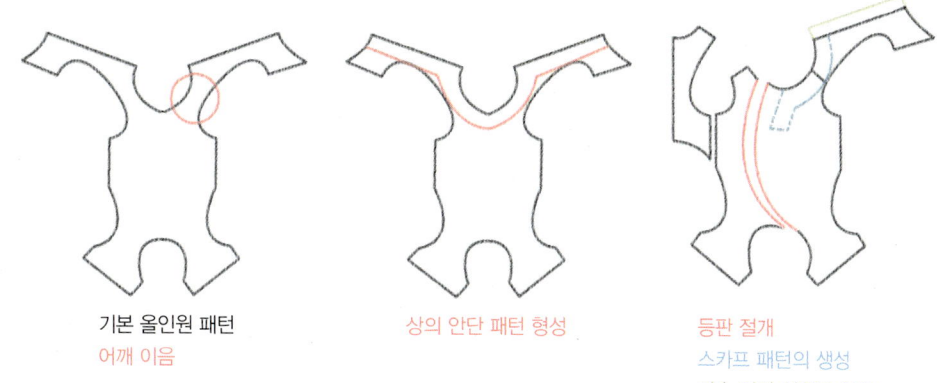

기본 올인원 패턴
어깨 이음

상의 안단 패턴 형성

등판 절개
스카프 패턴의 생성
가슴 여밈 여유분 연장

패턴 배치 및 원단 소요량 안내

※ 실제 패턴과 다를 수 있으니, 소요량 및 패턴 배치 방법만 참고하세요(패턴 배치표—정사각형 기준).

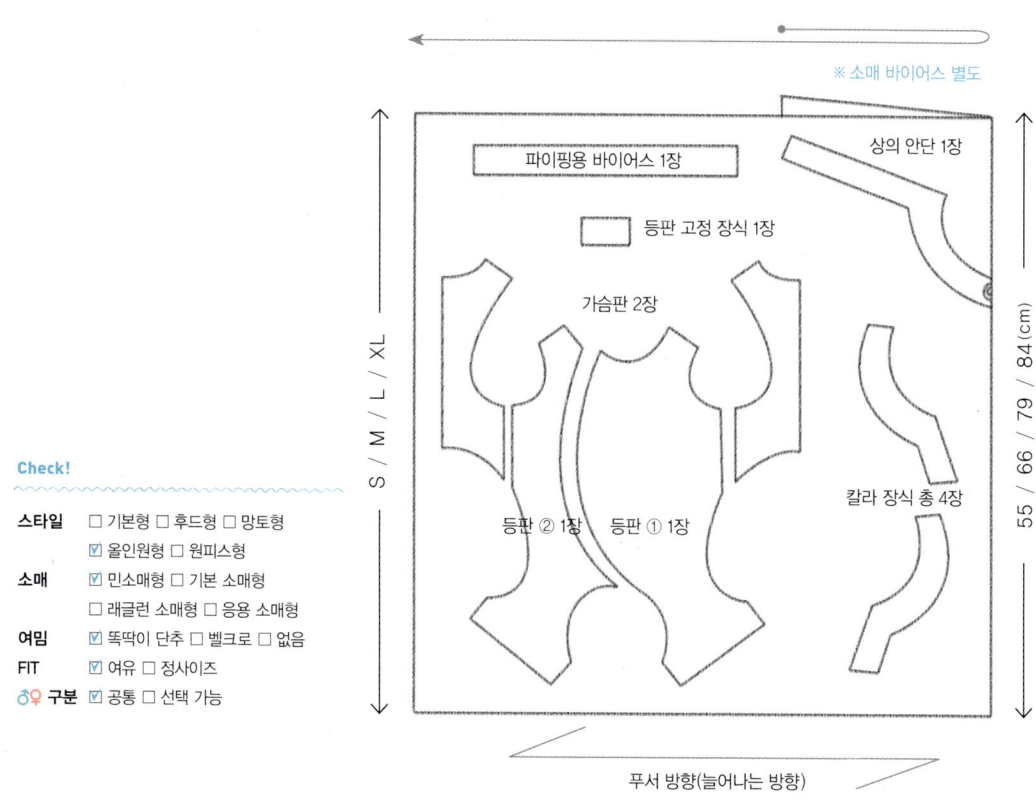

Check!

- **스타일** ☐ 기본형 ☐ 후드형 ☐ 망토형
  ☑ 올인원형 ☐ 원피스형
- **소매** ☑ 민소매형 ☐ 기본 소매형
  ☐ 래글런 소매형 ☐ 응용 소매형
- **여밈** ☑ 똑딱이 단추 ☐ 벨크로 ☐ 없음
- **FIT** ☑ 여유 ☐ 정사이즈
- **♂♀ 구분** ☑ 공통 ☐ 선택 가능

만드는 과정

원단 재단하기 → 칼라 만들기 → 몸통 만들기 →
바지 부분 만들기 → 소매 인바이어스달기 → 칼라 장식 달기

"
지지미, 인견 등의 여름 원단은 화학약품 처리로 일부러 요철(주름)을 만들어 몸에 닿지 않도록 만든 얇은 여름 소재 원단입니다. 무더운 여름철 폭염에 털이 하나도 없는 강아지는 화상의 위험도 있으니 여름을 날 수 있는 시원한 소재로 옷을 만들어 입혀주면 좋답니다. 예쁜 마린 올인원을 만들어 바캉스를 떠나볼까요?
"

원단 재단하기

* 노란 선 : 시접 없음

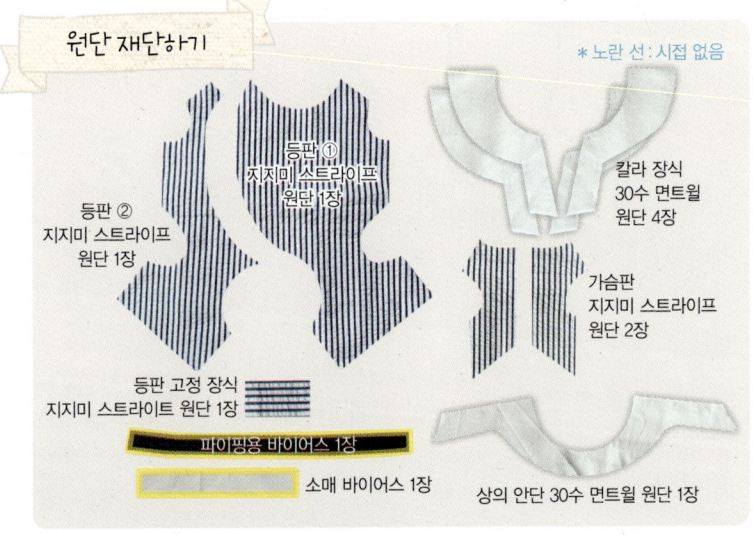

등판 ① 지지미 스트라이프 원단 1장
등판 ② 지지미 스트라이프 원단 1장
칼라 장식 30수 면트윌 원단 4장
가슴판 지지미 스트라이프 원단 2장
등판 고정 장식 지지미 스트라이트 원단 1장
파이핑용 바이어스 1장
소매 바이어스 1장
상의 안단 30수 면트윌 원단 1장

패턴지를 원단에 대고 패턴 배치표를 참고하여 그려준 후, 파이핑용 바이어스 원단과 소매 바이어스 원단은 시접 없이 재단하고, 그 외는 모두 1cm 정도의 시접을 주고 재단한다.

칼라 만들기

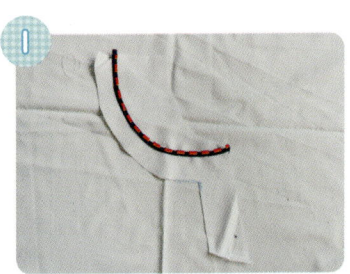

1. 칼라 원단 위에 리본 테이프를 박음질 또는 홈질로 고정해준다.

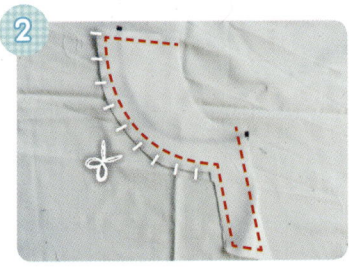

2. 그 위에 칼라를 한장 더 겉면끼리 마주하게 얹고 표시된 부분을 박음질한 후, 시접 부분에 가위집을 낸다. ▶ 가위집 넣는 방법 340p 참고

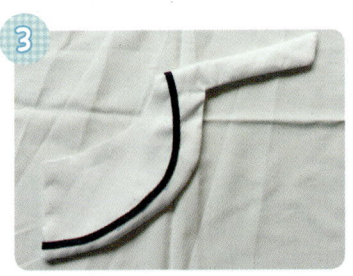

3. 뒤집어서 다림질로 모양을 잡아준다. 같은 방식으로 똑같이 하나 더 만들어준다.

몸통 만들기

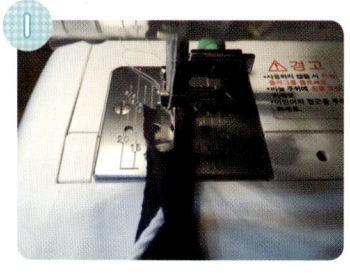

1. 바이어스 원단 사이에 파이핑을 가운데 놓고 반으로 접어서 박음질해준다. 이때 파이핑용 노루발을 사용하면 좋다. ▶ 노루발 338p 참고

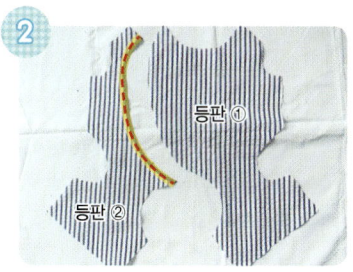

2. 등판 ② 위에 파이핑을 놓고(노란 부분이 파이핑이 들어간 부분.) 점선을 따라 박음질한다.

3. 등판 ② 위에 등판 ①을 겉면끼리 마주 보게 놓고 점선을 따라 박음질해준다.

4. 연결된 안쪽 모습. 시접 부분은 오버록 처리하거나 쌈솔 처리해준다.
▶ 시접 정리 방법 333p 참고

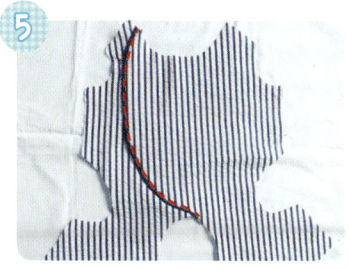

5. 시접을 등판 ①로 향하게 한 후, 사진의 점선대로 박음질하여 상침해준다.

6. 등판과 가슴판의 어깨 부분을 사진의 점선대로 박음질해 연결해준다. 이때 안단 원단도 동일한 방식으로 똑같이 어깨 부분을 연결한다.

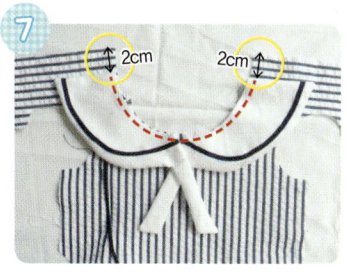

7. 만들어놓은 칼라를 중심에 맞춘 후 점선을 박음질한다. 표시된 부분은 시접 1cm+여밈 여유분 1cm로, 총 2cm가 남는 게 정상이다.

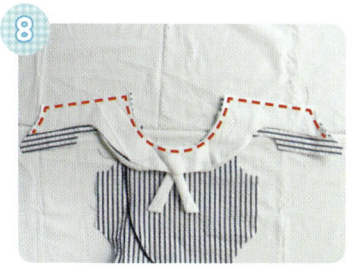

8. 그 위에 안단의 겉면을 마주하게 놓고 사진의 표시된 점선대로 박음질해준다.

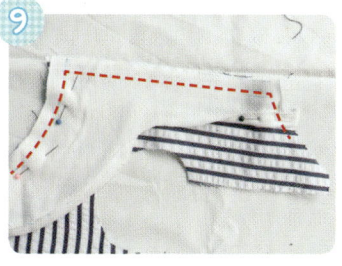

9. 가슴판 안단 부분은 시접을 접어 넣어 사진의 점선대로 박음질해준다.

등판과 가슴판의 옆선을 사진의 점선대로 박음질한 후, 오버록이나 통솔로 시접을 마무리해준다.
▶ 시접 정리 방법 333p 참고

시접에 가위집을 넣은 후, 안단을 뒤집어준다. ▶ 가위집 넣는 방법 340p 참고

안단 시접 부분을 접어 넣고 사진의 점선을 따라 빙 둘러가며 박음질해준다.

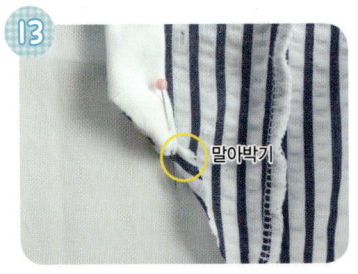

가슴 안단과 가슴판이 만나는 부분의 시접은 말아박을 모양으로 안단 안쪽의 시접을 두 번 접어 말아박음질해준다.

바지 부분 만들기

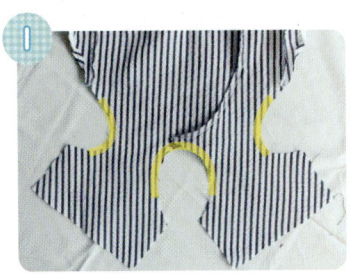

패턴에 표시된 부분의 1/2 길이로 고무줄을 준비해서 고무줄을 박아준다. ▶ 바지 고무줄 넣는 방법 – 인바이어스 처리한 후 고무줄 끼우기 343p 참고

고무줄을 박은 후, 노란 선 표시된 부분을 말아박아준다.

말아박기까지 완성된 모습.

지지미와 같은 신축성 없는 직기류 원단은 다리 사타구니와 꼬리 부분의 일부 ▶ 바지 고무줄 넣는 방법 341p 참고 에만 고무줄을 넣어준다.

바지 소매의 중간 세로축을 중심으로 반으로 접어준다.

양쪽 다 접어서 사진의 표시된 부분을 박음질해준다.

바지 끝단을 오버록 처리한 후, 점선을 접어박거나 말아박아준다.
▶ 끝단 처리 방법 337p 참고

소매 인바이어스 달기

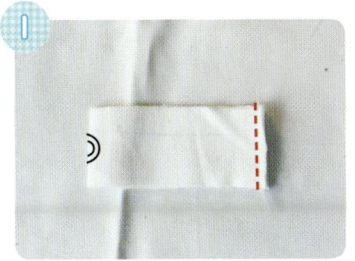

바이어스 원단을 반으로 접어 사진의 점선을 박음질한다.

원단의 겉면에서 소매 위에 바이어스 겉면을 마주하게 놓아주고, 1/3이 되는 부분을 빙 둘러가며 동그랗게 박음질한다.

나머지 반대쪽 1/3이 되는 부분을 소매 안쪽을 향해 접어준다.

한 번 더 접어준다.

2번 접은 상태로 박음질해준다. 안쪽에서 보이는 모습.

인바이어스 후, 겉에서 보이는 모습. ▶ 바이어스 싸는 방법 – 인바이어스 박기 335p 참고

칼라장식 달기

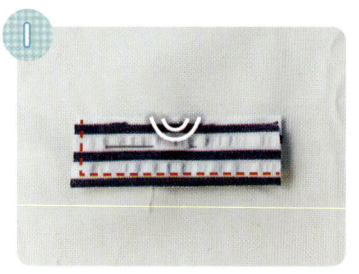

1. 칼라 원단을 사진의 점선대로 'ㄷ자' 모양으로 박음질해준다.

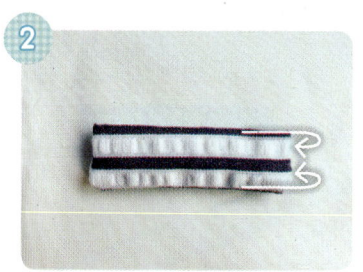

2. 창구멍으로 뒤집어서 창구멍의 시접 부분을 안쪽으로 접어 넣어준다.

3. 칼라에 놓아주고 창구멍 쪽 점선 위치를 박음질한다. 반대쪽은 곰돌이 우드 단추를 달아준다.

4. 등쪽 파이핑 바이어스 선을 따라 단추를 장식으로 달아준다.

5. 가슴 쪽에 여밈 단추를 달아주면, 완성!

가슴 쪽 모습

완성

파랑~파랑~ 줄무늬

귀여운 곰돌이 우드 단추로 포인트를 준 마린 올인원.
앞으로 보나, 뒤로 보나, 스타일도 굿~!
거기다 시원하기까지 하니, 정말 최고의 여름 옷이에요!

Etc 1
편리한 손타월

난이도 초급 ★☆☆☆☆ **소요 시간** 30분(손바느질 작업 기준 재단 시간 포함)

사용 원단 및 부자재

	사용	대체 가능
전체	면 타월 원단	테리 타월, 극세사 타월 등

만드는 과정

원단 재단하기 → 손타월 만들기

샤워 가운과 함께 이용하면 좋은 손타월을 만들어봐요. 강아지 샤워 후에 구석구석 손타월을 이용해 물기를 닦아주면, 목욕시키기가 한결 수월하답니다. 간단하고 쉬운 손타월 만들기 시작해봐요.

원단 재단하기

*노란 선 : 시접 없음

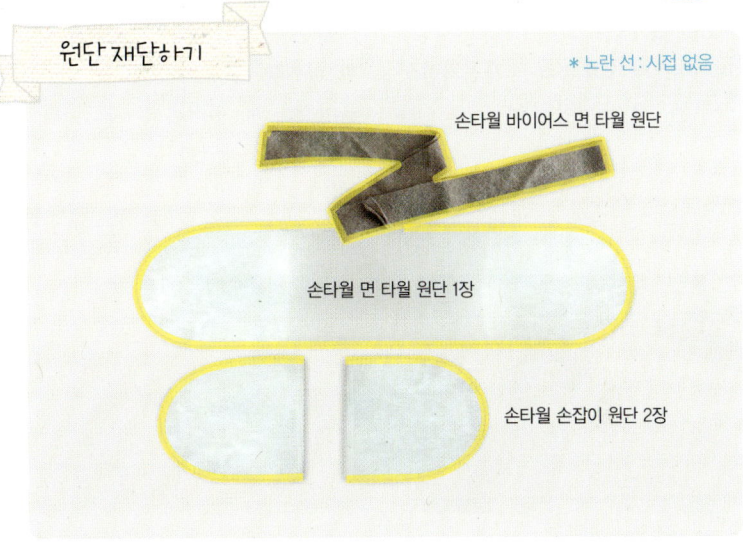

손타월 바이어스 면 타월 원단

손타월 면 타월 원단 1장

손타월 손잡이 원단 2장

패턴지를 원단에 대고 그려준 후, 위 사진에 표시된 바이어스 두른 부분은 시접 없이 재단하고, 그 외는 모두 1cm 정도의 시접을 주고 재단한다.

손타월 만들기

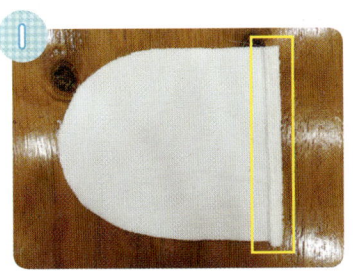

1. 타월의 손잡이 원단 2장의 끝단을 위 사진처럼 말아박기해준다.

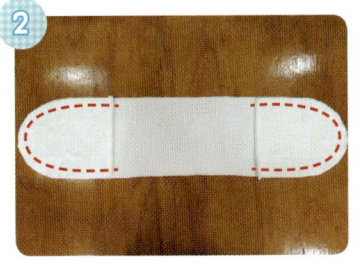

2. 타월지 위에 손잡이 원단 2장을 겹쳐 홈질 또는 시침질로 고정한다.

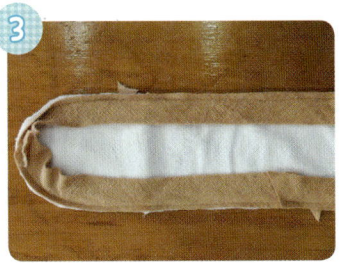

3. 전체 라운드를 바이어스로 둘러준다. 이때 바이어스는 원단의 두께를 감안하여 5cm 폭으로 만들어 사용한다.

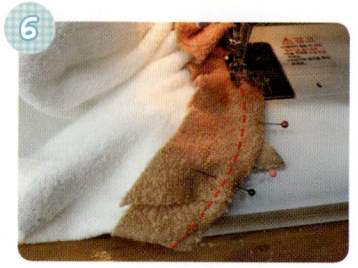

바이어스의 시작 부분은 사진처럼 끝부분을 접어 시작해준다.

한 바퀴를 둘러 다시 시작점으로 돌아왔을 때, 시작점보다 조금 더 길게 원단을 재단한다.

위 사진과 같이 점선 부분을 박은 후, 뒤집어 겉면에서 마감한다.

겉면에서 사진과 같이 바이어스를 마감한다. ▶ 바이어스 싸는 방법 335p 참고

손타월 완성!

목욕 시간이 즐거워져요~

손에 끼우고 쓱쓱~
샤워 후 물기를 닦아주는
편리하고 귀여운 아이템!

샤워 가운과 세트로 이용하면
목욕시키기도 수월하고, 또 너무 근사하답니다.

Etc 2
수세미 장난감

난이도 초급 ★☆☆☆☆ **소요 시간** 30분(손바느질 작업 기준 재단 시간 포함)

사용 원단 및 부자재

	사용	대체 가능
수세미	건조된 천연 수세미	없음
장식용 끈	파이핑 줄(90합)	면 꼬임 끈, 장식용 리본
장식용 물고기 눈	나염 멜란 구슬(5mm)	장식용 단추 등

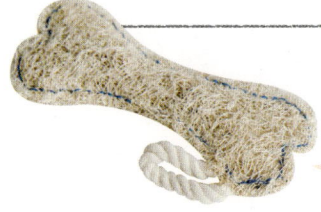

> 여러 가지 모양도 가능하고, 색실, 구슬로 다양하게 꾸밀 수도 있어요!

만드는 과정

천연 수세미(루파)는 실생활에서 많이 사용되는 소재 중 하나예요. 실제 자연 열매를 건조해서 사용하기 때문에 강아지가 씹고 놀다가 목에 넘어가도 안전하고, 치석 제거에도 유용해요. 수세미 장난감, 한번 만들어봐요.

1 시중에 판매하는 천연 수세미를 물에 한두 시간 정도 담가 부드럽게 만든 후, 양쪽 끝을 잘라준다.

2 한쪽 면을 잘라 잘 펼쳐준다.

3 위 사진처럼 원통형의 모습이 되면 ok! 안에 원통형 심지를 사진에 표시된 선을 따라 잘라 분리해준다.

Check! 펼친 모습.

4 겉면과 안쪽 심이 분리된 모습. 잘 펼쳐서 패턴대로 재단해준다.

5 재단한 수세미 2장을 겹쳐 사이에 장식용 끈을 넣고, 홈질 또는 버튼 홀 스티치해준다. 이때, 속에 소리 나는 방울 등을 넣으면 강아지들이 더욱 좋아하는 장난감이 된다.

6 물고기 눈으로 구슬을 달아준다.

plus

1 수세미는 약간 젖어 있는 상태가 바느질하기에 좋다.
2 아이들이 가지고 놀다 구슬을 삼키지 않도록 주의해야 한다 (이 부분이 걱정되면 구슬 대신 물고기 눈을 바느질로 처리한다).

Summer

Etc 3
마린 쿨매트

난이도 초급 ★☆☆☆☆ **소요 시간** 1시간(손바느질 기준 재단 시간 포함)

사용 원단 및 부자재

	사용	대체 가능
매트	하드펠트 2mm(45×35)	라미네이트 원단 등
타공 철판	5mm 타공 철판(40×30)	없음
쿨매트	쿨매트(40×30)	없음

만드는 과정   ※ 실물 패턴 미포함

> 무더운 여름, 시원하면서도 스타일리시한 소재(타공 철판)와 펠트지로 예쁜 쿨매트를 만들어주세요. 쿨매트를 냉장고에 넣어두었다가 무더울 때 매트 안에 넣어주면 오랫동안 시원함을 유지할 수 있어 아주 좋아한답니다.

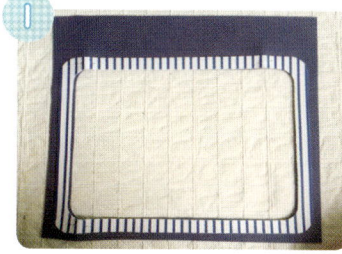

1. 매트 밑판(파랑)과 장식 프레임(스트라이프)을 재단해, 위 사진처럼 포개 홈질로 붙여준다.

2. 뒷면에 바탕 펠트(검정)를 함께 놓고, 끝부분을 창구멍(쿨매트를 넣기 위한 창)을 뺀 'ㄷ자' 형태로 버튼홀스티치로 마감한다.

3. 위 사진처럼 오른쪽 창구멍은 매트 밑판(파랑)만 별도로 버튼홀스티치로 마감해준다.

4. 장식들을 그려서 모두 재단한다.

5. 글루로 장식들을 붙여 꾸민다.

6. 타공 철판을 ②번의 오른쪽 창구멍에 넣어준다.

7. 오른쪽 창구멍으로 시원한 쿨매트를 넣으면, 마린 쿨매트 완성!

plus 펠트지를 오려 글자 장식을 만들 때, 먹지를 사용하면 깔끔하게 밑그림을 그릴 수 있다.

바람 부는 가을,
낙엽 밟으며 데이트하기 위한
분위기 있는 옷을
만들어요!

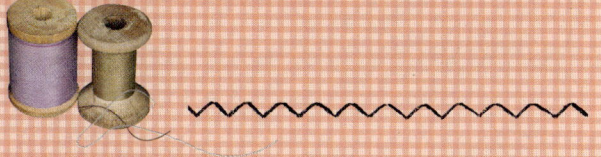

AUTUMN

분위기 있는 가을에 딱 어울리는 체크 포인트가 들어간 아멜리에 트렌치코트.
이 코트를 입고 공원을 활보하는 순간, 바로 패셔니스타가 된답니다.

럭셔리 뒷태!

How to make **182p**

멋쟁이들은 꼭 한번은 입어봐야 할 조블랙 멜빵 정장.
빨간색 나비넥타이로 포인트를 주어 더욱 멋져요.
가을 패션을 완성해줄 정장에도 도전해보세요.

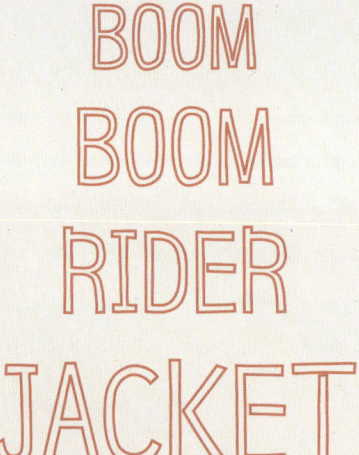

How to make **204p**

How to make **198p**

클로이 레이스 원피스는 우아하면서도
세련된 느낌을 제대로 살려준답니다.
브라운 계열로 만들면 가을 원피스로 예쁘게 입을 수 있고,
핑크 계열로 만들면 봄에 화사하게 입을 수 있는
사랑스러운 디자인의 원피스랍니다.

매일매일
산책해요~

How to make **216p**

Autumn

Clothes 1

소공녀 케이프 원피스

난이도 중급 ★★★☆☆ **소요 시간** 3시간(미싱 작업 기준 재단 시간 포함)

사용 원단 및 부자재

		사용	대체 가능
	상·하의 겉감	모직 선염 원단	나염 모직, 20~30수 체크 나염 원단
	상의 안감	다후다(블랙)	면혼방(TC/블랙)
	장식용 프릴	광목 토손 고무줄 레이스	고무줄 레이스 계열
	장식용 단추	장식용 멜란브라운 단추	장식 단추 및 리본
	장식용 리본	공단 리본(폭 1.8cm)	면 리본, 주자 리본 웨이빙 끈 등
	여밈용 단추	T도트(블랙)	스냅 단추, 가시도트 등
	케이프 겉감	EF 5mm 파일 원단(백색)	각종 퍼, 극세사 원단
	케이프 안감	다후다(백색)	면혼방(TC/백색)
	장식용 리본	공단 리본(폭 1.8mm)	면 리본, 주자 리본, 웨이빙 끈 등

디자인 과정 안내

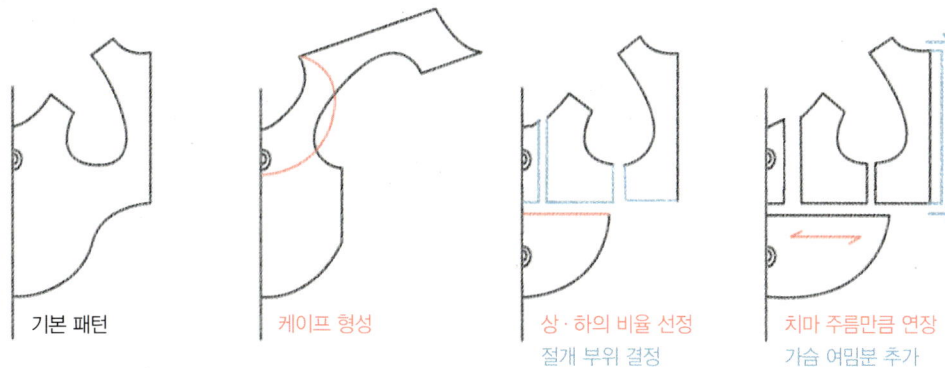

기본 패턴 / 케이프 형성 / 상·하의 비율 선정, 절개 부위 결정 / 치마 주름만큼 연장, 가슴 여밈분 추가

패턴 배치 및 원단 소요량 안내

※ 실제 패턴과 다를 수 있으니, 소요량 및 패턴 배치 방법만 참고하세요(패턴 배치표-정사각형 기준).

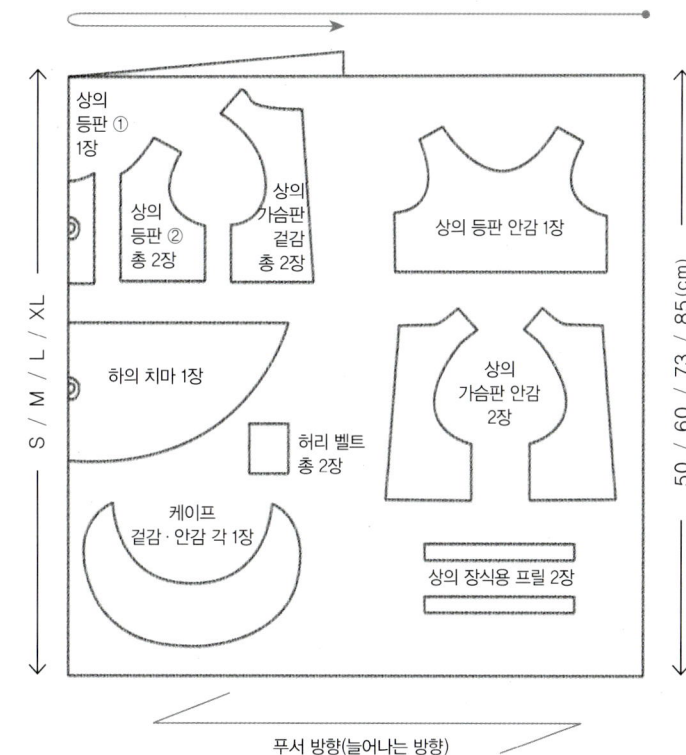

Check!

- **스타일** ☐ 기본형 ☐ 후드형 ☐ 망토형 ☐ 올인원형 ☑ 원피스형
- **소매** ☑ 민소매형 ☐ 기본 소매형 ☐ 래글런 소매형 ☐ 응용 소매형
- **여밈** ☑ 똑딱이 단추 ☐ 벨크로 ☐ 없음
- **FIT** ☑ 여유 ☐ 정사이즈
- **구분** ☑ 공통 ☐ 선택 가능

만드는 과정

원단 재단하기 → 하의 치마 만들기 → 상의 만들기 →
상의 겉감·안감 연결하기 → 상·하의 연결하기 →
케이프 만들기 → 리본 & 허리 벨트 만들기

> 소공녀 케이프 원피스는 예쁜 하운드 체크 원단으로 만들어 동화 속에서 막 튀어나온 소공녀 스타일을 완성해 준답니다. 특히 가을에 잘 어울리는 체크무늬가 예쁘게 어우러진 사랑스러운 스타일의 원피스로, 케이프는 활용성 좋게 별도로 착용할 수 있어요. 한번 만들어볼까요?

원단 재단하기

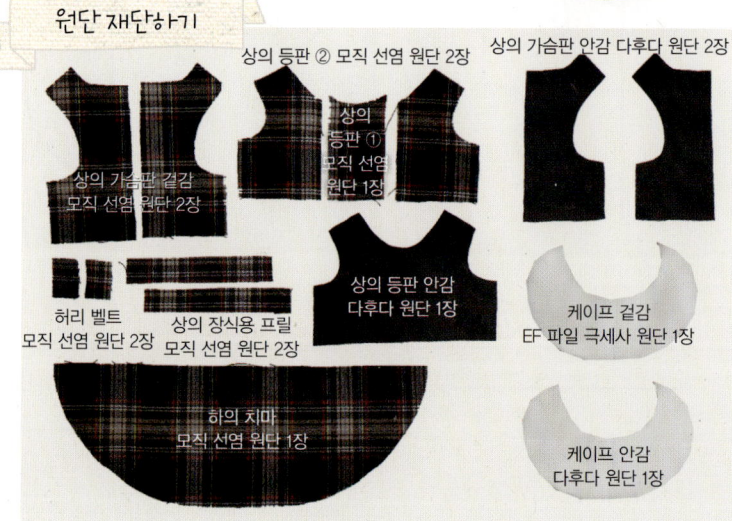

- 상의 등판 ② 모직 선염 원단 2장
- 상의 가슴판 안감 다후다 원단 2장
- 상의 가슴판 겉감 모직 선염 원단 2장
- 상의 동판 ① 모직 선염 원단 1장
- 허리 벨트 모직 선염 원단 2장
- 상의 장식용 프릴 모직 선염 원단 2장
- 상의 등판 안감 다후다 원단 1장
- 케이프 겉감 EF 파일 극세사 원단 1장
- 하의 치마 모직 선염 원단 1장
- 케이프 안감 다후다 원단 1장

패턴지를 원단에 대고 패턴 배치표를 참고하여 그려준 후, 1cm 정도의 시접을 주고 재단한다.

하의 치마 만들기

1. 치마의 끝단 부분을 오버록 또는 말아박기로 처리해준다.

2. 레이스를 끝단 부분에 놓은 후, 사진의 점선대로 박음질한다.

3. 끝단을 뒤로 젖혀 레이스 위로 박음질하여 상침해준다.

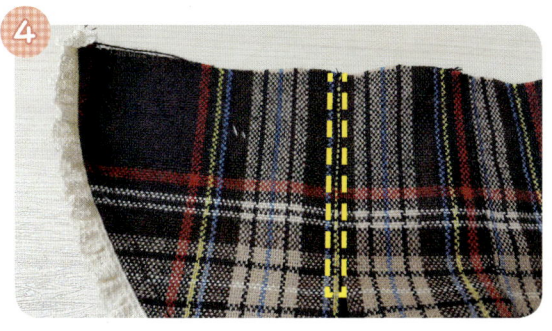

치마 주름을 잡아 모양을 만들어 사진의 점선처럼 윗부분만 홈질 또는 박음질한다.

세 군데 정도 주름을 잡아 동일하게 윗부분만 스티치해 치마를 완성하는데, 이때 치마의 폭이 겨드랑이 끝에서 끝나도록 주의한다.

상의 만들기

상의 장식 체크 모직 원단의 끝부분에 레이스를 놓고 박음질한다.

뒤로 젖혀 레이스 위로 박음질하고 상침한다.

홈질로 주름을 만든 다음, 상의 등판 원단 ① 위에 놓고 사진의 점선대로 박음질해 붙여준다.

반대쪽도 동일하게 위 사진처럼 만들어준다.

상의 등판 원단 ② 위에 상의 등판 원단 ①을 올려 놓고 점선대로 박음질한다.

그다음 상의 가슴판 원단을 겉감끼리 마주 보게 놓고 어깨 부분을 점선대로 박음질한다.

상의 등판 안감에 가슴판 안감을 놓고 어깨 부분을 점선대로 박음질한다.

상의 겉감·안감 연결하기

1. 상의의 안감과 겉감을 위 사진처럼 겉감끼리 포개어두고, 위 사진의 점선을 따라 박음질해준다.

2. 곡선 부분에 가위집을 내고 뒤집어준다.

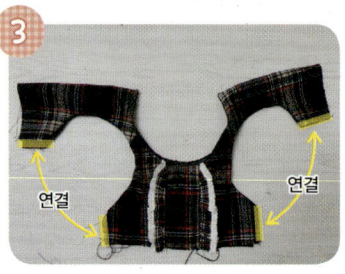

3. 뒤집은 모습. 사진상 겨드랑이 부위를 연결해보자.

4. 위 사진처럼 겨드랑이 밑부분을 원단을 펼쳐 점선을 박음질한다.

Check! 소매가 깨끗하게 연결된 모습.

상·하의 연결하기

1. 위의 사진과 같이 안감끼리 마주 보게 두고, 안감과 치마만 점선대로 박음질한다. 이때 상의 겉감은 박음질하지 않는다.

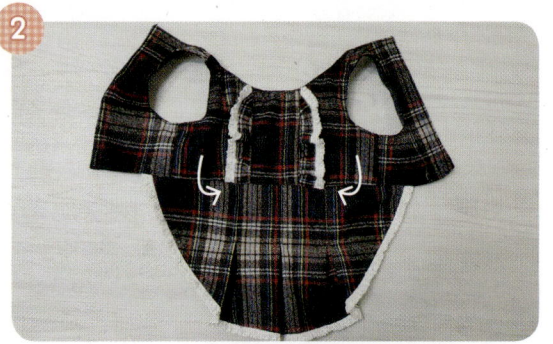

2. 앞으로 젖혀 위 사진처럼 상의 겉감을 안쪽으로 접어 넣고 상침하여 마무리한다.

케이프 만들기

1. 케이프 원단 위에 공단 리본을 위의 사진처럼 배치한다.

plus 공단 리본의 절단 면은 라이터 등의 열을 가해 정리하면 좀 더 깔끔하다.

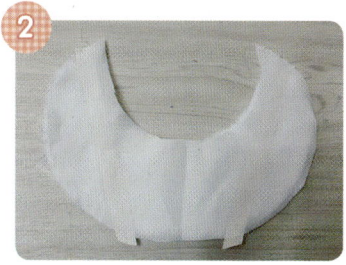

2. 위에 다후다 안감 원단을 하나 배치한다.

3. 위 사진의 점선대로 창구멍을 빼고 박음질하고 가위집을 내준다.
▶ 가위집 넣는 방법 340p 참고

Check! 뒤집어준 모습.

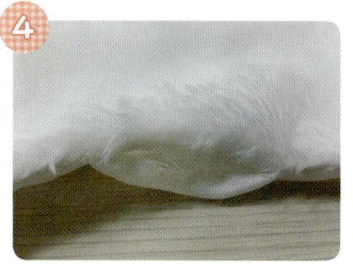

4. 창구멍을 공그르기로 마무리한다.
▶ 손바느질 방법 – 공그르기 332p 참고

케이프 완성!

Finish!

리본 & 허리 벨트 만들기

1. 리본을 2개 준비한다.

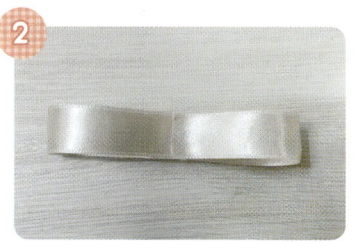

2. 양면테이프를 이용하여 양옆을 모아 붙여준다.

3. 2개를 크로스로 교차해 양면테이프로 붙여준다.

철사로 가운데를 묶어준다.

마감용 리본으로 철사 묶은 곳을 양면테이프를 붙여 완성한다.

허리 벨트 원단을 사진처럼 반으로 접은 후, 점선대로 박음질하여 뒤집어 2개를 만들어준다.

허리 벨트를 시접을 접어 점선을 박음질하여 고정한 후, 그 사이로 리본을 끼워준다.

가슴 쪽에 여밈 단추를 달아준다.

단추를 달아주면, 완성!

가슴 쪽 모습

완성

소공녀 케이프 원피스는 만들 때 선택하는 체크 원단에 따라
조금씩 느낌이 달라져요.
여러 체크 원단으로 소공녀 케이프 원피스를 만들어
다양한 느낌의 가을 옷을 연출해보세요.

Clothes 2
아멜리에 트렌치코트

난이도 고급 ★★★★☆　**소요 시간** 4시간 30분(미싱 작업 기준 재단 시간 포함)

사용 원단 및 부자재

	사용	대체 가능
상·하의 겉감	30수 면트윌	30수 혼방트윌, 광택 있는 원단
상·하의 안감	나염 다후다	면혼방(TC)
허리 버클	금속(엔틱) 버클	플라스틱 버클 장식
장식용 단추	브라운 멜란 단추	장식 단추
여밈용 단추	T도트(블랙)	가시도트 또는 스냅 단추

디자인 과정 안내

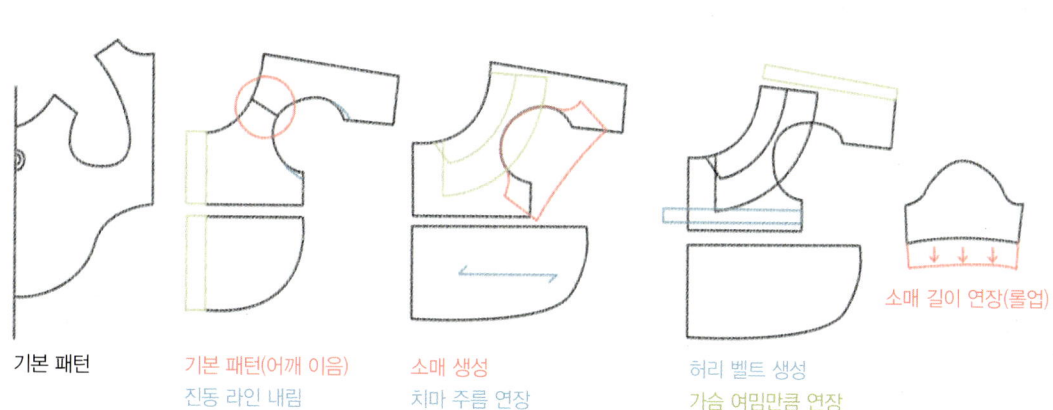

기본 패턴

기본 패턴(어깨 이음)
진동 라인 내림
등판 겹침 분량 계산

소매 생성
치마 주름 연장
칼라 생성

허리 벨트 생성
가슴 여밈만큼 연장
(1cm짜리 단추 기준 1cm 연장)

소매 길이 연장(롤업)

패턴 배치 및 원단 소요량 안내

※ 실제 패턴과 다를 수 있으니, 소요량 및 패턴 배치 방법만 참고하세요(패턴 배치표−정사각형 기준).

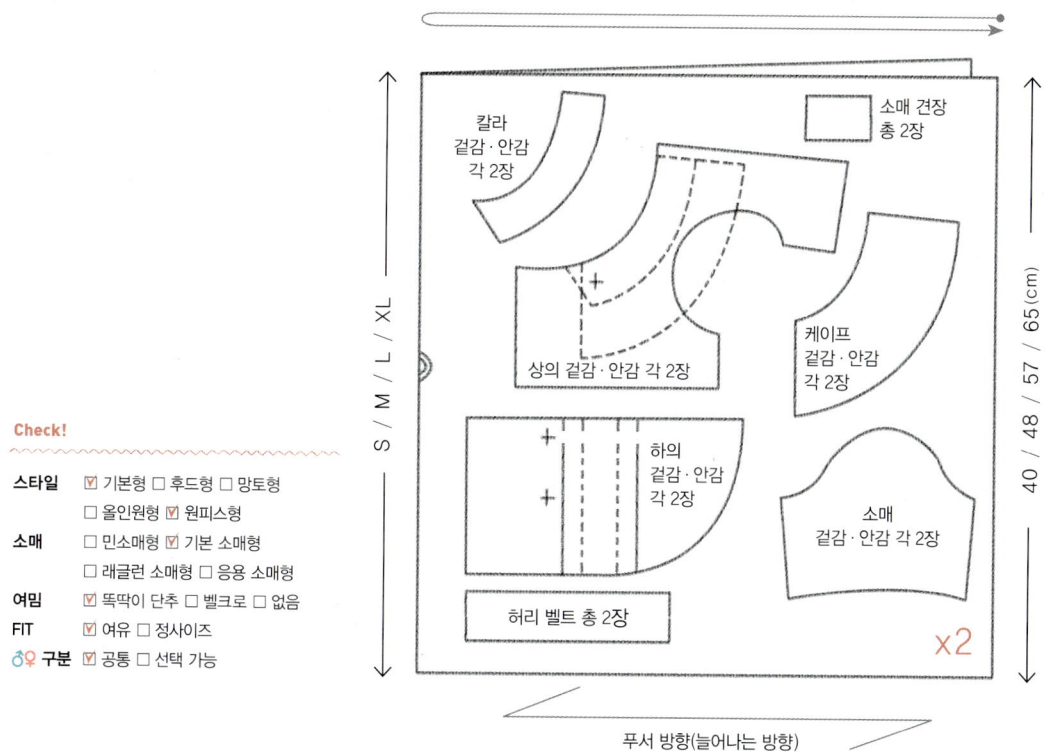

Check!

- 스타일 ☑ 기본형 ☐ 후드형 ☐ 망토형
  ☐ 올인원형 ☑ 원피스형
- 소매 ☐ 민소매형 ☑ 기본 소매형
  ☐ 래글런 소매형 ☐ 응용 소매형
- 여밈 ☑ 똑딱이 단추 ☐ 벨크로 ☐ 없음
- FIT ☑ 여유 ☐ 정사이즈
- ♂♀ 구분 ☑ 공통 ☐ 선택 가능

만드는 과정

원단 재단하기 → 케이프·칼라 만들기 → 하의 치마 만들기 →
상의·소매 연결하기 → 안감·겉감 연결하기 →
상·하의 연결하기 → 허리 벨트·소매 견장 달기

원단 재단하기

아멜리에 트렌치코트는 그야말로 가을에 안성맞춤인 대표적인 머스트해브 아이템입니다. 피스가 많아 잔손이 많이 가고 시간도 오래 걸리지만, 한 번 만들어두면 평생 입을 수 있는 예쁜 트렌치코트입니다. 어느 곳에 가더라도 멋쟁이로 주목받을 수 있는 아멜리에 트렌치코트 만들기를 시작해볼까요?

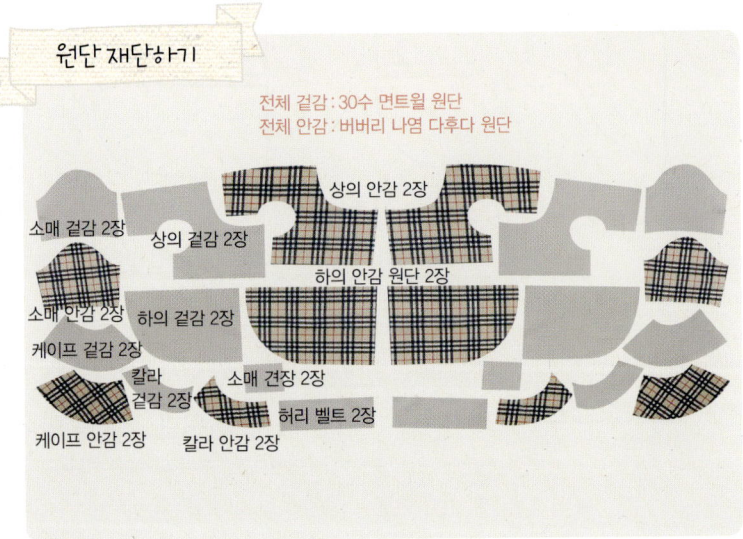

전체 겉감 : 30수 면트윌 원단
전체 안감 : 버버리 나염 다후다 원단

소매 겉감 2장 / 상의 겉감 2장 / 상의 안감 2장
소매 안감 2장 / 하의 겉감 2장 / 하의 안감 원단 2장
케이프 겉감 2장 / 칼라 겉감 2장 / 소매 견장 2장
케이프 안감 2장 / 칼라 안감 2장 / 허리 벨트 2장

패턴지를 원단에 대고 패턴 배치표를 참고하여 그려준 후, 1cm 정도의 시접을 주고 재단한다.

케이프·칼라 만들기

1 케이프 겉감과 안감을 겉면끼리 마주 대고, 위 사진의 점선을 따라 박음질한다.

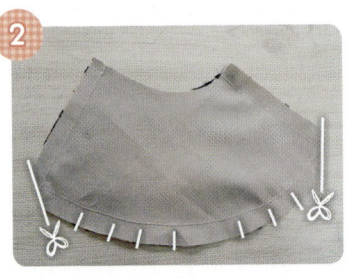

2 박음질한 후 사진과 같이 모서리 부분과 곡선 부분에 가위집을 넣어준다.

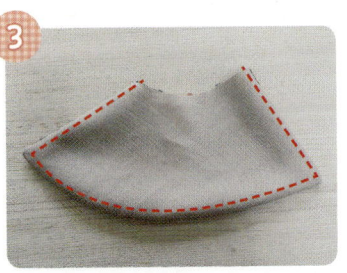

3 뒤집은 후 사진의 점선을 따라 박음질한 후, 상침한다.

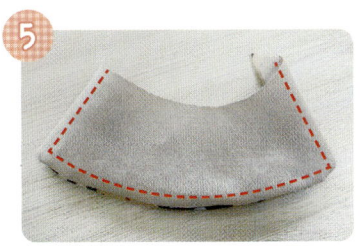

4. 칼라도 마찬가지로 겉감과 안감을 마주 대고 위 사진의 점선을 따라 박음질한다.

5. 뒤집은 후 사진의 점선을 따라 상침한다.

하의 치마 만들기

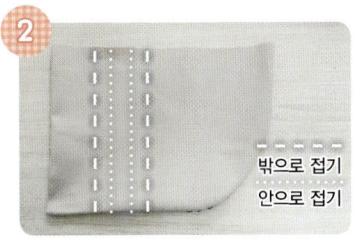
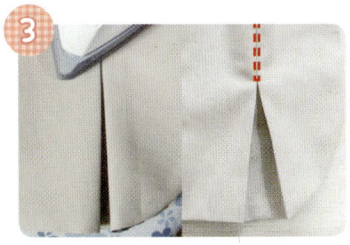

1. 치마 겉감과 안감을 겉면끼리 마주 대고 사진의 점선을 따라 박음질한다.

2. 뒤집어서 위 사진의 표시대로 접으면서 다림질로 치마 형태를 잡아준다.

3. 다림질로 주름을 고정한 후, 위 사진의 점선 부분만 상침한다.

상의·소매 연결하기

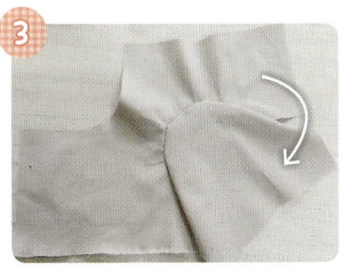

1. 상의와 소매 진동을 준비한다.

2. 상의와 소매의 겉면끼리 마주 대고 박음질해준다 (이때, 박음질하기 힘들다면 시침질한 후 박음질해도 좋다).

3. 소매와 옆구리 부분을 연결해보자.

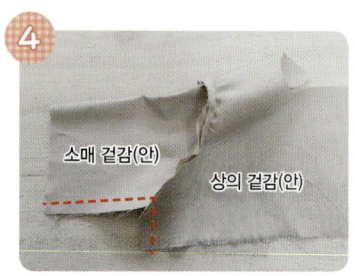
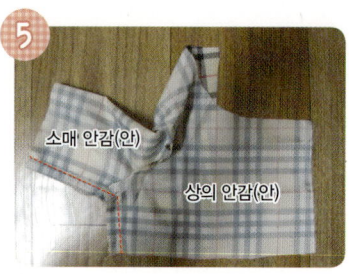
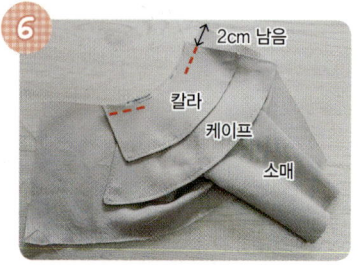

위 사진의 소매와 옆구리 부분의 점선을 따라 박음질한다.

안감도 동일한 방법으로 상의와 소매를 연결한 후, 옆선을 연결해준다.

칼라와 케이프를 위의 사진처럼 올려놓고, 사진의 점선 부분을 박음질하여 고정해둔다.

안감·겉감 연결하기

상의 겉감과 안감을 겉면끼리 마주 보게 겹쳐놓고, 사진의 점선을 따라 박음질한 후, 가위집을 넣어준다. ▶ 가위집 넣는 방법 340p 참고

겉감과 안감의 소매를 연결해보자.

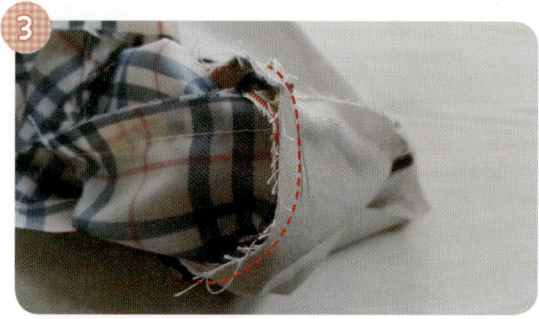
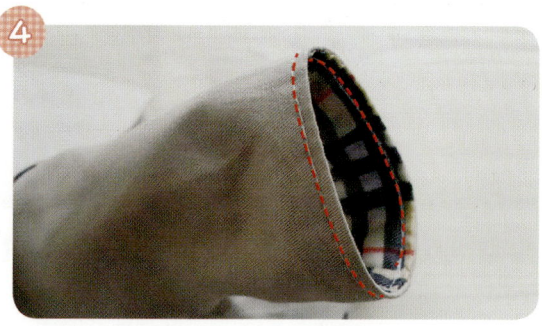

소매를 위로 올려 만두 빚듯이 겉면끼리 마주 대고 사진의 점선대로 박음질한다.

뒤집어서 정리한 후, 빙 둘러가며 상침해준다.

상·하의 연결하기

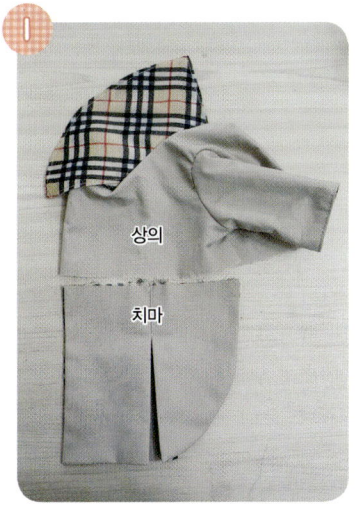

완성된 상의와 치마를 준비한다.

상의와 치마를 겉감끼리 마주 놓고, 상의 안감을 제외한 상의 겉감과 치마를 위 사진의 점선을 따라 박음질해준다.

안감의 시접 부분을 안으로 접어 넣고, 점선을 따라 박음질한다.

칼라와 케이프를 빼고 사진의 점선처럼 상침하면 한쪽 부분이 완성된다. 동일한 방법으로 반대쪽도 완성한다.

완성된 옷을 놓고 위 사진의 표시된 곳에 단추를 달아주되, 제일 윗부분(칼라 밑부분)은 단추를 달지 않고 바느질로만 고정한다.

이제 허리 벨트랑 견장만 달면 완성! 좀만 더 힘내요~

허리 벨트 · 소매 견장 달기

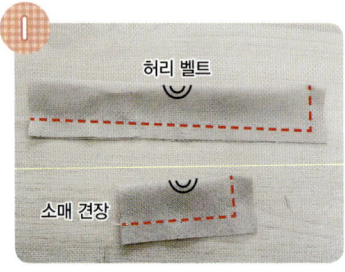

1. 허리 벨트와 소매 견장 원단을 반으로 접어 사진의 점선을 따라 박음질한다.

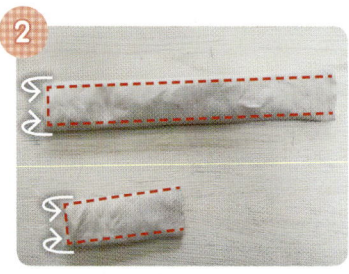

2. 뒤집어서 트여 있는 부분 시접을 안으로 접어 넣고, 'ㄷ자'로 상침한다(상침 안 된 부분은 허리에 고정시킬 부분).

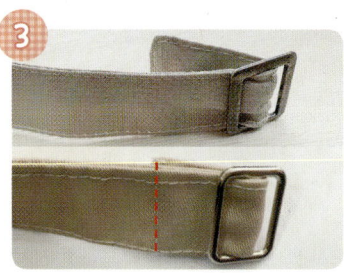

3. 허리 벨트 2개 중 하나는 버클을 통과시켜서 사진의 점선을 따라 박음질해준다.

4. 양쪽 옆구리(상의와 치마 사이)에 허리 벨트를 놓고 양옆을 위 사진의 점선을 따라 박음질한다.

5. 소매 끝단을 롤업한 후, 소매 견장을 접어 위 사진처럼 끼운 후 단추를 달아 앞뒤로 바느질해준다.

6. 가슴 쪽에 여밈 단추를 달아주면, 완성!

가슴 쪽 모습

완성

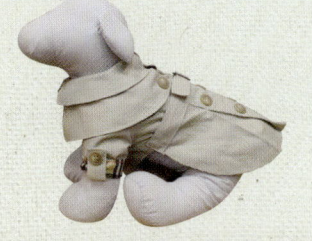

188

TRENCH COAT

제 스타일 완전 멋있죠?

TRENCH COAT

등에도 시선 집중!

Clothes 3

조블랙 멜빵 정장

난이도 고급 ★★★★☆ **소요 시간** 4시간(미싱 작업 기준 재단 시간 포함)

사용 원단 및 부자재

	사용	대체 가능
상의·소매·셔츠	30수 면트윌(오프화이트)	30수 면혼방(TC), 나염 포인트 원단
상의 안감	다후다(오프화이트)	40수 면혼방(TC)
하의 바지	30수 선염 혼방	모직, 정장감 등
장식용 리본	하드 세틴 원단(엔틱 레드)	일반 공단 리본(폭 3mm 이상)
장식용 단추	멜란 단추(백색 12mm)	장식 단추
다리 고무줄	4골 고무줄(백색)	없음

디자인 과정 안내

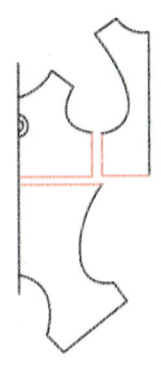

기본 패턴
상·하의 비율 선정에 따른
절개 부위 결정

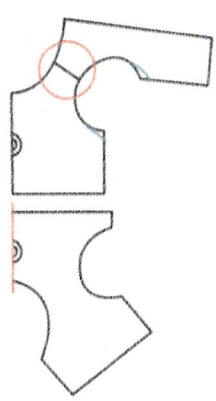

어깨 이음
진동 라인 내림

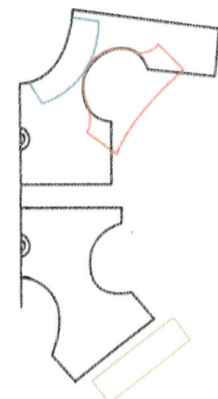

소매 생성
칼라 생성
다리 시보리 생성

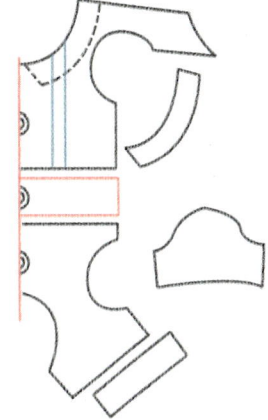

허리 벨트 생성
멜빵 벨트 생성

패턴 배치 및 원단 소요량 안내

※ 실제 패턴과 다를 수 있으니, 소요량 및 패턴 배치 방법만 참고하세요(패턴 배치표－정사각형 기준).

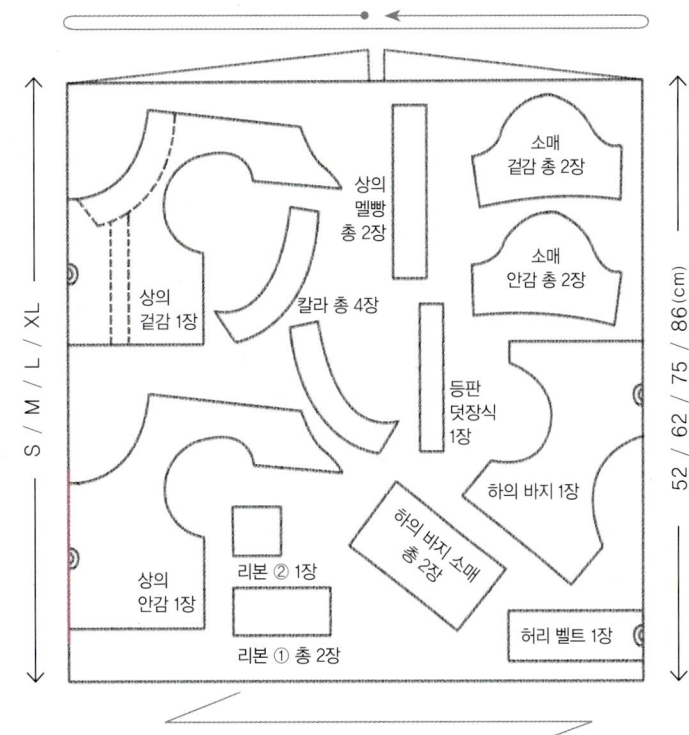

Check!

- **스타일** ☑ 기본형 ☐ 후드형 ☐ 망토형
  ☑ 올인원형 ☐ 원피스형
- **소매** ☐ 민소매형 ☑ 기본 소매형
  ☐ 래글런 소매형 ☐ 응용 소매형
- **여밈** ☑ 똑딱이 단추 ☐ 벨크로 ☐ 없음
- **FIT** ☑ 여유 ☐ 정사이즈
- **구분** ☑ 공통 ☐ 선택 가능

만드는 과정

원단 재단하기 → 칼라·멜빵 만들기 → 상의 만들기 →
하의 바지 만들기 → 상·하의 연결하기 → 허리 벨트 만들기

조블랙 멜빵 정장은 패턴을 응용해 원단을 접어박아주는 것만으로도 단추 여밈 셔츠를 입은 것 같은 연출이 가능해요. 세미정장 스타일로 한층 멋지게 입을 수 있는 조블랙 멜빵 정장, 가을에 없어서는 안 될 머스트해브 아이템입니다. 한번 도전해볼까요?

원단 재단하기

*노란 선 : 시접 없음

- 칼라 30수 면트윌 원단 4장
- 리본 ① 공단 원단 2장
- 상의 겉감 30수 면트윌 원단 1장
- 리본 ② 공단 원단 1장
- 상의 안감 다후다 원단 1장
- 등판 덧장식 30수 면트윌 원단 1장
- 상의 멜빵 30수 선염 혼방 원단 2장
- 소매 겉감 30수 면트윌 원단 2장
- 소매 안감 다후다 원단 2장
- 허리 벨트 30수 선염 혼방 원단 1장
- 하의 바지 30수 선염 혼방 원단 1장
- 하의 바지 소매 30수 선염 혼방 원단 2장

패턴지를 원단에 대고 패턴 배치표를 참고하여 그려준 후, 넥타이 리본은 시접 없이 재단하고, 그 외는 모두 1cm 정도의 시접을 주고 재단한다.

칼라·멜빵 만들기

1. 칼라 원단 2장씩 겉면을 마주 대고 사진의 점선대로 박음질한 후, 곡선 부분에 가위집을 넣어준다.

2. 뒤집어 다림질해준다.

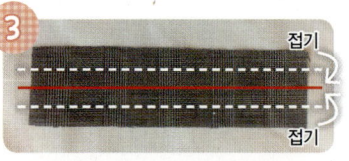

3. 멜빵 원단을 화살표 표시대로 흰 점선 표시된 부분부터 위아래로 접어준 후, 빨간 선을 기준으로 또 한 번 접어준다. 접은 후 양쪽을 상침한다.

상의 만들기

1. 등판 덧장식 원단을 준비해 사진과 같이 시접을 잘 접어 다림질하여 준비한다.

2. 등판 덧장식을 위 사진처럼 등판 위에 배치한 후, 시침핀으로 고정하고 점선을 박음질해준다.

3. 만들어놓은 칼라와 멜빵을 위 사진처럼 가지런히 놓는다.

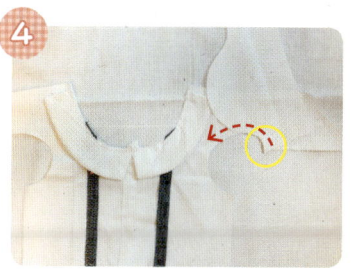

4. ○ 표시된 위치를 시작으로 빙 둘러가며 박음질하여 소매를 단다.

소매 연결 후 모습(겉).

소매 연결 후 모습(안).

5. 양쪽 소매의 중심을 축으로 반씩 접는다.

6. 접은 소매와 옆선을 잘 맞춰 박음질한다. 양옆 모두 박음질한다.

상의 겉감 박음질이 완성된 모습.

7 상의 안감도 동일한 방법으로 양쪽 소매를 빙 둘러가며 박음질해 달아 준다.

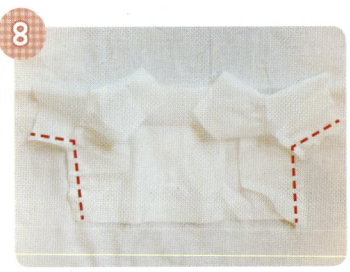

8 안감도 소매를 반씩 접은 후, 소매와 맞춰 옆선을 박음질한다.

9 상의(겉)을 사진과 같이 준비한다.

10 그 위에 안감(겉)을 겉면끼리 포개어놓고, 빨간 점선 표시된 부분을 박음질한다. 노란색으로 표시된 곡선 부분엔 가위집을 넣은 후 뒤집어준다.

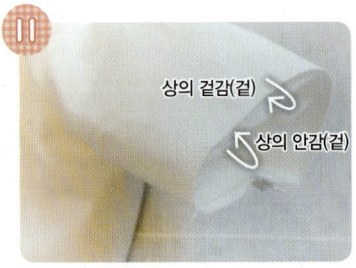

11 상의 겉감(겉)을 화살표 표시대로 시접 부분을 안으로 접고, 안감(겉)도 화살표 표시대로 시접 부분을 안으로 접어 시침핀으로 고정한다.

12 접은 소매 끝을 빙 둘러가며 점선대로 공그르기한다. ▶손바느질 방법 - 공그르기 332p 참고

Check! 공그르기한 소매 모습.

13 뒤집어서 다림질한다.

하의 바지 만들기

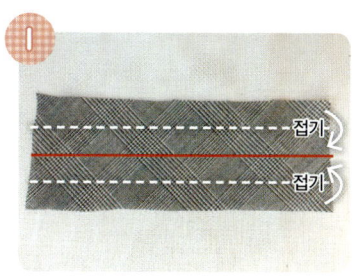

1. 바지 소매 원단을 흰 점선 표시된 부분부터 위아래로 접고 빨간 선에 맞춰 다시 접는다.

2. 접은 후, 다림질해준다.

3. 다림질한 바지 소매를 바지 원단 끝의 안쪽에 끼워넣고, 박음질해준다.

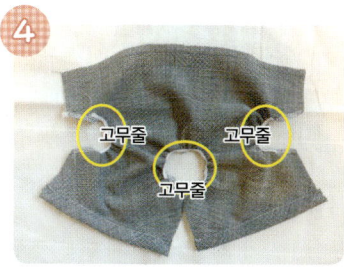

4. 고무줄 위치에 고무줄 넣는 부분의 1/2 길이로 고무줄을 넣고 당기면서 박음질한다. ▶ **바지 고무줄 넣는 방법 341p 참고**

5. 고무줄을 넣어준 후, 고무줄은 피해서 노란 표시된 부분을 말아박아준다.

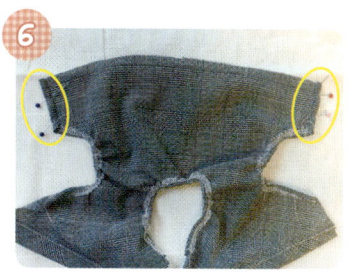

6. 양옆 표시된 부분도 말아박아서 마무리한다.

상·하의 연결하기

1. 상의 안감이 보이도록 놓는다.

2. 바지 겉면이 위로 보이도록 상의 위에 놓고, 바지와 상의 안감 원단만 박음질한다.

3. 안감과 바지만 박음질을 한 후, 상의 겉감의 시접 부분을 화살표대로 안으로 접어 넣어준다.

④

접어 넣은 상태로 사진의 점선을 따라 박음질한다.
단, 노랗게 표시된 멜빵은 빼고 박음질해준다.

허리 벨트 만들기

①

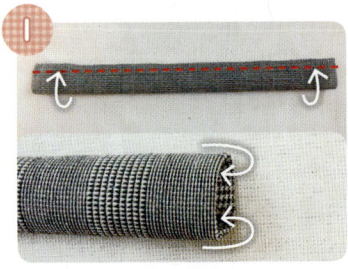

허리 벨트 원단을 반으로 접어서 박음질한 후, 뒤집어 양쪽 끝 시접 부분을 안으로 접어 넣어준다.

②

허리 벨트 위치에 놓은 후, 벨트 부분을 빙 둘러가며 박음질하되, 이때 멜빵이 벨트 뒤로 들어가게 놓고 박음질한다.

③

바지 소매 부분은 위 사진처럼 겉면끼리 마주 보도록 포개어 접은 후 점선을 박음질해준다.

④

오버록이나 통솔 처리로 마무리해준다.

⑤

셔츠에 단추와 보타이를 달아주면, 완성!

 보타이 만드는 방법은 '안젤로 턱시도' 99p를 참고하세요.

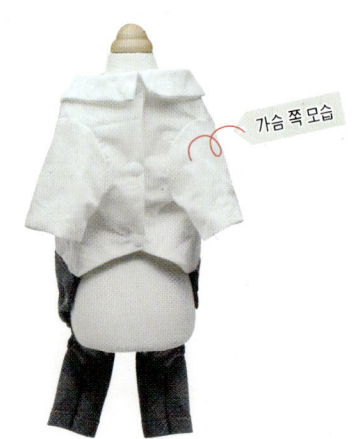

가슴 쪽 모습

196

젠틀 독의
가을 나기

등 라인이 환상적인 멋쟁이 조블랙 멜빵 정장.
각종 행사에 참석할 때에도 조블랙 멜빵 정장이 최고예요!

완성

AUTUMN 197

Clothes 4
클로이 레이스 원피스

난이도 고급 ★★★★★ **소요 시간** 4시간 (미싱 작업 기준 재단 시간 포함)

사용 원단 및 부자재

	사용	대체 가능
상·하의 겉감·안단·소매	20수 싱글(핑크/밤색)	미니쭈리 또는 30수 면직기
상·하의 겉감	레이스 원단	시스루 원단(레이어드용)
칼라·허리 벨트	30수 면트윌(핑크/겨자색)	30수 이상의 광택 있는 원단
여밈용 단추	T도트	가시도트, 스냅 단추 등
소매 고무줄	4골 고무줄(폭 4mm)	없음

디자인 과정 안내

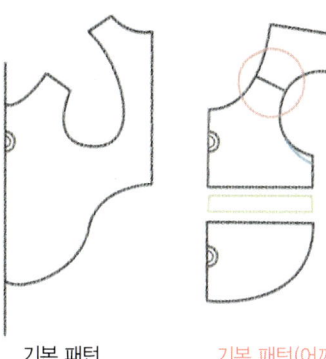
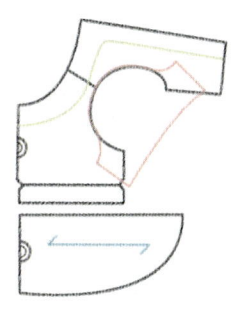
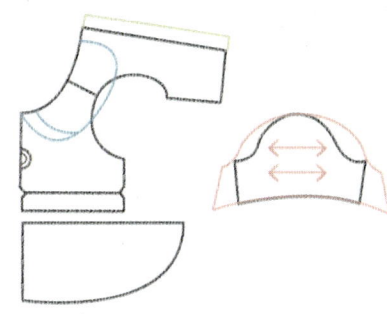

기본 패턴

기본 패턴(어깨이음)
진동 라인 내림
허리 벨트 생성

소매 생성
치마 주름 연장
안단의 생성

소매 주름 연장
칼라의 생성
가슴 여밈만큼 연장
(1cm짜리 단추 기준 1cm 연장)

패턴 배치 및 원단 소요량 안내

※ 실제 패턴과 다를 수 있으니, 소요량 및 패턴 배치 방법만 참고하세요(패턴 배치표-정사각형 기준).

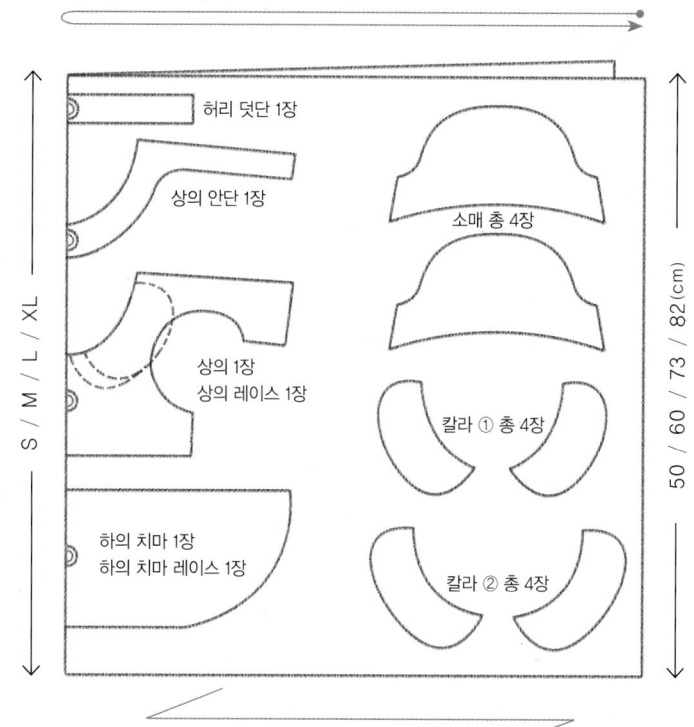

Check!

- **스타일** ☑ 기본형 ☐ 후드형 ☐ 망토형
  ☐ 올인원형 ☑ 원피스형
- **소매** ☐ 민소매형 ☐ 기본 소매형
  ☐ 래글런 소매형 ☑ 응용 소매형
- **여밈** ☑ 똑딱이 단추 ☐ 벨크로 ☐ 없음
- **FIT** ☑ 여유 ☐ 정사이즈
- **♂♀구분** ☑ 공통 ☐ 선택 가능

만드는 과정

원단 재단하기 → 하의 치마 만들기 → 상의 만들기 →
칼라 만들기 → 소매 달기 → 안단 만들기 →
상·하의 연결하기

" 클로이 레이스 원피스는 레이스와 싱글 원단을 함께 한 겹처럼 사용하여 연출한 원피스예요. 싱글 원단 등의 다이마루 원단은 올이 풀리지 않지만, 쌈솔 등의 방법으로 깔끔하게 정리해줄 수 있답니다. 가을에 맞는 브라운 색상부터 만들어보고 다른 색도 도전해보세요. "

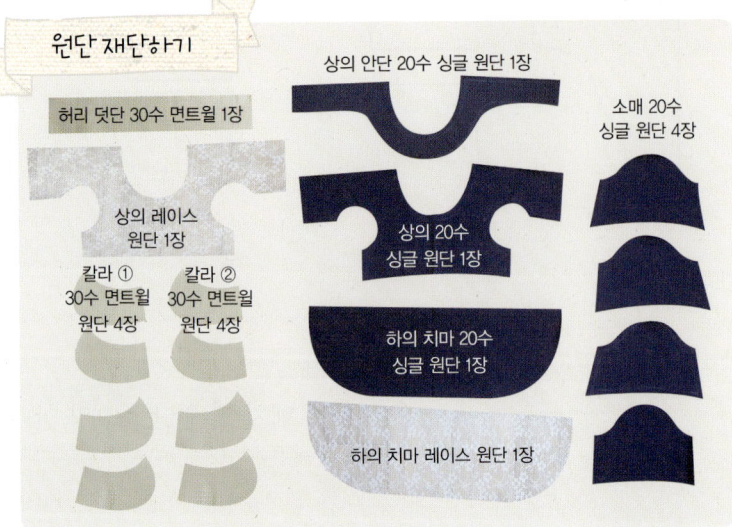

원단 재단하기

- 허리 덧단 30수 면트윌 1장
- 상의 레이스 원단 1장
- 칼라 ① 30수 면트윌 원단 4장
- 칼라 ② 30수 면트윌 원단 4장
- 상의 안단 20수 싱글 원단 1장
- 상의 20수 싱글 원단 1장
- 하의 치마 20수 싱글 원단 1장
- 하의 치마 레이스 원단 1장
- 소매 20수 싱글 원단 4장

패턴지를 원단에 대고 패턴 배치표를 참고하여 그려준 후, 1cm 정도의 시접을 주고 재단한다.

하의 치마 만들기

1 치마 원단과 치마 레이스 원단을 나란히 놓아 준비한다.

2 치마 밑단 부분을 말아박기 또는 오버록 처리한 후, 한 번만 접어서 박음질해준다.

3 점선 표시된 부분에 홈질한 후, 실을 당겨 주름을 만들어준다. 주름의 길이는 허리 덧단 길이와 같게 만든다.

상의 만들기

 상의 원단 위에 상의 레이스 원단을 놓아준다.

 허리 덧단 원단의 겉면이 상의 레이스 원단과 마주 보게 놓고, 홈질이나 시침질로 고정한 후 패턴상 표시된 허리띠 위치에 맞게 박음질한다.

 박음질한 후, 허리띠를 아래쪽으로 내려 허리띠 부분을 다림질로 마무리하고, 홈질로 임시 고정시켜준다.

칼라 만들기

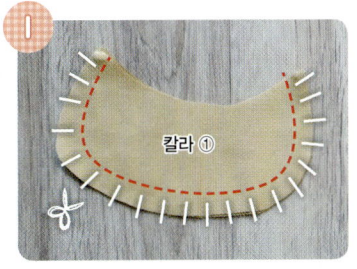 칼라 ① 2장을 겉면끼리 마주 놓고 점선을 따라 박음질한 후, 곡선 부분에 가위집을 내준다.

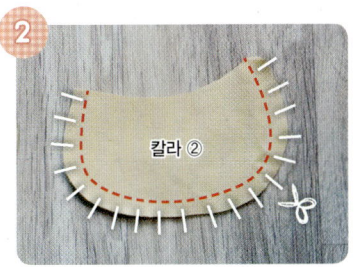 칼라 ②도 동일한 방법으로 만들어준다.

 뒤집어서 다림질한 후, 칼라 ① 위에 칼라 ②를 놓아 준비한다.

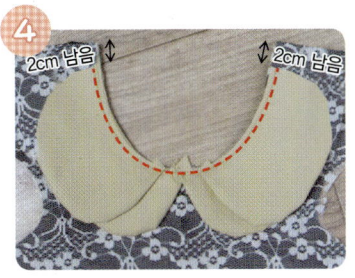 칼라 ①·②를 상의 위에 시접 부분을 제외하고 사진과 같이 끝에 2cm가 남도록 자리를 잡아준 후, 시침질이나 홈질로 임시 고정시켜준다.

소매 달기

1. 소매는 2장을 겉면끼리 마주 대고 점선을 따라 박음질한다.

2. 사진의 노란 부분의 1/2 길이로 고무줄을 준비해 고무줄을 당기면서 시접 부분을 박음질해준다.

Check! 고무줄 박아준 모습.

3. 상의 원단에 소매를 뒤집어서 사진처럼 올려놓고 사진의 점선을 따라 빙 둘러가며 박음질해준다.

4. 시접 끝단은 오버록 또는 통솔 처리로 마감해준다. 반대쪽도 같은 방법으로 소매를 달아준다.

Check! 양쪽 소매를 완성한 모습.

안단 만들기

1. 안단 원단을 준비해 점선 표시된 부분을 말아박아준다(오버록 이용 시 오버록 처리한 후, 한 번만 접어 박아준다).

Check! 오버록 처리한 후 한 번 접어 박아준 모습(뒷부분).

2. 상의와 안단을 겉면끼리 마주 놓고 사진의 점선대로 박음질한 후, 곡선 부분에 가위집을 넣어준다.

상·하의 연결하기

1. 미리 만들어놓은 상의와 치마를 준비한다.

2. 상의와 치마를 겉면끼리 마주 보게 놓아준 후, 사진의 점선 표시된 부분을 박음질해준다.

3. 위 사진의 표시된 점선을 중심으로 접어준다.

4. 사진의 점선 표시된 소매와 옆선을 박음질해준 후, 오버록이나 통솔 처리해준다.

5. 뒤집어서 정리 후, 사진의 점선 표시된 부분을 상침해준다.

6. 안단에 점선 표시된 부분을 들떠서 돌아다니지 않도록 공그르기로 마무리해주면, 완성!

가슴 쪽 모습

완성

Clothes 5
콜린 라이더 재킷

난이도 고급 ★★★★★ **소요 시간** 4시간 30분(미싱 작업 기준 재단 시간 포함)

사용 원단 및 부자재

	사용	대체 가능
겉감·칼라	인조 가죽(베이지)	청지, 20수 트윌 등
등판 장식·소매	퀼팅 가죽 누빔 원단(베이지)	포인트로 사용 가능한 스웨이드 원단
안감	20수 싱글(아이보리)	다후다, 후라이스 등
허리 장식 시보리	2x1 미라노 시보리	쭈리, 10수 싱글 등 다이마루
여밈용 단추	스프링도트	(막힘)가시도트, 링도트 등

디자인 과정 안내

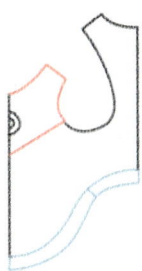
기본 패턴
등판 포인트 배색
밑단 장식 생성

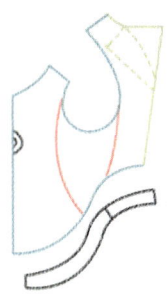
옆구리 라인 절개
안감 생성
가슴판 오픈 칼라 패턴 늘림

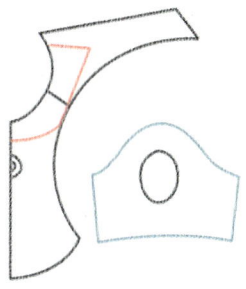
칼라 원단 형성
소매 형성

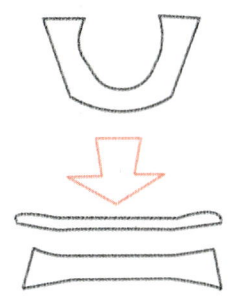
칼라 각도 조절
서는 칼라로 변경
칼라의 덧단 추가

패턴 배치 및 원단 소요량 안내

※ 실제 패턴과 다를 수 있으니, 소요량 및 패턴 배치 방법만 참고하세요(패턴 배치표 – 정사각형 기준).

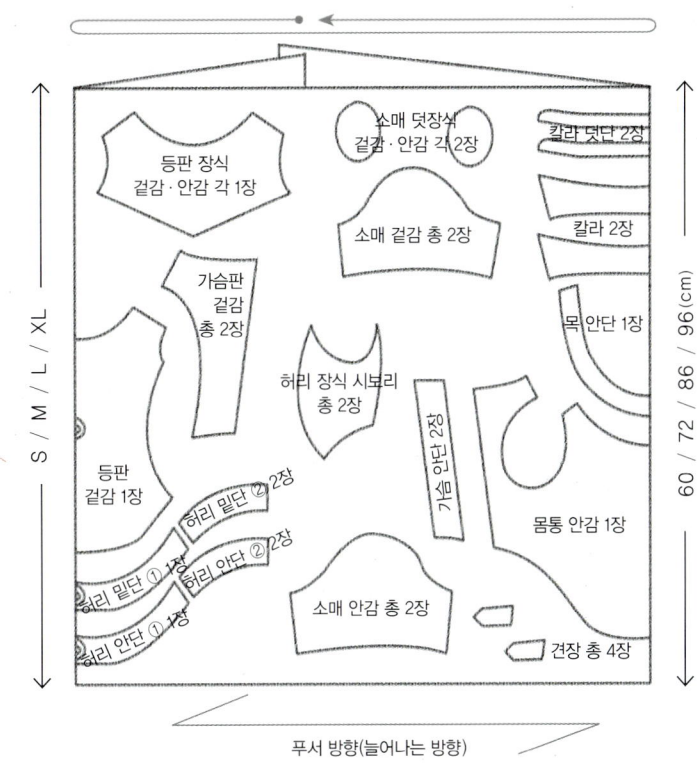

Check!

- **스타일** ☑ 기본형 ☐ 후드형 ☐ 망토형 ☐ 올인원형 ☐ 원피스형
- **소매** ☐ 민소매형 ☑ 기본 소매형 ☐ 래글런 소매형 ☐ 응용 소매형
- **여밈** ☑ 똑딱이 단추 ☐ 벨크로 ☐ 없음
- **FIT** ☑ 여유 ☐ 정사이즈
- **구분** ☑ 공통 ☐ 선택 가능

만드는 과정

원단 재단하기 → 칼라·등판 장식 만들기 →
소매 겉·안감 만들기 → 견장·허리 밑단 만들기 →
몸통 겉감 만들기 → 몸통 안감 만들기 → 겉·안감 & 소매 연결하기

"
가을철 빼놓을 수 없는 레자 스타일의 멋스러운 콜린 라이더 재킷. 오픈 칼라 형식과 퀼팅 누빔 가죽으로 한껏 멋을 낸 디자인입니다. 가죽을 가봉할 땐 가죽 룰러 노루발을 사용해 만들면 더욱 수월해요. 함께 만들면서 다양한 노루발의 사용에 대해서도 알아보도록 해요.
"

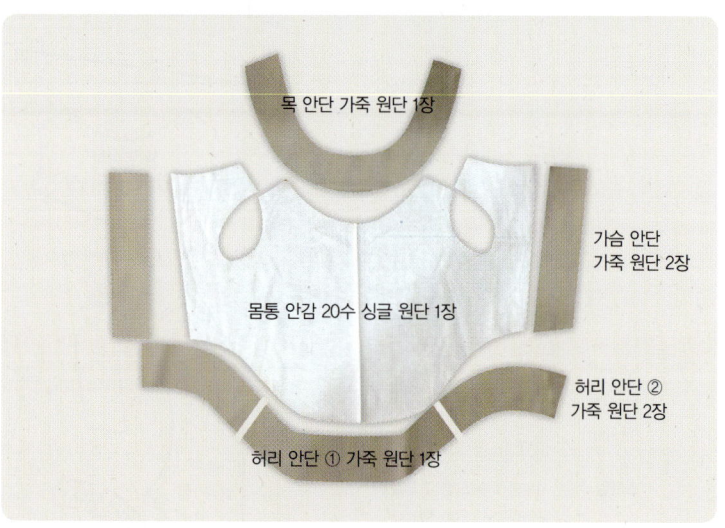

원단 재단하기

- 칼라 가죽 원단 2장
- 칼라 덧단 가죽 원단 2장
- 등판 장식 겉감 누빔 가죽 원단 1장
- 등판 장식 안감 20수 싱글 원단 1장
- 가슴판 겉감 가죽 원단 2장
- 허리 장식 시보리 원단 2장
- 등판 겉감 가죽 원단 1장
- 허리 밑단 ② 가죽 원단 2장
- 소매 겉감 가죽 원단 2장
- 소매 안감 20수 싱글 원단 2장
- 소매 덧장식 겉감 누빔 가죽 원단 2장
- 소매 덧장식 안감 20수 싱글 원단 2장
- 허리 밑단 ① 가죽 원단 1장
- 견장 가죽 원단 4장
- 목 안단 가죽 원단 1장
- 가슴 안단 가죽 원단 2장
- 몸통 안감 20수 싱글 원단 1장
- 허리 안단 ② 가죽 원단 2장
- 허리 안단 ① 가죽 원단 1장

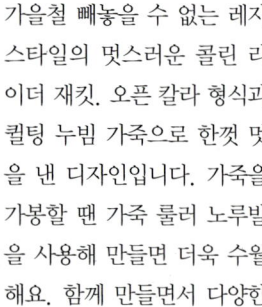

plus
박음질 윗면과 아랫면이 가죽인 경우, 가죽 룰러 노루발을 사용하면 훨씬 부드럽게 박음질이 가능하다. ▶노루발 338p 참고

패턴지를 원단에 대고 패턴 배치표를 참고하여 그려준 후, 1cm 정도의 시접을 주고 재단한다.

칼라·등판장식 만들기

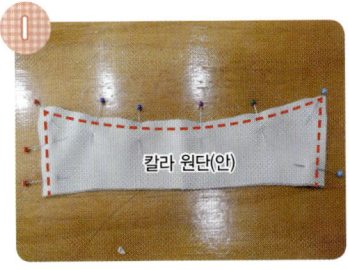

1. 칼라 원단을 두 장 준비해서 겉감끼리 마주 보게 두고 사진의 점선을 따라 박음질한다.

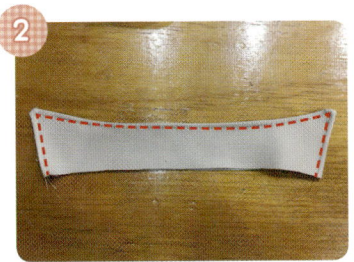

2. 뒤집어 사진의 점선대로 상침한다.

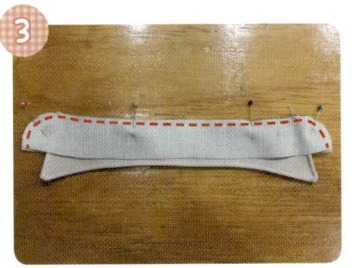

3. 칼라 덧단 두 장을 겉면끼리 포개고 그 사이에 만들어둔 칼라를 위 사진과 같이 넣고 점선대로 박음질한다.

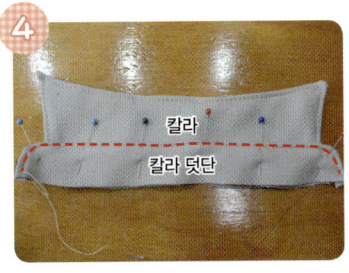

4. 칼라 덧단의 시접에 가위집을 넣은 후 뒤집고, 칼라 덧단을 젖혀 사진의 점선대로 상침한다.

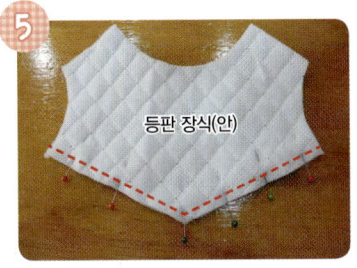

5. 등판 장식 안감과 겉감의 겉면을 포갠 후, 위 사진의 점선을 박음질하고 시접을 2mm 정도로 짧게 잘라낸다.

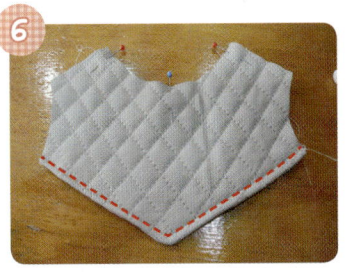

6. 뒤집어 상침하여 위 사진처럼 깔끔하게 정리한다.

소매 겉·안감 만들기

1. 소매 덧장식 가죽 누빔 원단(겉감)과 싱글 원단(안감)을 준비해 동그랗게 가장자리를 따라 박아준다.

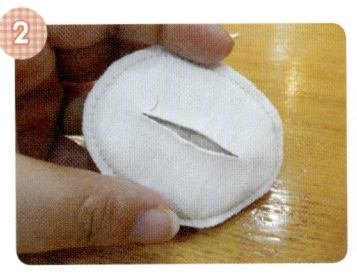

2. 안감 중심에 위 사진처럼 가위집을 내서 뒤집어준다.

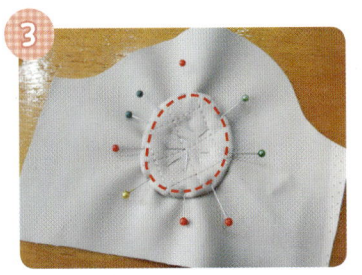

3. 소매 위치에 시침핀으로 잘 고정시켜 놓고 점선을 따라 빙 둘러가며 박음질한다.

소매 덧단 부착된 모습.

소매를 반으로 접어 점선을 따라 박음질해주면 소매가 완성된다.

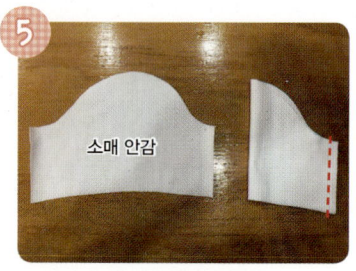

안감도 동일한 방법으로 반으로 접어 사진의 점선대로 박음질한 후, 뒤집어준다.

안감 소매 완성된 모습.

견장·허리 밑단 만들기

허리 밑 견장을 사진의 점선을 따라 박음질한다.

뒤집어 점선을 박음질해 상침한다.

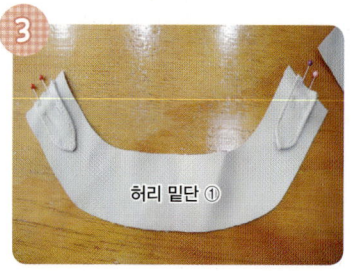

위 사진처럼 허리 밑단 ①에 올려두고 시침핀으로 고정한다.

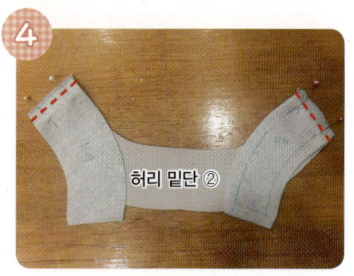

허리 밑단 ② 원단을 사진과 같이 겉면끼리 포개어둔 후, 사진의 점선을 박음질한다.

박음질 후 펼친 모습.

몸통 겉감 만들기

1. 등판의 양 옆구리에 허리 장식 시보리 원단을 위 사진처럼 놓고 점선대로 박음질해 연결한다.

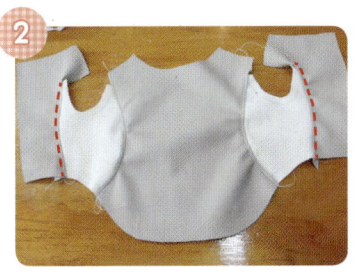

2. 허리 장식 원단과 가슴판 원단을 위 사진처럼 놓고 점선대로 박음질해 연결한다. 반대쪽도 같은 방법으로 한다.

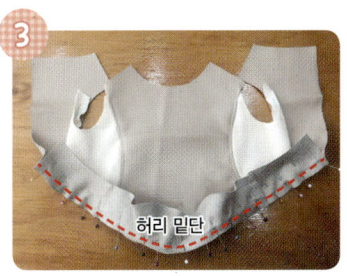

3. 미리 만들어둔 허리 밑단을 위 사진처럼 몸통 밑에 겉면끼리 포개어 둔 후, 점선을 박음질한다.

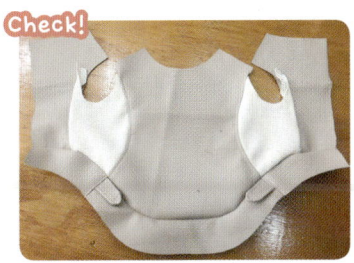

Check! 박음질한 모습.

4. 미리 만들어놓은 등판 장식을 위 사진과 같이 배치한다.

5. 등판과 가슴판의 어깨 부분을 사진의 점선대로 박음질하여 연결한다.

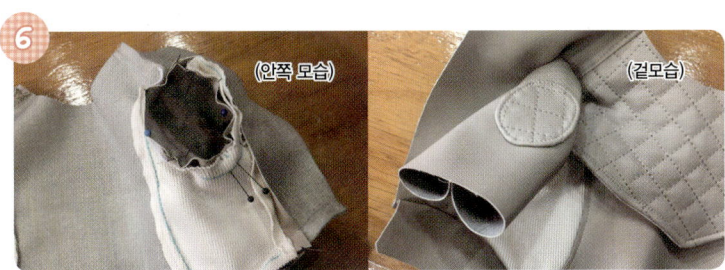

6. 미리 만들어놓은 소매를 패턴상 표시된 어깨선 위치에 맞춘 후, 빙 둘러가며 박음질해 연결한다.

7. 미리 만들어둔 칼라를 위 사진처럼 겹쳐 배치한 후, 점선대로 박음질해 붙여준다.

몸통 안감 만들기

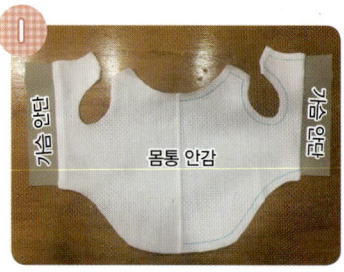

1. 몸통 안감과 가슴 안단 원단을 겉면끼리 포개 박음질하고 젖혀준다.
2. 가슴판과 몸통의 어깨를 겉면끼리 포개 사진의 점선 부분을 박음질한다.

박음질한 모습.

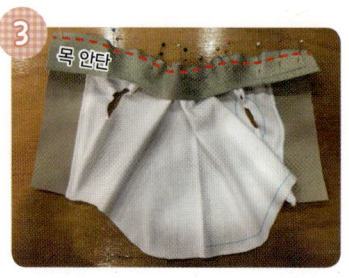

3. 목 안단 원단을 사진과 같이 겉면끼리 포개어둔 후, 사진의 점선을 박음질한다.

박음질한 모습.

4. 허리 안단 원단도 허리 밑단과 동일한 방법으로 준비한 후, 준비된 안감에 겉면끼리 포개어둔 후, 사진의 점선을 박음질한다.

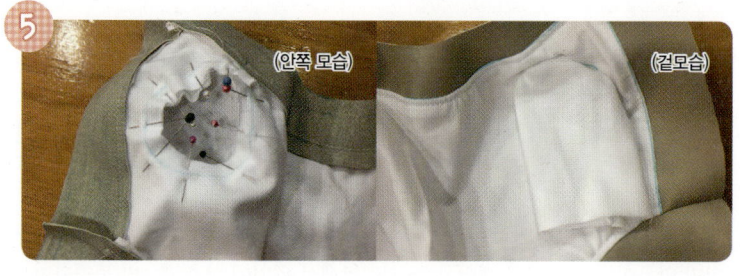

박음질한 모습.

5. 겉감과 동일한 방식으로 미리 만들어놓은 소매를 어깨와 맞춘 후, 빙 둘러가며 박음질한다.

겉·안감 & 소매 연결하기

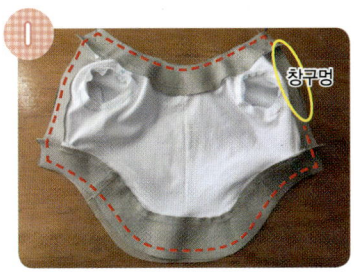

1. 미리 준비한 안감을 겉감 위에 겉면끼리 포개어둔 후, 오른쪽 창구멍을 제외한 사진의 점선을 모두 박음질한다.

뒤집은 모습(겉).

뒤집은 모습(안).

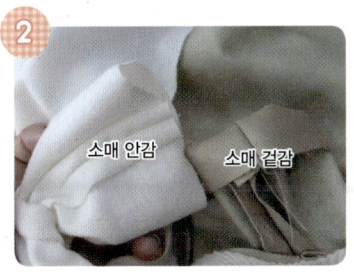

2. 다시 뒤집어 안감을 바라보며, 안감의 소매와 겉감의 소매를 위 사진처럼 겉면끼리 마주 보게 놓는다.

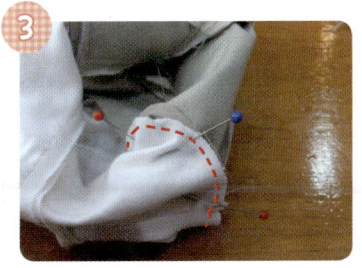

3. 소매 겉감과 안감을 시침핀으로 고정시킨 후, 동그랗게 만두 빚듯 사진의 점선대로 박음질한다.

뒤집어서 겉에서 바라본 완성된 모습.

4. 창구멍의 시접분을 잘 접어 넣는다.

5. 모양을 잘 잡아 시침핀으로 고정한다.

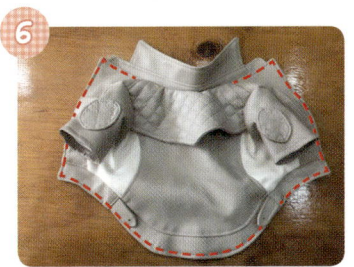

6. 가장자리를 모두 상침한다.

상침한 안쪽 모습.

소매도 점선을 빙 둘러가며 상침한다.

스프링도트를 박아 마무리한다.

가을을 책임질 아이템!

가슴 쪽 모습

완성

치명적 매력남

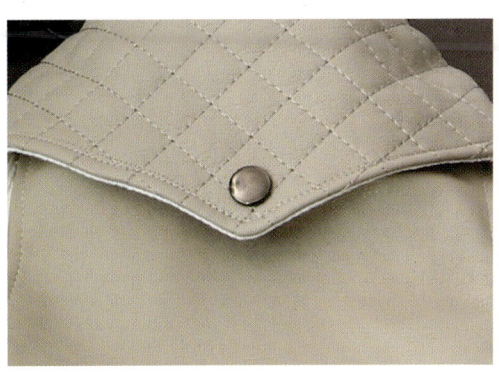

만들어서 입히면 그야말로
패셔니스타가 되는 콜린 라이더 재킷.
이 옷 한 벌만으로도 가을 패션 완성!!
스타일이 살아나는 콜린 라이더 재킷 만들기에
도전해보세요!

오늘 이 구역 패션왕은 나야!

Accessory 1

클로이 레이스 리본 핀

난이도 초급 ★☆☆☆☆　**소요 시간** 10분 이내(손바느질 기준 재단 시간 포함)

사용 원단 및 부자재

	사용	대체 가능
레이스	레이스 원단	면 자수 레이스, 라셀 레이스
장식용 리본	기본 골지 리본(폭 4mm)	공단 리본 등
핀 대	사각 집게 핀(4cm)	수동 핀, 자동 핀 모두 가능

만드는 과정

의류에 사용된 레이스를 이용하여 간단하게 만들 수 있는 브로치 스타일의 리본입니다.

1. 폭 2.5cm, 길이 50cm의 레이스 원단을 준비한다.

2. 시접 5mm를 남기고 홈질로 주름을 잡아준다.

3. 실을 당겨서 위 사진처럼 동그란 모양을 만든 후, 매듭을 지어준다.

4. 장식용 리본을 만들어 중앙에 글루나 손바느질로 붙여준다.

5. 리본 테이핑한 ▶ '블링블링 왕관 핀' 부분의 집게 핀 리본 테이핑하기 108p 참고 집게 핀에 만든 레이스 리본을 글루로 붙여준다.

클로이 레이스 리본 핀 앞모습.

클로이 레이스 리본 핀 뒷모습.

클로이 레이스 리본 핀 완성!

Accessory 2

하트 가죽 목걸이 & 목줄

난이도 고급 ★★★★☆ **소요 시간** 2시간 30분(미싱 작업 기준 재단 시간 포함)

사용 원단 및 부자재

	사용	대체 가능
목줄 & 장식	인조 가죽	청 원단, 10수 이하 광목지
솜	구름 솜	방울 솜, 구름 솜
금속 부속	D링, 개 고리	없음
장식 부속	비즈(에폭시 라운드) 손바느질용	멜란 구슬, 가시발, 나사 솔트, 반진주 등

만드는 과정

하트 장식 만들기 → 목걸이 만들기 → 목줄 만들기

※ 실물 패턴 미포함

장식 목걸이나 목줄을 집에서도 쉽게 만들어줄 수 있어요. 개 고리나 D링과 같은 필수 부속품은 인터넷 쇼핑몰 등에서 쉽게 구할 수 있고, 특별한 장비나 장식 없이 모두 손바느질만으로도 만들 수 있어요! 가죽 원단 대신 안 입는 청바지나 10수 이하 광목지를 사용해도 됩니다.

하트 장식 만들기

1
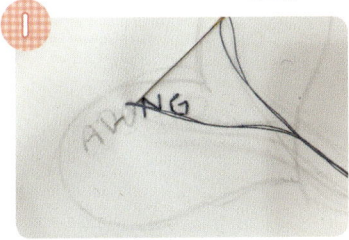

적당한 사이즈의 하트나 별을 그리고 그 안에 손바느질로 스티치를 넣어 이니셜을 수놓는다.

2

양면으로 사용될 2장의 원단을 시접분에 주의하며 재단하고, 겉면끼리 겹쳐둔다.

plus

가죽 원단에 퀼트용 자수 미싱으로 이니셜을 넣으면 쉽게 수를 놓을 수 있다.

3

하트 밑그림은 박음질 전에 지우개로 살살 지워준다.

4

창구멍을 제외하고 가장자리를 따라 박음질해준다. 이때 시접은 2~3mm 정도로 디자인을 고려해 적당히 조절해준다.

손바느질로 홈질이나 버튼홀 스티치를 이용해 가장자리를 바느질하면, 좀 더 아기자기하고 예쁘게 수놓을 수 있다.

5

창구멍으로 적당량의 솜을 집어 넣고 창구멍을 박음질한다.

Finish!

하트 장식 완성!

목걸이 만들기

목줄이 되어줄 가죽 원단을 준비한다.
목줄 길이=목둘레+5cm(겹침분)+2cm(시접분)
이때 두께(폭)는 D링의 내경을 참고하여 정한다.
샘플 사이즈는 D링의 내경이 2.5cm이며,
(2.5cm×2)+2cm(시접분)=총 7cm로 작업한다.

사진과 같이 D링에 끼워준다.

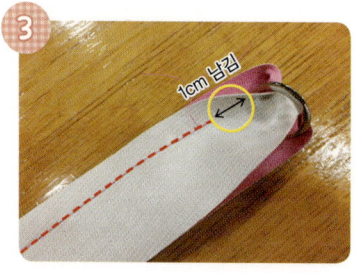

한쪽 면을 먼저 점선을 따라 박음질해준다.

박음질한 부위를 펼친 모습.

끝부분을 위 사진처럼 접는다.

또 한 번 위 사진처럼 접어준다.

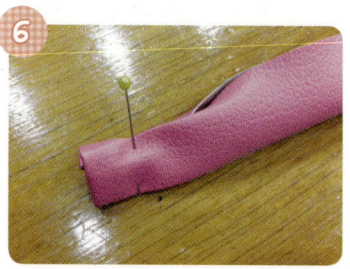

마지막으로 한 번 더 접어 모양을 만들어준다.

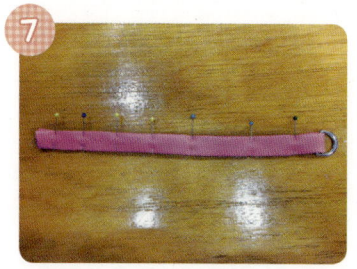

전체를 시침핀으로 고정해 모양을 잡아준다.

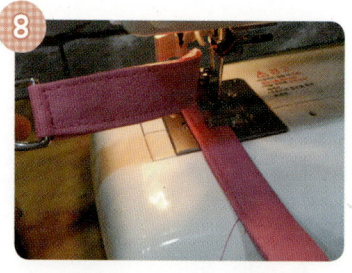

'ㅁ자' 모양으로 가장자리를 둘러가며 홈질하면 가죽 끈 완성!

스프링도트를 달기 위해 송곳으로 구멍을 내준다.

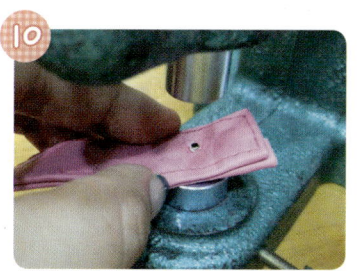

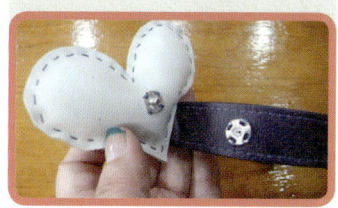

압축기를 이용해 스프링도트를 달아준다. 길이 연장이 자유롭도록 같은 방식으로 스프링도트를 1개 더 달아준다.

목걸이 완성!

plus

도트 기구가 없는 경우, 손바느질용 스냅 단추를 달아준다.
▶ 여밈 단추의 종류 39p 참고

목줄 만들기

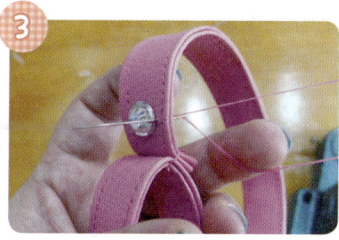

앞서 목걸이 만들기 ①~⑧번 과정과 동일한 방법으로 목줄을 만든다. 목줄의 길이는 1.3m 정도면 적당하다.

위 사진처럼 손잡이 부분을 원형으로 만들어 점선 위치를 박아준다.

에폭시 큐빅 장식을 손바느질로 붙여준다.

큐빅 위쪽을 위 사진과 같이 바느질로 고정한다. 이때 퀼트용 실을 4겹으로 사용하면 튼튼하다.

마지막으로 개 고리를 걸어서 바느질로 고정해준다. 이때 겸자 가위로 가죽을 잡고 바느질하면 훨씬 수월하다.

목줄 완성!

Etc
청바지 방석

난이도 중급 ★★★☆☆ **소요 시간** 1시간 30분(미싱 작업 기준 재단 시간 포함)

사용 원단 및 부자재

	사용	대체 가능
방석 옆면 · 바닥	안 입는 청바지 (32인치 남자 바지 기준)	옥스퍼드, 캔버스, 극세사 원단 모두 가능
방석 윗면	극세사 원단(레오파드)	극세사, 덤블, 뽀글이 등 부드러운 퍼(fur) 원단
지퍼	바지 지퍼(20cm)	벨크로 또는 공그르기 바느질로 마감 가능

만드는 과정

원단 재단하기 → 방석 밑판 만들기 → 방석 가봉하기

※ 실물 패턴 미포함

> 집에 안 입는 청바지 하나쯤은 다 있죠! 꺼내서 과감하게 잘라 우리 아가를 위한 방석을 만들어주세요. 지퍼를 달아서 만들면 솜이 죽었을 때 충전해주거나, 솜을 빼내서 세탁하기가 수월하답니다. 아가들이 아주 좋아하는 청바지 방석 만들기에 도전해봐요.

 본 책에서는 32인치 남자 바지 기준으로 높이 15cm, 지름 50cm짜리 방석을 제작한다.

안 입는 청바지를 준비해 아래의 ①~⑩의 과정을 참고하여 1cm 정도의 시접을 주고 재단한다.

청바지의 앞 여밈 부위를 점선을 따라 열리지 않도록 박음질한다.

방석의 높이를 원하는 길이만큼 표시한다.

자른 바지 윗부분을 엉덩이 쪽에서 자른다. 중간에 두툼한 시접분은 잘라내 버린다.

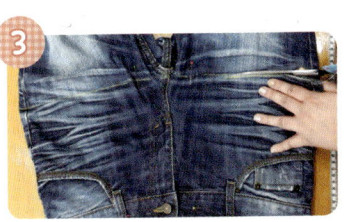

나머지 청바지는 잘라낸다.

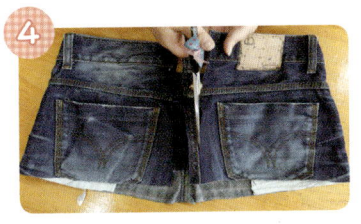

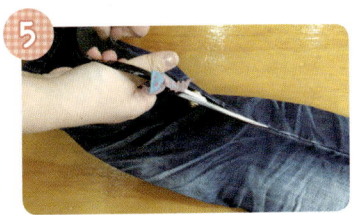

나머지 바지통도 중간 시접을 한 겹 잡은 후 자른다.

자른 바지통을 넓게 펼친다.

이 중 다리 한쪽의 끝단을 위에서 자른 높이(15cm)와 동일하게 잘라 준비한다.

바지 윗부분과 다리 밑단 부분을 준비한다.

겉면끼리 마주 보게 둔 후, 점선을 박음질하여 원통형을 만들어준다.

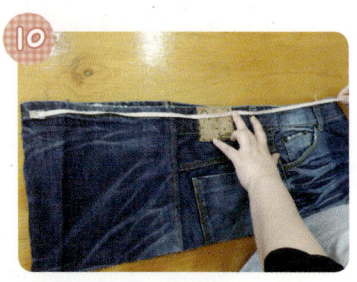
만들어진 원통의 길이를 잰다.

plus

더 큰 방석을 만들고 싶다면 남은 청바지 다리 원단을 한 장 더 붙여 사용하면 된다.

이때, 위·아래 부분의 원의 길이가 다르니 주의하자.
여기에서는 원형이 160cm가 나왔다.
'지름×2×3.14=160cm'라는 계산법에 의해
지름이 약 50cm인 원형의 방석을 만들 수 있음을 알 수 있다.

방석 밑판 만들기

부직포나 큰 종이를 4등분으로 접은 후, 한쪽 꼭지점에서 25cm 지점을 콕콕 찍어가며 이동해 원형 실물 패턴을 그린다.

원형 실물 패턴을 방석 위판 천에 대고, '원형+시접분'의 크기로 재단한다.

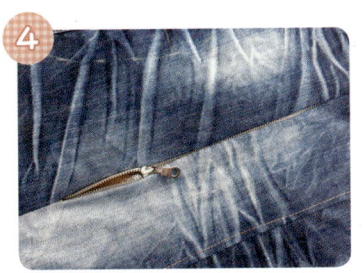

방석 밑판 원단으로 중심을 사진과 같이 잘라, 지퍼를 달 만큼 시접을 넣어 재단한다.

밑판 방석에 지퍼를 달아준다.
▶ 지퍼 다는 방법 345p 참고

방석 가봉하기

밑판 방석 원단(지퍼가 달린 원단 겉면) 위에 원통형 원단을 위 사진처럼 겹쳐둔 후, 동그랗게 박아준다.

똑같은 방법으로 방석 위판(레오파드 원단 겉면) 위에 앞서 만들어놓은 방석을 위 사진처럼 포개어놓는다. 사진의 점선을 따라 동그랗게 박음질해서, 지퍼를 창구멍으로 사용해 뒤집어준다.

뒤집어준 방석에 솜 또는 빈백용 충전재를 넣어 완성한다.

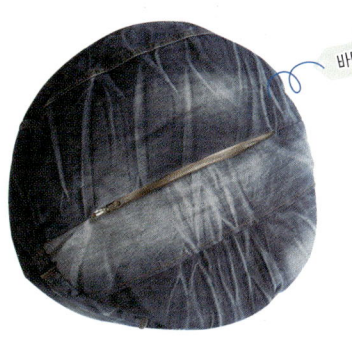

바닥 쪽 모습

RELAX KING

꽁꽁 얼어붙는 겨울,
춥다고 패션을
포기할 수는 없죠!
특별한 겨울 옷을
만들어요~

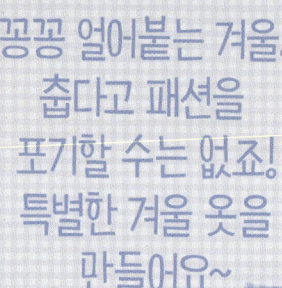

WINTER

메리
크리스마스

How to make **256p**

몸이 얼어붙을 것 같은 추운 겨울.
'진짜 사나이'라면 까짓, 겨울 추위쯤이야
문제없다고요! 멋스러우면서도 따뜻하기까지 한
밀리터리 커플룩 만들기에 도전해보세요.

동작 그만!

How to make **270p**

겨울철 실내에서도 따뜻하게 입을 수 있는 편한 패딩 점퍼.
평소에는 편안한 평상복이지만, 외출할 땐 멋스러운 패션을 완성시켜주는
제임스 패딩 점퍼 한 벌이면 추운 겨울도 따뜻하게 보낼 수 있어요~!

How to make **238p**

누빔 핑크 원단으로 만들어준
윈터리 퍼피 코트는
완전 사랑스러움 그 자체예요!
추운 겨울 외출할 땐
이 코트만 한 게 없어요.

나도 선물 받고 싶다~잉.

How to make **278p**

겨울을 감싸주는 스누드!

Clothes 1

바니 니트 조끼

난이도 초급 ★★☆☆☆ **소요 시간** 1시간 30분(미싱 작업 기준 재단 시간 포함)

사용 원단 및 부자재

	사용	대체 가능
몸통 겉감	니트 폴라폴리스	기모 폴라폴리스, 니트 원단, 극세사 원단, 왕골덴 원단
몸통 안감	덤블 원단	기모 폴라폴리스, 니트 원단, 극세사 원단, 왕골덴 원단
장식용 브로치	토끼 봉제 인형 브로치	어울리는 장식품
장식용 단추	우드 단추(25mm)	어울리는 장식품
여밈용 단추	싸개 스냅 단추	스냅 단추, T도트, 스프링도트 등

※ 몸통 겉감과 안감 원단을 구분 없이 사용하여 양면으로도 활용할 수 있다.

디자인 과정 안내

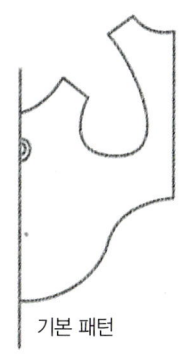
기본 패턴

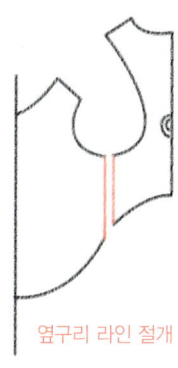
옆구리 라인 절개

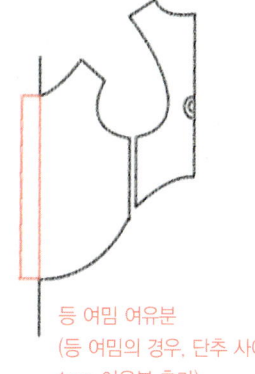
등 여밈 여유분
(등 여밈의 경우, 단추 사이즈보다 1cm 여유분 추가)

패턴 배치 및 원단 소요량 안내

※ 실제 패턴과 다를 수 있으니, 소요량 및 패턴 배치 방법만 참고하세요(패턴 배치표–정사각형 기준).

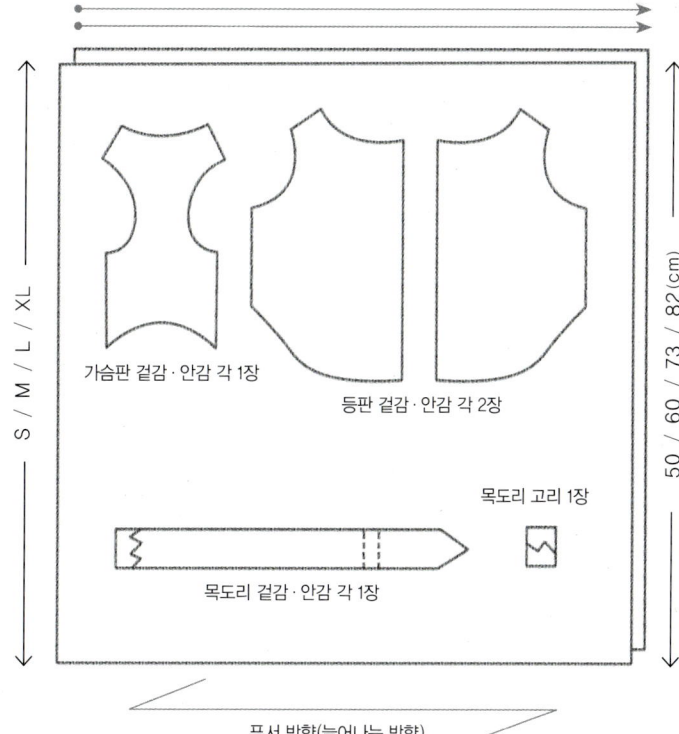

Check!

- **스타일** ☑ 기본형 ☐ 후드형 ☐ 망토형
  ☐ 올인원형 ☐ 원피스형
- **소매** ☑ 민소매형 ☐ 기본 소매형
  ☐ 래글런 소매형 ☐ 응용 소매형
- **여밈** ☑ 똑딱이 단추 ☐ 벨크로 ☐ 없음
- **FIT** ☑ 여유 ☐ 정사이즈
- **♂♀ 구분** ☐ 공통 ☑ 선택 가능

만드는 과정

원단 재단하기 → 몸통 만들기 → 목도리 만들기

바니 니트 조끼는 입히기 쉬운 등 여밈 스타일의 겨울 방한조끼예요. 털이 많은 강아지들도 다리털이 엉키지 않도록 민소매로 디자인되었답니다. 목도리와 함께 연출하면 더욱 깜찍하지요. 바니 니트 조끼 만들기부터 시작해 볼까요?

등 여밈의 경우, 단추 여유 시접분을 1~2cm 정도 더 여유를 준다.

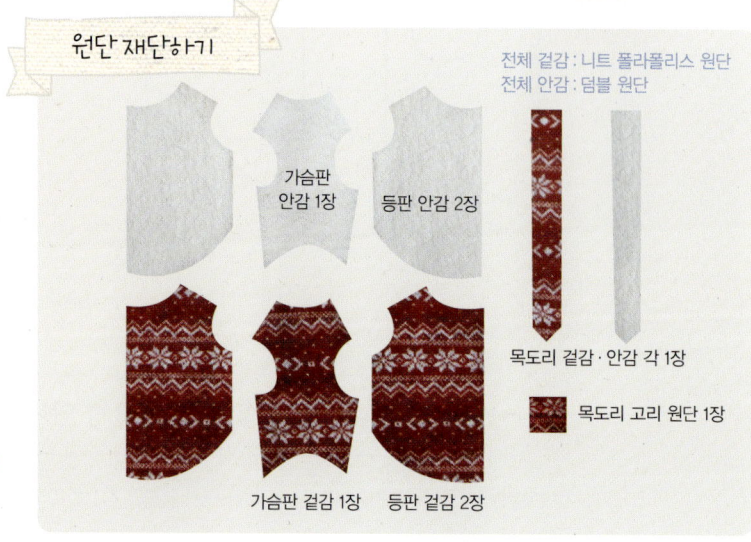

패턴지를 원단에 대고 패턴 배치표를 참고하여 그려준 후, 1cm 정도의 시접을 주고 재단한다.

몸통 만들기

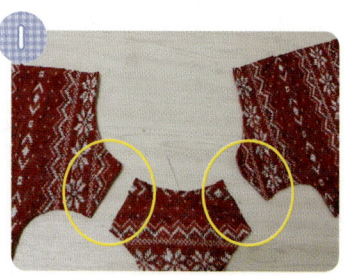

1 겉감(니트 원단)을 사진처럼 배치하여 어깨 부분을 연결해보자.

2 가슴판과 등판을 겉면끼리 마주 대고 양쪽 어깨 부분을 사진의 점선을 따라 박음질해준다.

Check! 양쪽 어깨 부분 박음질이 완성된 모습.

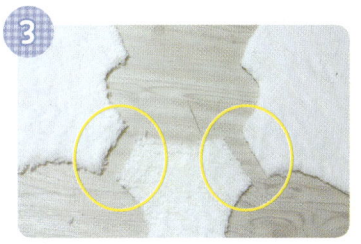

안감(덤블 원단)도 어깨 부분을 똑같이 박음질해준다.

어깨 부분 박음질이 완성된 모습.

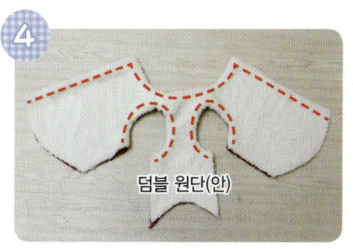

겉감과 안감의 겉면을 마주 대고 점선 표시된 부분만 박음질한 후 어깨를 통해서 뒤집어준다.

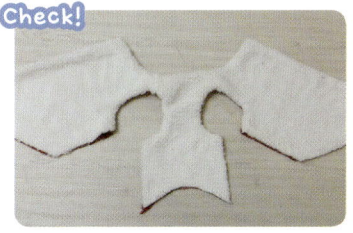

뒤집은 모습.

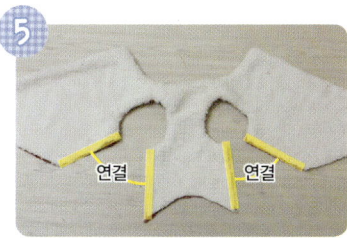

위 사진에 표시된 소매 밑 옆구리 부분을 연결해준다.

겉감과 안감을 펼쳐서 겉면끼리 마주 대고 박음질해준다.

옆구리가 연결된 모습(안쪽에서 본 모습).

옆구리가 완성된 모습(겉에서 본 모습).

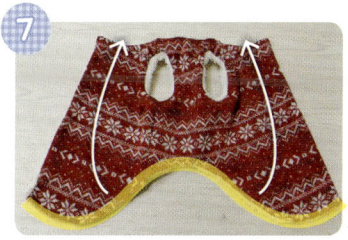

노란색으로 표시된 밑단의 창구멍을 벌려 화살표 방향으로 겉감과 안감을 뒤집어준다.

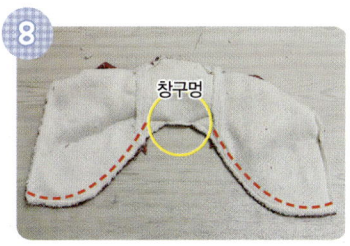

창구멍을 제외한 점선을 사진에 표시된 대로 박음질한다.

뒤집은 후 남은 창구멍의 시접 부분을 접어 넣고, 창구멍을 공그르기해준다.

밑단 완성된 모습.

목도리 만들기

1. 목도리 고리 원단을 준비해 겉면을 마주 보게 반으로 접어 올려준다.

2. 점선을 따라 박음질한 후, 뒤집어 준다.

3. 목도리 겉감(니트 원단)을 겉면이 위로 보이도록 준비한다.

4. 그 위에 목도리 고리 만든 것을 놓는다.

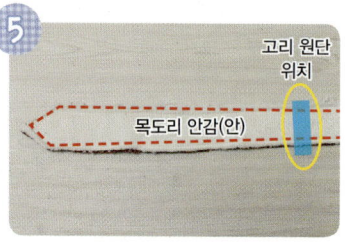

5. 그 위에 목도리 안감(덤블 원단)을 겉면끼리 마주 보게 놓고, 점선을 따라 박음질해준다.

6. 시접 부분을 안으로 접어 넣어 창구멍을 막아준다.

7. 창구멍은 공그르기로 마무리한다.

8. 토끼 인형을 달아 장식해주면, 예쁜 목도리 완성!

가슴 쪽 모습

완성

뽀글뽀글
양털 안감
따뜻해~

Clothes 2
제임스 패딩 점퍼

난이도 고급 ★★★★★ **소요 시간** 4시간 30분(미싱 작업 기준 재단 시간 포함)

사용 원단 및 부자재

	사용	대체 가능
겉감 누빔	울혼방 누빔 원단(4온스)	다이마루, 퀼팅 누빔, 가죽 누빔 등
겉감 포인트	별 나염 20수 싱글	나염 다이마루(싱글, 미니쮸리 등)
안감·주머니	20수 싱글(무지/차콜)	면혼방(TC) 또는 다후다
시보리·웰트 포켓	2×1 립직 시보리	접 시보리, 요코 시보리 등
장식용 싸개단추	20mm 싸개단추	만들어 사용 가능 ▶ 싸개단추 만드는 방법 347p 참고
여밈용 단추	13mm 싸개 스냅 단추	스냅 단추, T도트, 스프링도트 등

디자인 과정 안내

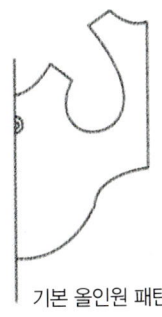

기본 올인원 패턴

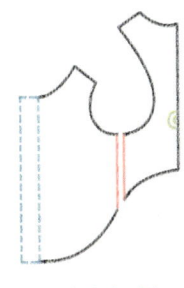

옆구리 라인 절개
등 여밈만큼 연장
옷의 중심 변경

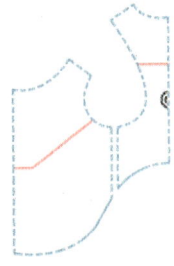

포인트 원단 분할
안감 형성

패턴 배치 및 원단 소요량 안내

※ 실제 패턴과 다를 수 있으니, 소요량 및 패턴 배치 방법만 참고하세요(패턴 배치표-정사각형 기준).

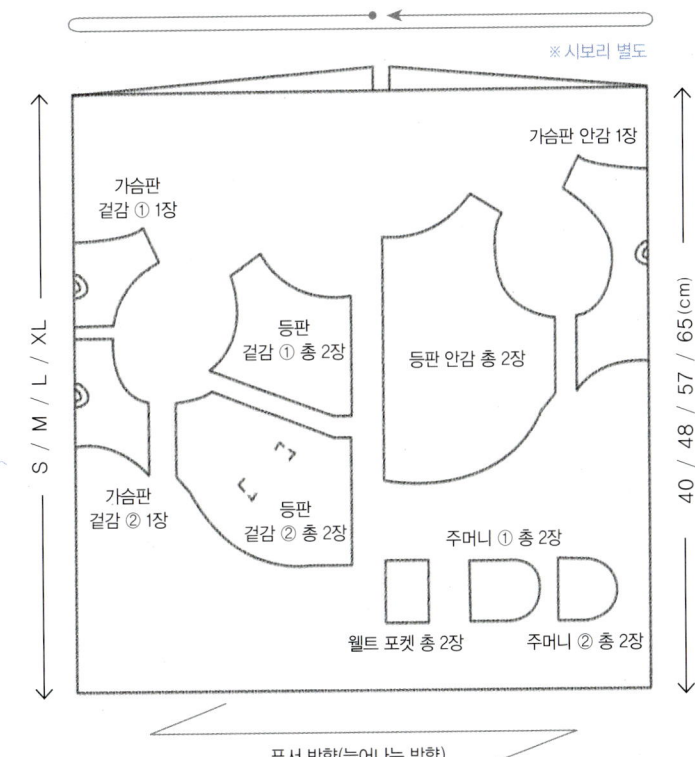

Check!

- **스타일** ☑ 기본형 ☐ 후드형 ☐ 망토형
  ☐ 올인원형 ☐ 원피스형
- **소매** ☑ 민소매형 ☐ 기본 소매형
  ☐ 래글런 소매형 ☐ 응용 소매형
- **여밈** ☑ 똑딱이 단추 ☐ 벨크로 ☐ 없음
- **FIT** ☑ 여유 ☐ 정사이즈
- **구분** ☐ 공통 ☑ 선택 가능

만드는 과정

원단 재단하기 → 몸통 만들기 → 웰트 포켓 만들기 →
등판·가슴판 연결하기 → 소매 시보리 만들기 →
목·허리 끝단 시보리 달기 → 겉감·안감 연결하기

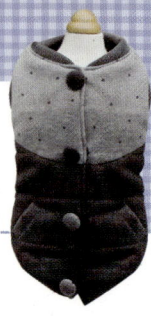

" 제임스 패딩 점퍼는 누빔이 되어 있는 원단을 이용해 만들어서 따뜻한 겨울을 보낼 수 있는 옷입니다. 무난한 평상복으로 부담 없는 디자인이라 겨울철 아주 요긴하게 입힐 수 있어요. 매력적인 제임스 패딩 점퍼를 만들어볼까요? "

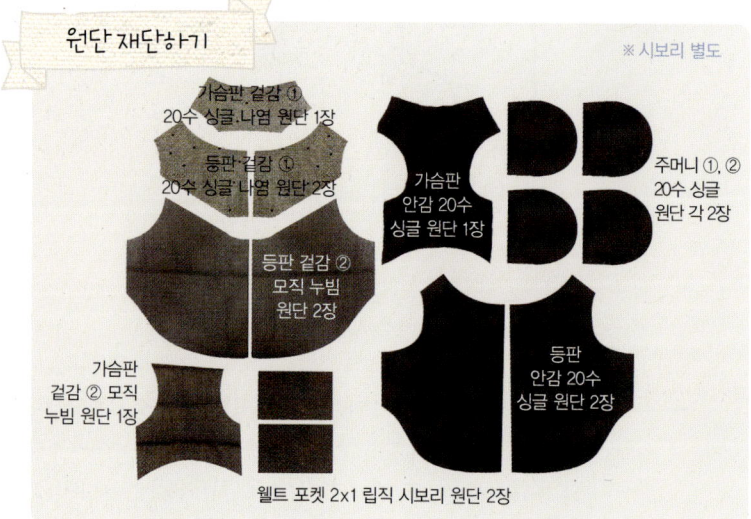

원단 재단하기
※ 시보리 별도

- 가슴판 겉감 ① 20수 싱글,나염 원단 1장
- 등판 겉감 ① 20수 싱글,나염 원단 2장
- 등판 겉감 ② 모직 누빔 원단 2장
- 가슴판 겉감 ② 모직 누빔 원단 1장
- 가슴판 안감 20수 싱글 원단 1장
- 등판 안감 20수 싱글 원단 2장
- 주머니 ①, ② 20수 싱글 원단 각 2장
- 웰트 포켓 2x1 립직 시보리 원단 2장

패턴지를 원단에 대고 패턴 배치표를 참고하여 그려준 후, 시보리는 시접 없이 재단하고, 그 외는 모두 1cm 정도의 시접을 주고 재단한다.

몸통 만들기

1. 등판 겉감 ① 원단과 등판 겉감 ② 원단을 겉면끼리 마주 대고 박음질해 연결한다.

2. 반대쪽도 동일하게 만들어서 준비한다.

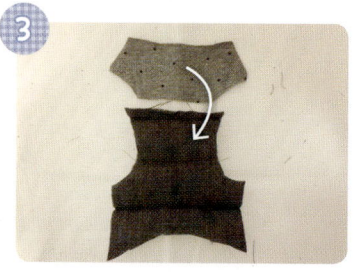

3. 가슴판 겉감 원단 ①·②도 연결해준다.

4. 가슴판 겉감 원단 ①·②를 겉면끼리 겹쳐두고 사진의 점선대로 박음질해준다.

> **plus**
> 원단에도 궁합이 있다. 신축성, 두께 등을 고려하여 비슷한 원단을 사용하자. 원단의 차이가 많이 나는 경우, 절개하여 이어붙이지 않고 덧단 형식으로 붙여준다.

웰트 포켓 만들기

가슴판에 웰트 포켓을 만들어보자.
만약 포켓 만들기가 어려울 경우, 네모난 모양의 장식만 만들어 붙여줘도 된다.

초보자들은 가지고 있는 원단으로 연습을 한번 해보고 만들면
더 예쁜 웰트 포켓을 만들 수 있다.
웰트 포켓 만들기는 작업 과정을 더 잘 알아볼 수 있도록
밝은색의 다른 원단을 사용해 만드는 과정을 소개한다.

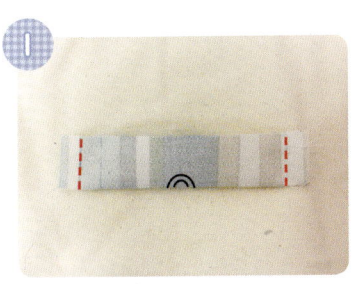

1. 웰트 포켓 원단을 반으로 접어 양 옆을 박음질한다.

2. 박음질 후 시접을 잘라 정리 후, 뒤집어 마무리한다.

3. 주머니 원단 ①·②를 준비한다.

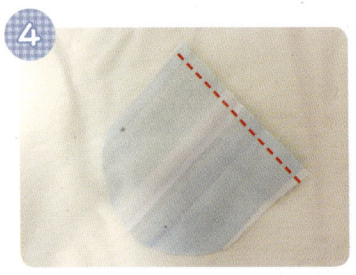

미리 만들어둔 웰트 포켓을 놓고, 그 위에 주머니 ② 원단을 놓아준 후 위의 사진대로 박음질한다.

박음질 후, 시접을 주머니 쪽으로 향하게 놓고 상침한다.

등판 원단 패턴에 [ ] 표시된 위치에 맞춰 웰트 포켓을 놓는다.

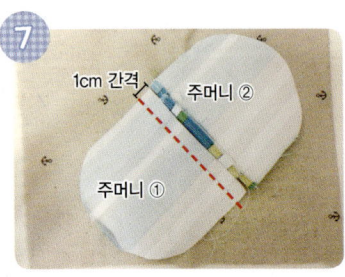

위의 사진처럼 주머니 ② 원단을 나란히 놓고, 1cm 위치에 사진에 표시된 딱 웰트 포켓의 길이만큼만 박음질해준다.

표시된 부분을 가위로 자른다. 이 때 양쪽에 Y로 된 부분을 자를 때는 딱 박음질된 부분까지 맞게 잘라야만 모양이 예쁘다.

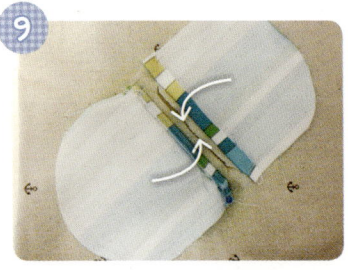

자른 후, 자른 구멍으로 주머니 원단을 넣어준다.

다 넣어준 후, 사진처럼 모양을 정리한다.

웰트 포켓에 위 사진이 점선 표시된 부분을 상침해준다.

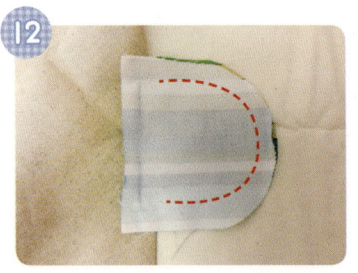

뒤집어서 주머니 원단 ①·②를 박음질한 후, 시접을 오버록 처리해서 마무리한다.

등판·가슴판 연결하기

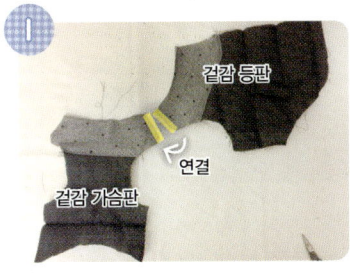

1. 등판 원단과 가슴판 원단의 어깨 부분을 연결해준다.

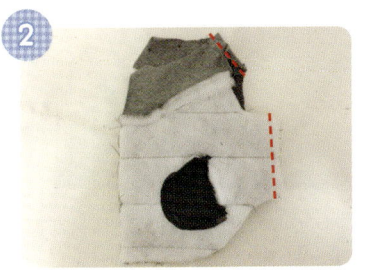

2. 어깨와 허리 옆선까지 사진의 점선대로 박음질한다. 반대쪽도 똑같이 해준다.

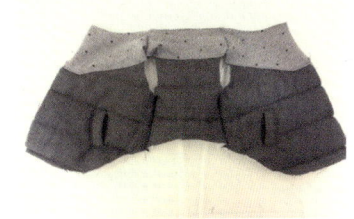

Check! 양쪽 어깨와 허리 옆이 박음질된 모습.

3. 등판과 가슴판의 안감 원단을 준비한다.

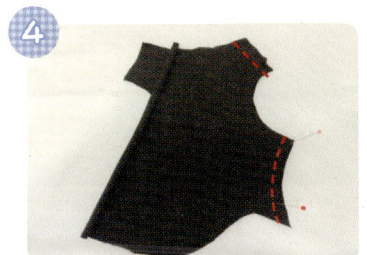

4. 어깨와 허리 옆선을 박음질한다. 반대쪽도 똑같이 연결해준다.

Check! 안감 박음질된 모습.

소매 시보리 만들기

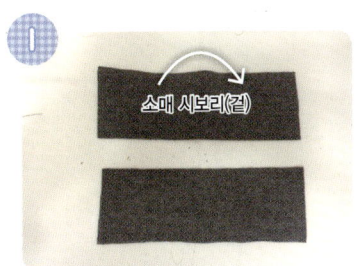

1. 소매 시보리 원단을 겉면끼리 반으로 접어준다.

2. 위 사진의 점선대로 박음질한다.

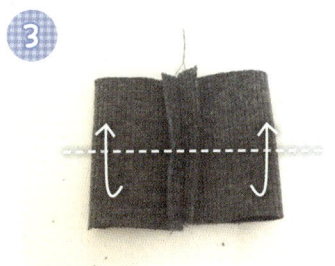

3. 반을 중심으로 위로 접어 올린다.

4. 동일한 방법으로 작업해 두 개를 준비한다.

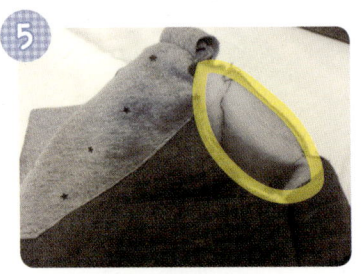

5. 표시된 부분에 시보리를 올려준다.

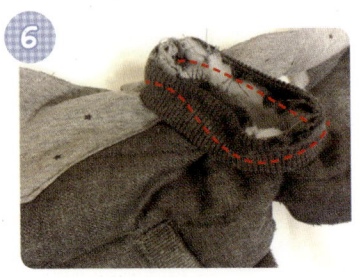

6. 빙 둘러 시보리를 붙이고, 둘러가며 박음질한다. 양쪽 모두 소매 시보리를 붙여 박아준다.

Check! 겉감 안쪽에서 바라본 모습.

7. 겉감(누빔 원단) 위에 안감을 놓아준다. 보통 겉끼리 마주하는데, 여기서는 안쪽 면끼리 마주 보게 놓아야 한다.

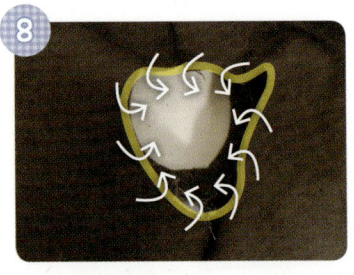

8. 안감 소매 시접 부분을 안쪽으로 접어 넣어 시보리에 표시된 시보리 시접과 안감 시접이 만나도록 한다.

9. 시접끼리 마주 보고 빙 둘러가며 박음질한다. 곡선 박음질이라 조금씩 움직이며 박음질해야 수월하다. 반대쪽도 똑같이 만들어준다.

Check! 양쪽 모두 겉감과 안감의 소매가 연결된 모습.

작은 사이즈는 시보리를 안감에 먼저 붙여준 후, 겉감 패딩 원단을 접어 넣으며 상침하면서 고정하는 게 작업이 수월하다.

목·허리 끝단 시보리 달기

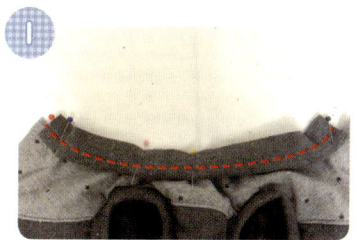

1. 목 시보리를 겉감에만 사진의 점선 표시를 따라 박음질해준다.

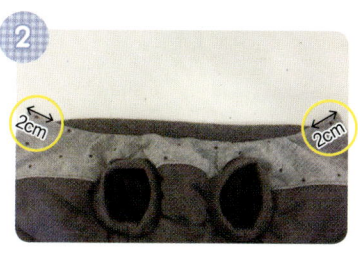

2. 시보리가 점점 사라지는 느낌이 들며 위 사진의 양쪽 끝부분 모양처럼 된다. 시보리 끝부분은 최소한 2cm는 남겨준다.

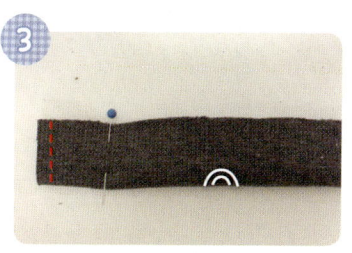

3. 허리 끝단 부분의 시보리는 겉면끼리 접어서 위 사진처럼 점선을 박음질한다.

Check! 뒤집어준 모습.

4. 아랫부분에 시보리를 살짝살짝 당겨 맞춰가며 박음질한다.

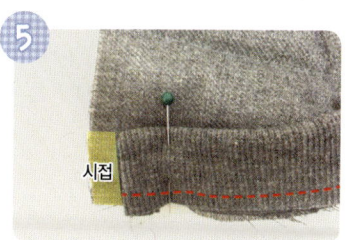

5. 양쪽 끝부분(시작과 끝)은 시접만큼 빼고 박음질해준다.

겉감·안감 연결하기

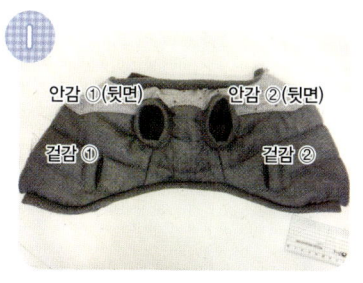

1. 겉감과 안감의 소매는 연결되어 있으니 안감 ②와 겉감 ②를 연결해준다.

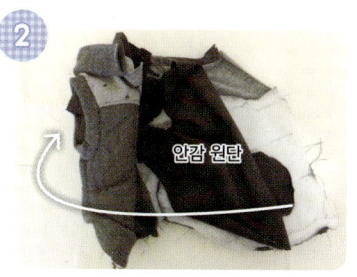

2. 겉, 안감 원단 ②로 겉, 안감 원단 ①을 빙 돌려가며 감싸준다.

3. 돌려준 모습. 안감과 겉감의 겉면끼리 마주 놓고 점선대로 박음질한다.

뒤집어본 모습. 반대쪽도 똑같이 만들어준다.

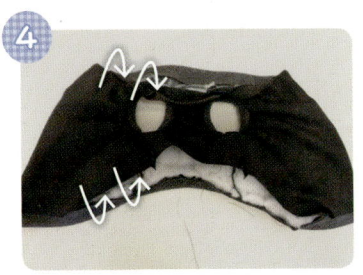

목둘레와 끝단 부분의 안감 시접을 접어 넣어준다.

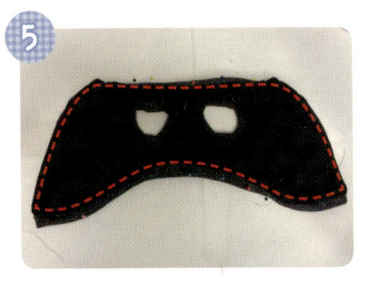

점선 표시를 따라 빙 둘러서 겉면을 바라보고 상침하거나 터진 부분만 공그르기로 마감해준다.

밑단 완성된 모습.

가슴 쪽 모습

옷과 색을 맞춰서 싸개단추와 싸개 스냅 단추를 달아주면, 완성! ▶ 싸개단추 만드는 법 347p 참고

plus

싸개 스냅 단추

패딩과 같이 두꺼운 옷에는 원단으로 싸인 싸개 스냅 단추를 달아준다.

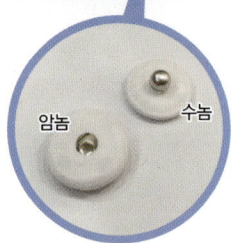

암놈 수놈

완성

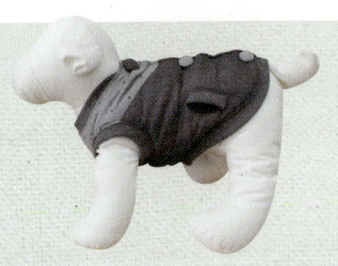

누빔 처리된 제임스 패딩 점퍼가 아주 따뜻해 보이지요?
싸개단추로 포인트를 주어 은근히 자주 입히는 매력적인 옷이에요.
겨울철 머스트해브 아이템 패딩 점퍼 만들기에
꼭 한번 도전해보세요!

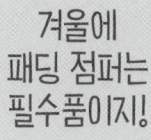

겨울에 패딩 점퍼는 필수품이지!

Clothes 3

윈터리 퍼피 코트

난이도 고급 ★★★★★ **소요 시간** 6시간 30분(미싱 작업 기준 재단 시간 포함)

사용 원단 및 부자재

	사용	대체 가능
겉감 누빔	20수 싱글(인디핑크)	미니쮸리, 스웨이드 등
안감 누빔	10mm 양면 극세사 파일(아이보리)	극세사, 덤블, 퍼(fur) 등
싸개 단추	25mm 싸개단추	만들어 사용 가능
여밈용 단추	스냅 단추	T도트, 링도트, 스프링도트 등

디자인 과정 안내

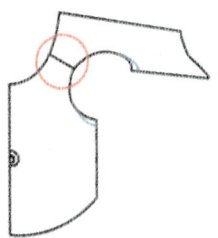

기본 패턴
어깨 이음
진동라인 내림

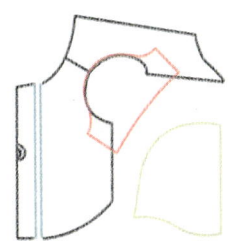

소매 생성
등판의 분할
모자의 생성

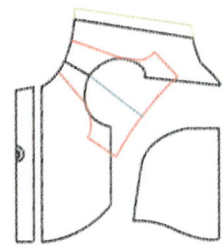

래글런의 생성
래글런 소매의 분할
가슴 여밈 여유분 연장

패턴 배치 및 원단 소요량 안내

※ 실제 패턴과 다를 수 있으니, 소요량 및 패턴 배치 방법만 참고하세요(패턴 배치표-정사각형 기준).

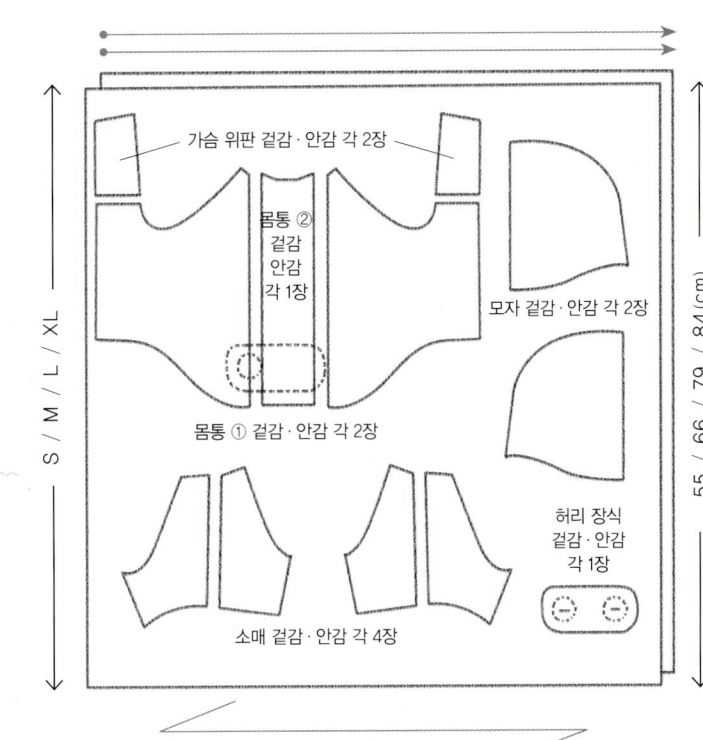

가슴 위판 겉감·안감 각 2장
몸통 ② 겉감 안감 각 1장
모자 겉감·안감 각 2장
몸통 ① 겉감·안감 각 2장
허리 장식 겉감·안감 각 1장
소매 겉감·안감 각 4장

S / M / L / XL
55 / 66 / 79 / 84(cm)
푸서 방향(늘어나는 방향)

Check!

- **스타일** ☐ 기본형 ☑ 후드형 ☐ 망토형 ☐ 올인원형 ☐ 원피스형
- **소매** ☐ 민소매형 ☐ 기본 소매형 ☑ 래글런 소매형 ☐ 응용 소매형
- **여밈** ☑ 똑딱이 단추 ☐ 벨크로 ☐ 없음
- **FIT** ☑ 여유 ☐ 정사이즈
- **♂♀ 구분** ☐ 공통 ☑ 선택 가능

만드는 과정

원단 누비기 → 원단 재단하기 → 허리 장식 만들기 →
소매 만들기 → 몸통 만들기 → 모자 연결하기

> 윈터리 퍼피 코트는 핑크가 아주 사랑스럽게 느껴지는 고급스러운 코트입니다. 좋은 소재를 선택해 한 땀, 한 땀, 누벼서 코트를 만드는데 생각보다 어렵지 않게 예쁜 코트 한 벌이 완성됩니다. 파스텔 톤의 싱글 원단과 포근한 양면 극세사 파일 원단을 함께 사용했는데, 털이 많이 빠지는 원단이므로 테이프를 옆에 두고 작업하는 게 좋아요. 단지 가봉 후 한 번만 세탁하면, 이후로는 털이 잘 빠지지 않습니다.

원단 누비기

누빔 노루발이나 워킹풋 노루발을 사용해 먼저 원단을 누벼준다. 이 때, 허리 장식은 누비지 않는다.

▶ 누빔 노루발의 사용법 338p 참고

원단 누비기 완성.

누빔 노루발 · 워킹풋 노루발이 없는 경우
각 패턴을 각각 재단한 후, 조각조각 따로 누비면 밀리는 현상을 최소한으로 줄일 수 있다.

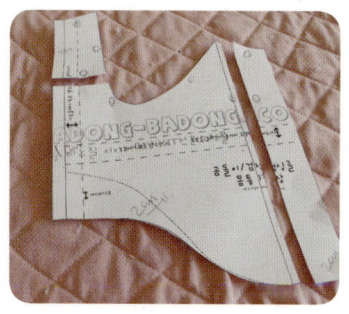

plus

패턴 배치를 누빔이 이어지도록 잘 배치하여 재단하면 누빔 무늬가 예쁘게 연결되면서 완성도를 높일 수 있다.

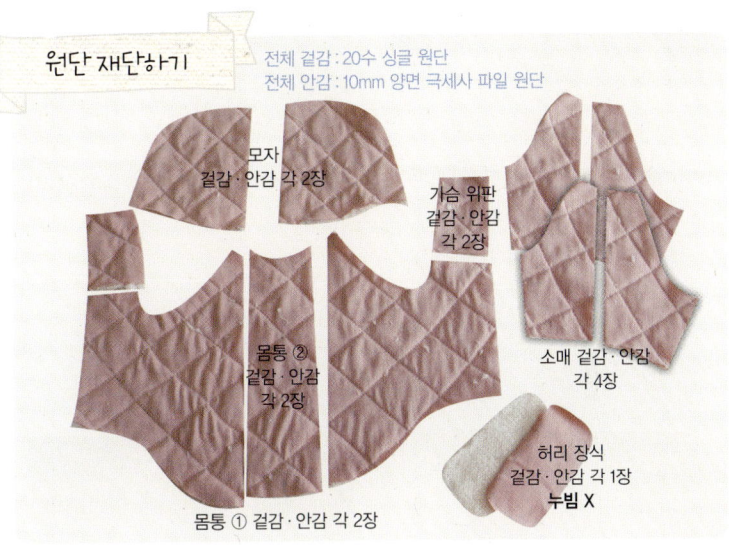

원단 재단하기

전체 겉감: 20수 싱글 원단
전체 안감: 10mm 양면 극세사 파일 원단

모자 겉감·안감 각 2장
가슴 위판 겉감·안감 각 2장
몸통 ② 겉감·안감 각 2장
소매 겉감·안감 각 4장
허리 장식 겉감·안감 각 1장 누빔 X
몸통 ① 겉감·안감 각 2장

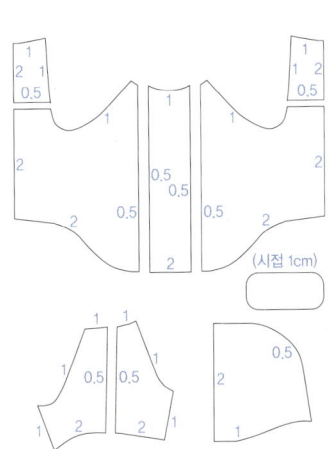

▲ 시접 안내표

패턴지를 원단에 대고 패턴 배치표를 참고하여 그려준 후, 왼쪽의 시접 안내표에 따라 재단한다.

허리 장식 만들기

1. 허리 장식 원단을 겉면끼리 마주 보게 두고, 창구멍을 빼고 점선을 따라 박음질해준다.

Check!
창구멍 빼고 바느질된 모습.

2. 뒤집어서 창구멍을 공그르기로 막아준다.

소매 만들기

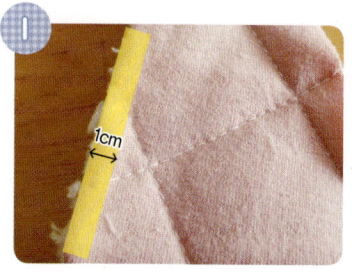

소매 원단은 연결될 부분이 모두 5mm로 시접 처리가 되어 있는데, 위 사진처럼 한쪽 면의 1cm 정도 누빔 부위를 풀어낸다.

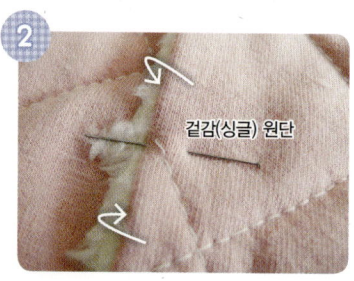

겉감(싱글) 원단만 안쪽으로 접어 넣어준다.

다른 면과 5mm씩 시접을 중심으로 겹치면, 총 1cm가 포개진다.

포갠 부분을 사진의 점선을 따라 박음질해준다. 이런 방식으로 모든 5mm 시접분을 연결해준다.

시접을 2cm로 자른 부분은 말아박아준다. 말아박기 때문에 안감(파일) 원단이 보이는 부분은 두께를 원하는 만큼 조절할 수 있다.

소매를 반으로 접어서 점선을 따라 박음질해준다.

뒤집으면, 완성!
같은 방법으로 나머지 소매도 만들어준다.
잘 만들었다면, 왼쪽 사진처럼 십자로 정확하게 일치하게 떨어진다.

몸통 만들기

소매 만들기와 같은 방식으로 등판을 연결해 시침핀으로 고정한다.

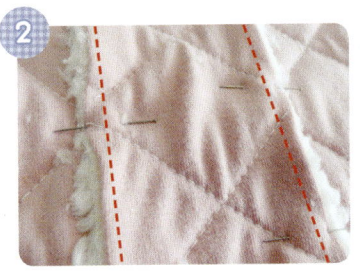

위 사진처럼 몸통 ② 패턴에서 싱글 원단만 안쪽으로 접어 넣어 마무리 처리하면, 양쪽으로 털이 삐져 나온 것처럼 예쁘게 완성된다.

가슴 위판과 몸통 ①도 동일한 방법으로 박음질해준다.

밑단도 소매와 동일하게 말아박아 준다.

허리 장식 부분을 몸통 위에 올려둔 후 점선대로 박음질해 달아준다.

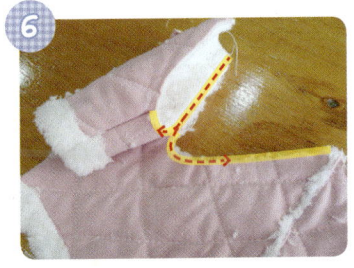

위 사진의 노란 선 부분의 연결은 겉면끼리 포개어 박는 일반적인 방법으로 박음질한 후, 시접을 오버록 또는 감침질해 시접분을 마감해준다.

이음새 연결하여 마무리한 모습(겉면에서 바라본 모습). 반대쪽도 같은 방법으로 연결한다.

모자 연결하기

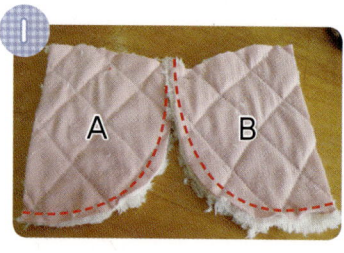

1. B의 누빔 부위를 1cm 정도 풀어내 A 위에 겹쳐두고, B의 겉감(싱글) 원단을 접어 박음질한다.

2. 곡선으로 연결하기 때문에 휘어진 상태로 박음질한다.

Check! 모자 박음질한 모습.

3. 몸통 겉감 위에 완성된 모자를 사진처럼 올려두고 노란 선과 파란 선이 연결되도록 박음질한다.

Check! 위 사진처럼 2cm가 남아야 정상이다.

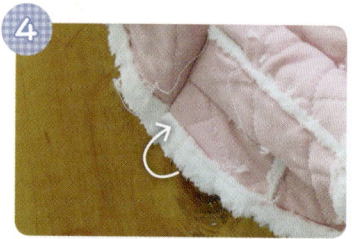

4. 나머지 시접분을 말아박아준다.

Check! 말아박기 완성된 모습.

5. 허리 장식에 싸개단추를 달아준다.

6. 가슴은 여밈 단추(T도트)를 달아 마무리한다. ▶ 여밈 단추 종류 39p 참고

완성

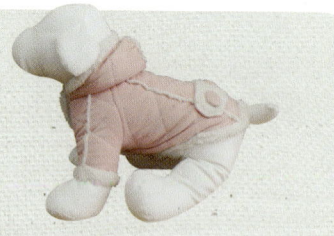

핑크핑크
몽글몽글 포근해~

원터리 퍼피 코트는 보는 것만으로도 마음이 따뜻해져요.
누빔 원단으로 만들어 더욱 따뜻하고 고급스러운 원터리 퍼피 코트.
올겨울, 우리 집 강아지에게도 꼭 만들어주세요.

가슴 쪽 모습

Clothes 4
밀리터리 커플룩

난이도 고급 ★★★★☆ **소요 시간** 3시간(미싱 작업 기준 재단 시간 포함)

사용 원단 및 부자재

		사용	대체 가능
♀	몸통 겉감	20수 밀리터리 나염 원단	무지(카키), 직기류 원단 등
	몸통 안감	20수 싱글(차콜)	다후다, 면혼방(TC), 털 원단
	시보리	2x1 립직 시보리	점퍼용 시보리, 요코시보리
	하의 치마	20수 밀리터리 나염 원단, 펄 튜튜 망사 원단	니트 원단, 퍼 원단, 레이스 원단 등
	장식품	와펜(ARMY), 모자 장식용 라쿤스트링	핫픽스, 진주, 아플리케, 금속 체인 등
♂	몸통 겉감	20수 밀리터리 나염 원단	무지(카키), 직기류 원단 등
	몸통 안감	20수 싱글(차콜)	다후다, 면혼방(TC), 털 원단
	시보리	2x1 립직 시보리	점퍼용 시보리, 요코 시보리
	장식용 지퍼	엔틱 메탈지퍼	생략 가능
	장식품	원뿔골드 가시발(스터드), 와펜(상사 밀리터리), 엔틱징(리벳)	장식용 단추, 솔트, 비즈, 모두 가능

♀ 밀리터리 원피스 — 디자인 과정 안내

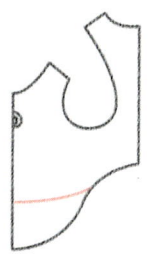

기본 패턴
상·하의 절개

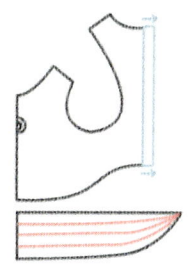

치마 형성
치마의 연장(주름분)
모자의 생성

레이어드 치마 형성
여밈 부위 연장
(1cm 단추 기준 1cm 연장)

패턴 배치 및 원단 소요량 안내

※ 실제 패턴과 다를 수 있으니, 소요량 및 패턴 배치 방법만 참고하세요(패턴 배치표—정사각형 기준).

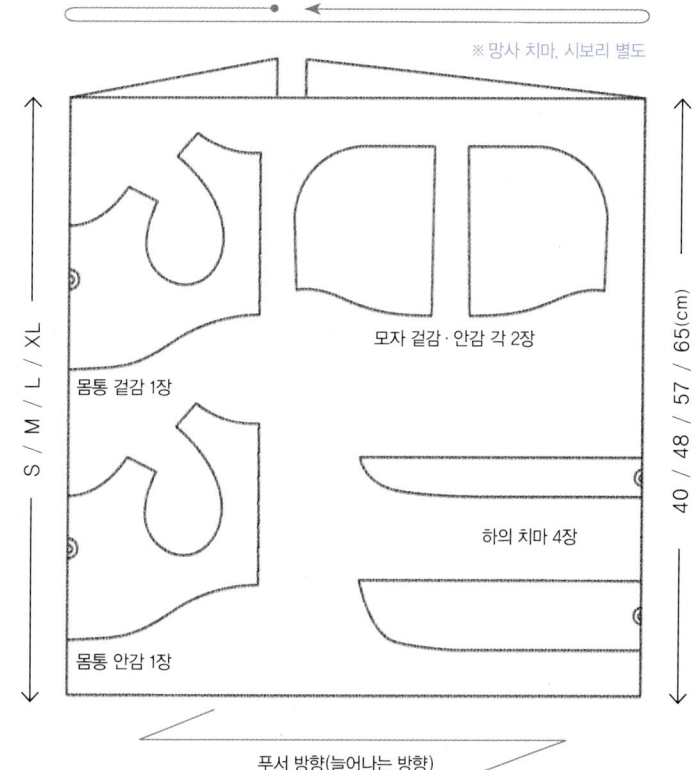

※ 망사 치마, 시보리 별도

몸통 겉감 1장
모자 겉감·안감 각 2장
하의 치마 4장
몸통 안감 1장

S / M / L / XL
40 / 48 / 57 / 65(cm)
푸서 방향(늘어나는 방향)

Check!

- **스타일** ☐ 기본형 ☑ 후드형 ☐ 망토형
  ☐ 올인원형 ☐ 원피스형
- **소매** ☑ 민소매형 ☐ 기본 소매형
  ☐ 래글런 소매형 ☐ 응용 소매형
- **여밈** ☑ 똑딱이 단추 ☐ 벨크로 ☐ 없음
- **FIT** ☑ 여유 ☐ 정사이즈
- ♂♀ **구분** ☑ 공통 ☐ 선택 가능

♂ 밀리터리 티셔츠

디자인 과정 안내

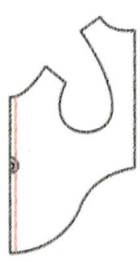

기본 패턴
장식 지퍼 위치 및 분량 확인

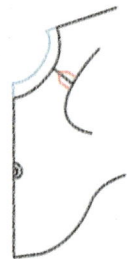

견장 장식 형성
하이넥 칼라 형성

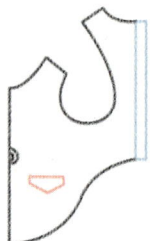

주머니 장식 형성
여밈 부위 연장
(1cm 단추 기준 1cm 연장)

패턴 배치 및 원단 소요량 안내

※ 실제 패턴과 다를 수 있으니, 소요량 및 패턴 배치 방법만 참고하세요(패턴 배치표-정사각형 기준).

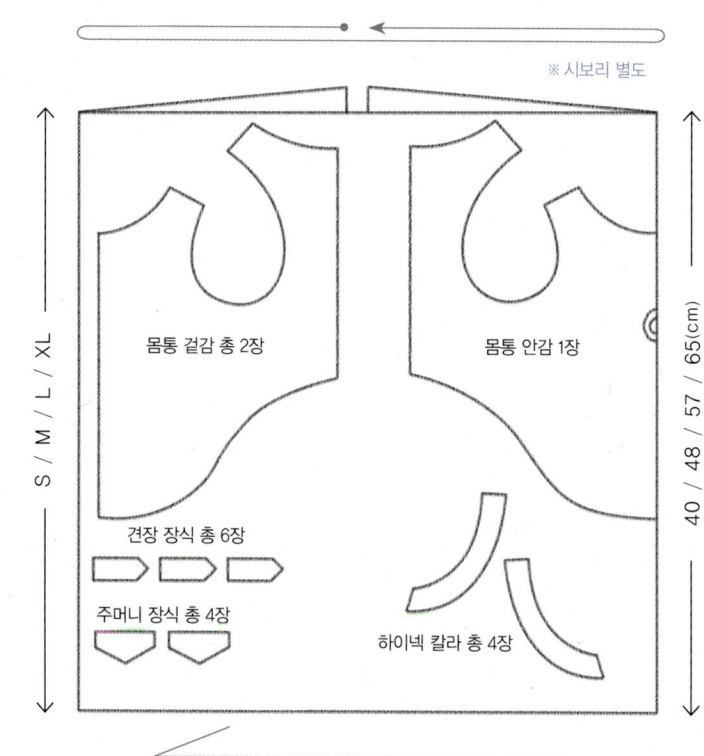

Check!

- **스타일**: ☐ 기본형 ☐ 후드형 ☐ 망토형 ☐ 올인원형 ☑ 원피스형
- **소매**: ☑ 민소매형 ☐ 기본 소매형 ☐ 래글런 소매형 ☑ 응용 소매형
- **여밈**: ☑ 똑딱이 단추 ☐ 벨크로 ☐ 없음
- **FIT**: ☑ 여유 ☐ 정사이즈
- **♂♀ 구분**: ☑ 공통 ☐ 선택 가능

만드는 과정

원단 재단하기 → 모자 만들기 → 와펜 달기 →
하의 치마 만들기 → 상의 만들기 → 모자 연결하기

원단 재단하기

*노란 선 : 시접 없음

- 소매 2x1 립직 시보리 원단 2장
- 모자 라쿤 털 장식
- 몸통 겉감 20수 밀리터리 원단 1장
- 모자 겉감·안감 20수 밀리터리 원단 4장
- 치마 망사 원단 2단 각 1장
- 하의 치마 20수 밀리터리 원단 각 1장
- 몸통 안감 20수 싱글 원단 1장

패턴지를 원단에 대고 패턴 배치표를 참고하여 그려준 후, 소매 시보리 원단은 시접 없이 재단하고, 그 외는 모두 1cm 정도의 시접을 주고 재단한다.

♀ 밀리터리 원피스

밀리터리 원피스는 라쿤 털 모자가 돋보이는 시선 집중 밀리터리룩입니다. 활동성과 겨울의 방한용 목적 둘 다 고려해 디자인되었고, 무엇보다 한눈에 주목받을 정도로 세련된 디자인이 돋보이는 원피스입니다. 포인트인 라쿤 털모자 만들기부터 시작해볼까요?

모자 만들기

가슴 쪽 모습

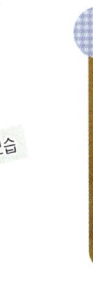

1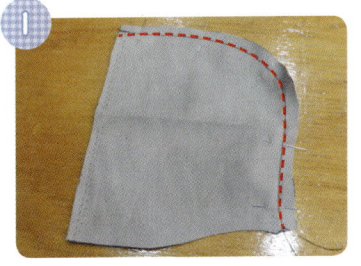

모자의 겉감 2장을 겉면끼리 마주 놓고 위 사진의 점선을 따라 박음질한 후, 뒤집어준다.

2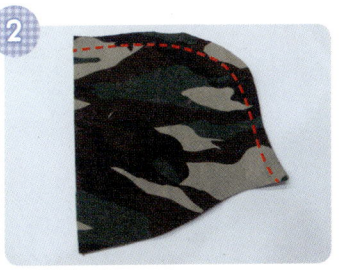

모자의 안감도 동일한 방법으로 준비한다(본 책에서는 겉감과 동일한 원단의 뒷면을 안감으로 사용하였다).

▶ 라쿤털 부착 시

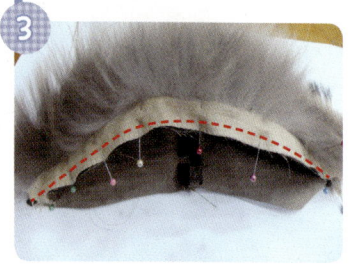

3

모자 겉감에 라쿤 털을 위 사진의 점선을 따라 박음질해준다.

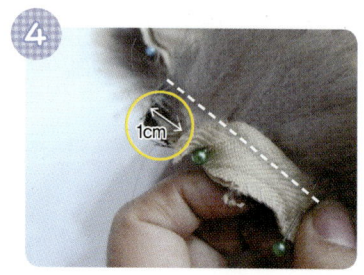

4

이때 끝부분은 위 사진처럼 잘려진 부분이 안쪽으로 들어가고, 끝에 1cm가 남도록 해준다.

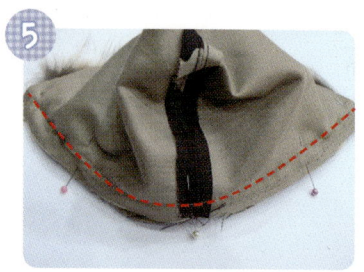

5

그 위에 안감 원단을 덮어 박아준다. 이때, 겉감 원단에 박았던 박음질 선 위로 정확히 박아준다.

Check!

라쿤 털이 부착된 모습.

▶ 시보리 마감 시

3

라쿤 털을 선택하지 않을 경우에는 시보리를 이용한다. 시보리를 패턴대로 재단해(시접 없이 재단) 준비한 후, 위 사진과 같이 접고 끝을 곡선으로 잘라준다.

4

준비한 시보리를 위 사진처럼 모자 겉감에 접은 상태로 시보리를 당겨가며 점선을 따라 박음질한다.

5

이때, 몸통과 연결될 시접분 1cm가 남도록 박음질해준다.

Check!

시접분 1cm가 잘 남겨져 완성되었는지 확인한다.

Finish!

시보리 달린 모자 완성된 모습.

와펜 달기

1 몸통 부분에 와펜을 일정한 위치에 놓아두고 사진의 점선대로 박음질 해준다.

> **plus**
> 와펜 외곽 라인을 와펜과 비슷한 색상의 실로 박아주면 더 깔끔하다.

하의 치마 만들기

1 치마 원단의 끝단 부분을 말아박기로 준비한다.

2 치마의 허리둘레 부분을 위 사진처럼 손바느질로 홈질해서 쭉 당겨 주름을 만들어준다.

3 상의의 폭에(양쪽 겨드랑이 선) 길이를 맞춰 치마를 준비한다.

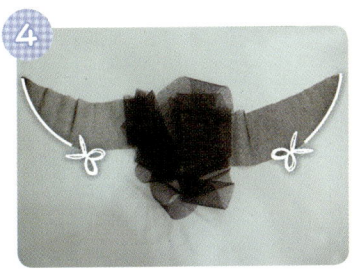

4 망사 원단을 치마 원단보다 1~2cm 정도 짧은 폭으로 준비해 끝부분을 위처럼 동그랗게 자른다.

5 치마와 동일하게 허리둘레 부분에 손바느질로 홈질을 해 쭉 당겨 주름을 만들어준다.

6 길이를 조절해 준비한다.

몸통 원단의 밑부분에 망사 원단을 위 사진처럼 박아준다(겨드랑이 밑에서 모든 치마가 끝나도록 조절해 준다).

노루발에 주름이 펴지지 않게 위 사진처럼 리퍼로 밀어 넣어 박아 주면 좋다.

망사 원단 위에 준비해둔 치마를 위 사진처럼 박음질한다. 이 위에 망사 원단과 치마 원단을 한 번씩 더 반복해 달아준다.

상의 만들기

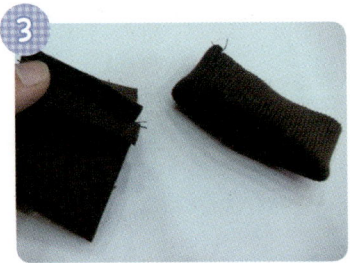

몸통 겉감의 어깨 부분을 점선을 따라 박음질해 이어준다.

소매용 시보리를 위 사진처럼 접어 점선을 따라 박음질해준다.

가름솔을 갈라 위 사진처럼 접어 준다.

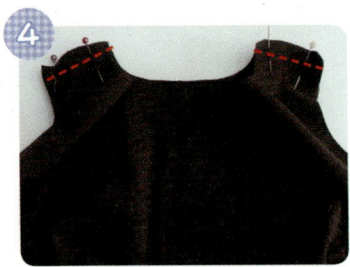
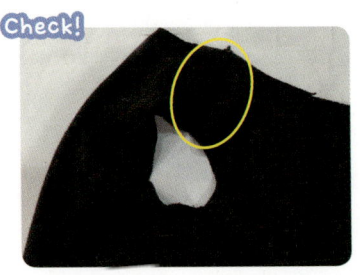
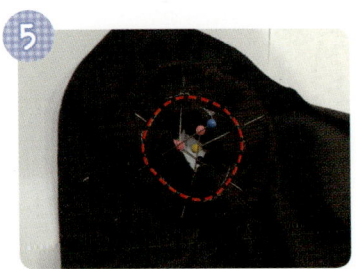

몸통 안감도 어깨 부분을 점선을 따라 이어준다.

어깨가 연결되어 펼쳐진 모습.

준비된 겉면에 위 사진의 점선을 따라 박음질해준다.

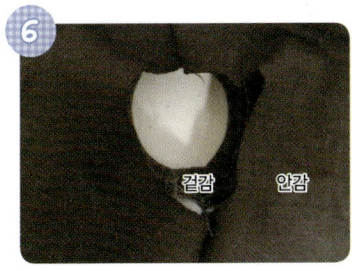
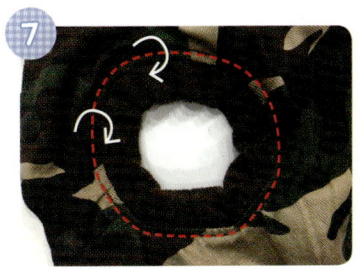

6. 안감과 겉감을 안쪽 면끼리 포개어 준비한다.

7. 옷 겉면에서 위 사진과 같이 시보리를 젖혀놓고, 겉감의 시접을 안쪽으로 접어 넣어 시침핀으로 고정한 후, 점선을 따라 빙 둘러가며 박음질해준다.

Check! 뒷면에서 완성된 모습.

8. 여밈 마감 부위를 위 사진처럼 뒤집어 점선을 따라 박음질한 후 뒤집어준다.

9. 왼쪽 소매도 동일한 방법으로 시보리를 달아준다.

Check! 안쪽에서 본 모습.

모자 연결하기

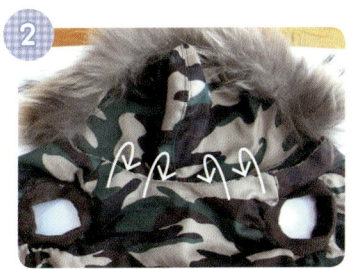

1. 만들어놓은 모자를 먼저 안감에만 붙여준다.

Check! 안감 쪽에서 본 모습.

2. 위 사진처럼 겉감 부분을 안쪽으로 접어 넣어서 시침핀으로 임시 고정해준다.

이때 끝부분은 겹쳐서 여밈 부분이 되도록 1cm를 남겨준다. 큰 사이즈의 도트를 달 경우에는 여밈 부분을 더 남긴다.

위 사진의 점선을 따라 박음질해 준다.

이때, 전체적으로 상침하며 치마와 연결된 부분도 마감하면, 완성!

 옷을 만들고 남은 원단으로 예쁜 밀리터리 핀을 만들어도 좋다.
집게 핀에 글루건으로 리본을 붙여주면, 완성!

▶ 리본 만드는 방법 99p 참고
▶ 집게 핀 리본 테이핑하는 방법 108p 참고

만드는 과정

원단 재단하기 → 주머니 장식 · 견장 장식 · 칼라 만들기 →
등판 지퍼 장식 달기 → 와펜 · 주머니 달기 → 상의 만들기

밀리터리 티셔츠

밀리터리 티셔츠는 와펜으로 포인트를 주어 심플하면서도 밀리터리 고유의 느낌을 물씬 살려줍니다. 지퍼로 여밈 처리하여 활동성과 핏감이 좋은 게 특징입니다. 밀리터리 티셔츠 만들기를 시작해 볼까요?

원단 재단하기

*노란 선 : 시접 없음

- 소매 2x1 립직 시보리 원단 2장
- 주머니 장식 20수 밀리터리 원단 2장씩 2세트
- 하이넥 칼라 20수 밀리터리 원단 2장씩 2세트
- 몸통 겉감 20수 밀리터리 원단 2장
- 몸통 안감 20수 싱글 원단 1장
- 허리 2x1 립직 시보리 원단 1장
- 목 · 어깨 견장 20수 밀리터리 원단 2장씩 3세트

패턴지를 원단에 대고 패턴 배치표를 참고하여 그려준 후, 소매, 허리 시보리 원단은 시접 없이 재단하고, 그 외는 모두 1cm 정도의 시접을 주고 재단한다.

주머니 장식 · 견장 장식 · 칼라 만들기

① 주머니 장식 원단 2장을 겉면끼리 마주 대고 박음질한다.

② 원단의 시접분을 2~3mm로 얇게 잘라준다.

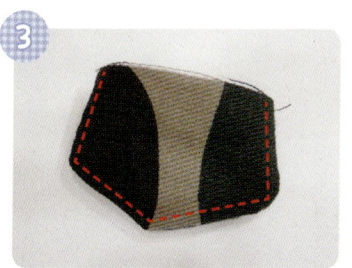

③ 뒤집어 모양을 잡아 상침해준다.

견장 장식 원단 2장을 겉면끼리 마주 대고 박음질한다.

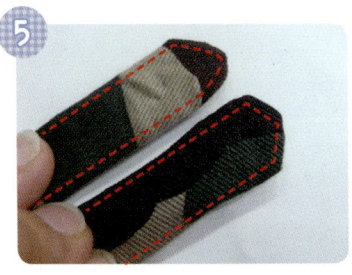

뒤집어 모양을 잡아 상침해준다.

하이넥 칼라 원단 2장을 겉면끼리 마주 대고 박음질한다.

곡선 부분에 가위집을 내준다.

뒤집어 모양을 잡아준다.
이렇게 2세트를 만들어 준비한다.

등판지퍼 장식 달기

등판의 지퍼를 붙여준다. 실제 사용할 등판 길이만큼 지퍼를 가로로 잘라 사용한다(지퍼는 장식용으로 실제 사용하진 않는다).

위 사진처럼 나염 원단 겉면과 지퍼의 겉면을 포개어두고 점선을 따라 박음질해준다.

이때, 끝부분을 위 사진처럼 윗부분을 1cm 이상을 박은 후 1cm 정도를 띄워주고 다시 박아준다. 밑부분은 지퍼랑 박아주고 윗부분은 나염 원단끼리 박아준다.

④ 동일한 방법으로 다른 쪽 몸통 한 쪽도 박아준다.

⑤ 지퍼 노루발 또는 외발 노루발을 사용한다. ▶ 노루발 338p 참고

Check! 지퍼 연결된 모습.

Check! 안쪽에서 본 모습.

plus
지퍼는 장식용으로, 바지 지퍼 또는 점퍼형 지퍼 모두 사용이 가능하다. 소재에 따라 메탈 지퍼 또는 플라스틱 지퍼 등의 종류가 있다.

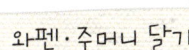

와펜·주머니 달기

① 와펜 장식은 원뿔 가시발 등의 장식이 있을 경우 미싱으로 박기 힘드니 모서리 끝부분을 한 땀씩 묶어 따준다.

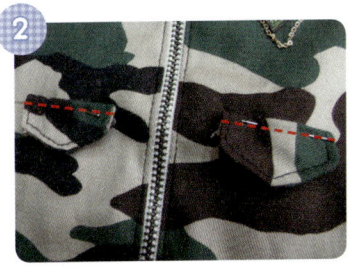

② 주머니 장식을 창구멍이 터져 있는 위치를 시접분 2~3mm로 잘라준 후, 그 시접분을 접어둔 후 위 사진처럼 위치를 잡아 박아준다.

③ 주머니에 엔틱 징을 달아준다.
▶ 장식 소품 다는 법 42p 참고

상의 만들기

1. 몸통 겉감을 위 사진의 점선을 따라 어깨를 연결해준다.

2. 만들어둔 견장을 어깨 부분에 위 사진처럼 임시로 고정해주고 남은 부분은 잘라낸다.

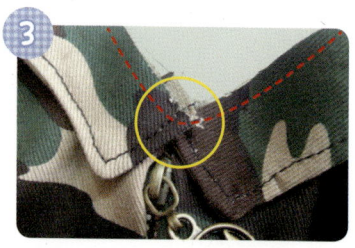

3. 하이넥 칼라도 등판 부분에 위치하게 둔다. 이때 모서리 부분이 위 사진처럼 겹쳐지도록 한다.

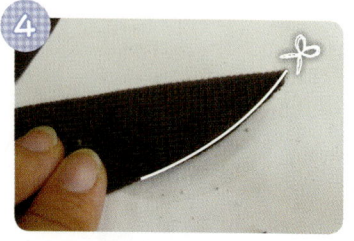

4. 허리 끝단 시보리를 반으로 접어서 끝부분을 둥글게 잘라준다.

5. 위 사진처럼 안감의 몸통 허리 밑단 위치에 점선을 따라 박음질해준다.

6. 몸통 안감도 어깨를 연결해준다.

7. 소매용 시보리를 반으로 접어 점선을 따라 박음질한다.

8. 가름솔을 갈라 접어준다.

9. 몸통 겉감 위에 위 사진처럼 둥글게 박음질해준다.

10. 겉감 위에 안감을 놓고 시접끼리 마주 보고 박음질해준다.

Check! 안쪽에서 본 모습.

11. 어깨 장식 부분에 송곳으로 구멍을 뚫어 엔틱 징(리벳)을 달아준다.

▶ 장식 소품 다는 법-리벳 다는 법 44p 참고

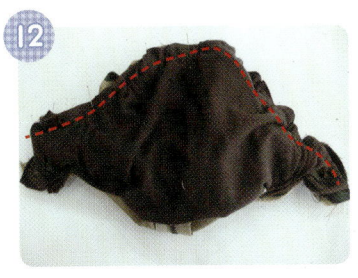

위 사진처럼 뒤집어 밑단부분을 점선을 따라 연결해준다.

가슴단 시접분을 안쪽으로 접어 넣은 후 시침핀으로 고정한다.

위 사진의 점선 표시된 부분을 겉면에서 바라보며 상침해준다.

목 위치의 견장도 주머니와 동일한 방법으로 달아준다.

가슴 쪽에 여밈 단추를 달아주면, 완성!

가슴 쪽 모습

완성

Accessory 1

밀리터리 군모

난이도 초급 ★★☆☆☆ **소요 시간** 50분(미싱 작업 기준 재단 시간 포함)

사용 원단 및 부자재

	사용	대체 가능
겉감·안감	20수 밀리터리 나염 원단	무지(카키), 직기류 원단 등
장식품	원뿔골드 가시발(스터드), 와펜, 엔틱징(리벳), 골드 메달	장식용 단추, 솔트, 비즈, 모두 가능
부속품	고무 스트링 끈(검정), 스토퍼(돼지코)	일반 고무줄(검정), 스토퍼 생략 가능

만드는 과정

원단 재단하기 → 군모 만들기

밀리터리 티셔츠와 함께 코디해 입으면 그야말로 바로 입대시켜도 될 것만 같은 연출이 가능한 멋스러운 군모입니다. 밀리터리 느낌을 제대로 살려주는 군모 만들기를 해보세요.

원단 재단하기

※ 모자 심지 별도

겉감·안감 : 20수 밀리터리 원단

- 모자 원판 안감 1장
- 모자 원판 겉감 1장
- 모자챙 겉감 1장
- 모자챙 안감 1장
- 모자 앞판 겉감 1장
- 모자 앞판 안감 1장
- 모자 뒤판 겉감 1장
- 모자 뒤판 안감 1장
- 모자 장식 원단 4장

패턴지를 원단에 대고 그려준 후 모자 심지는 시접 없이 재단하고, 그 외는 모두 1cm 정도의 시접을 주고 재단한다.

군모 만들기

1. 모자챙을 위 사진처럼 겉면끼리 마주 대고 박아서 뒤집어준다.

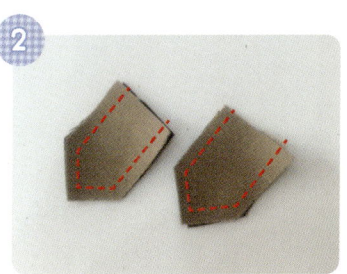

2. 모자 장식도 겉면끼리 마주 대고 박은 후 뒤집어준다. 총 2개의 장식을 준비한다.

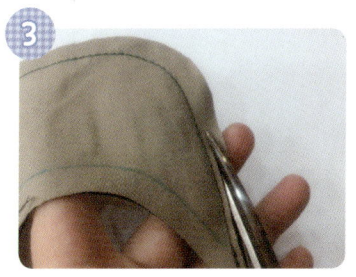

3. 이때 시접을 약 2mm 정도로 아주 짧게 잘라준다.

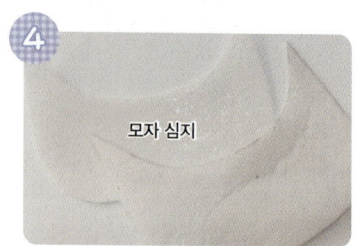

모자 심지는 동일한 사이즈를 2장 준비한다. 패턴보다 1mm 정도 작게 자르면 자리 잡기가 좋다.

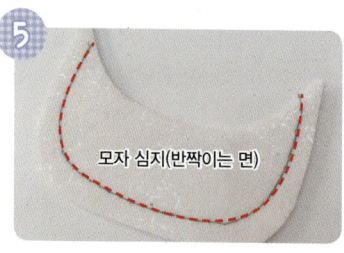

반짝이는 면(접착 면)으로, 반짝이지 않는 부분을 마주 보게 두고 점선대로 박아서 만들어놓은 모자챙에 넣는다(이때 땀 길이는 길게 한다).

만들어둔 피스를 다림질해서 고정해준다.

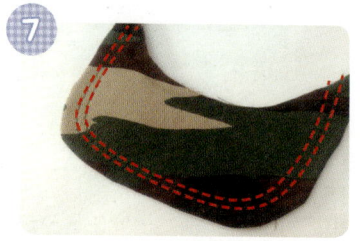

위 사진처럼 상침해준다.

위 사진처럼 모자 앞판과 뒤판을 준비해서 뒤판 위에 장식 피스를 사진처럼 배치한다.

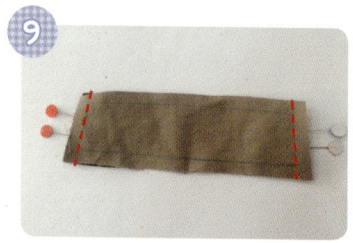

위 사진의 점선을 따라 양쪽을 박아 고정한다. 두 번 박아서 튼튼하게 만들어준다.

뒤집은 모습. 위 사진처럼 시접 부분을 젖혀두고 상침해준다.

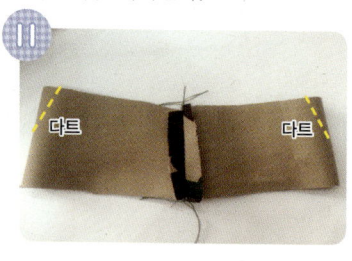

위 사진의 노란 점선 위치에 다트를 넣어준다(패턴의 위치와 사이즈를 참고한다).

다트 넣은 모습.

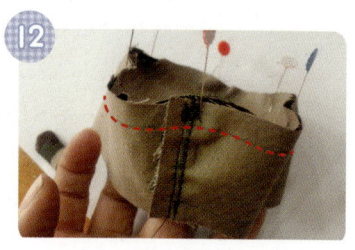

원통으로 만든 앞판과 뒤판 위에 원판을 붙인다. 이때 시침질 후 박음질하면 시접 처리가 쉽다.

안감의 머리 부분을 동일한 방법으로 만들어준다(이때 장식 부분 없이 만들어준다).

뒤집어 위 사진처럼 상침해주면 좀 더 깔끔하다.

장식에 송곳으로 구멍을 뚫는다.

엔틱 징(리벳)을 박아준다. ▶장식 소품 다는 법-리벳 다는 법 44p 참고

모자 봉 겉감 부분에 모자챙을 붙여준다.

만들어놓은 모자 봉 안감을 준비한다.

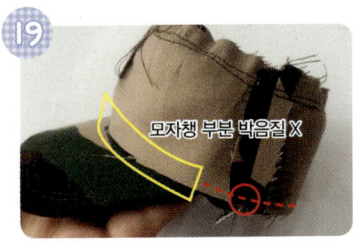

모자 봉 겉감을 뒤집어 안감을 그 위에 포개고 모자챙 위치를 제외한 부분을 둘러 박아준다. 이때 위 사진의 빨간 동그라미 부분에 고무줄을 넣어준다.

뒤집은 모습.

안쪽 창구멍 모습.

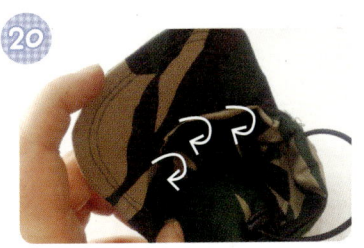

이 부분의 창구멍을 잘 접어 넣어서 공그르기로 마감해준다.

앞부분에 와펜을 달아주면, 완성!

충!  성!

Accessory 2

청땡땡이 칼라 장식

난이도 초급 ★☆☆☆☆　소요 시간 30분(미싱 작업 기준 재단 시간 포함)

사용 원단 및 부자재

	사용	대체 가능
칼라	30수 청 나염 원단(도트)	20~30수 평직물(나염/선염)
장식용 레이스	광목 토손 레이스	라셀 레이스, 면 자수 레이스
여밈용 도트	T도트	스냅 단추, 가시도트 등

만드는 과정

① 원단 재단하기 → 뾰족 칼라 만들기
② 원단 재단하기 → 둥근 칼라 만들기

> 간단하게 포인트 원단으로 칼라 장식을 만들어주세요. 만들기도 쉽지만, 여러 다른 옷에도 함께 연출할 수 있는 좋은 아이템이랍니다. 뾰족 칼라, 둥근 칼라를 만들고, 기호에 따라 레이스를 추가하는 등 다양하게 응용해 코디할 수 있어요.

원단 재단하기

- 둥근 칼라 덧단 2장
- 뾰족 칼라 덧단 2장
- 토숀 장식 레이스
- 둥근 칼라 2장
- 뾰족 칼라 2장

패턴지를 원단에 대고 패턴 배치표를 참고하여 그려준 후, 1cm 정도의 시접을 주고 재단한다.

뾰족 칼라 만들기

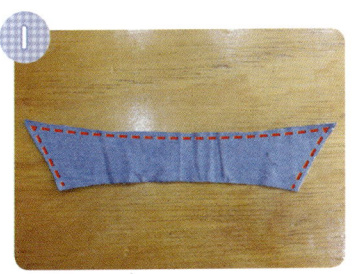

1. 뾰족 칼라 원단 2장을 겉면끼리 마주 놓고 점선을 따라 박음질한다.

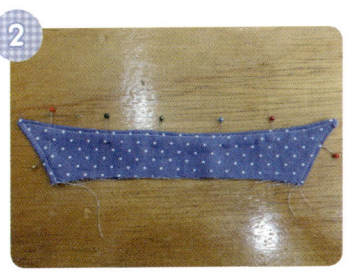

2. 뒤집어 상침해서 시접을 정리하고 깔끔하게 다림질한다.

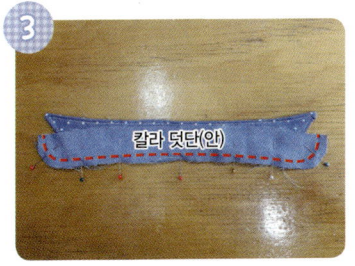

3. 칼라 덧단 2장 사이에 앞서 만든 칼라를 넣고 점선을 따라 박음질해준다.

깔끔하게 다림질해 정리한다.

시접을 안쪽으로 접어 넣고, 위로 아웃 라인을 상침해 마무리한다.

여밈용 T도트를 달아주면, 완성!

둥근 칼라 만들기

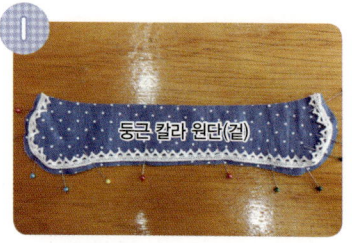
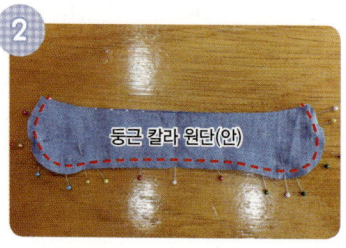

둥근 칼라 원단 위에 레이스를 칼라 라인을 따라 올린 후, 시침핀으로 고정시킨다.

그 위에 나머지 원단 1장을 더 올려 겉면끼리 마주 놓고 점선을 따라 박음질한 후 뒤집어준다.

뒤집어 다림질한 모습.

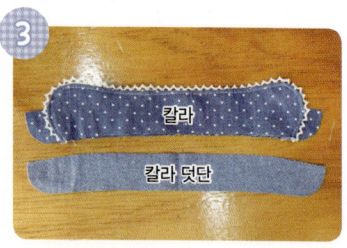
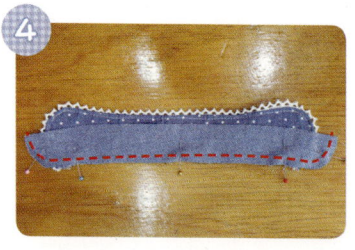
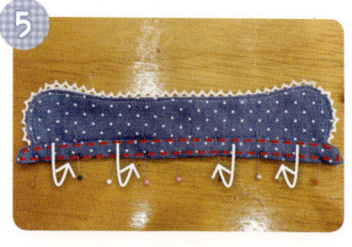

칼라 덧단 2장 사이에 앞서 만든 칼라를 넣어준다.

점선을 따라 박음질한 후, 아래로 젖혀 내려서 정리한다.

시접을 안쪽으로 접어 넣고, 위로 아웃 라인을 상침해 마무리한다.

양면 사용이 가능한 여밈용 T도트 또는 가시도트를 달아주면, 완성!

뾰족 칼라를 만들고, 둥근 칼라에는 레이스를 달아 장식해 보았어요.
뾰족 칼라와는 또 다른 느낌으로 연출할 수 있어요.
옷을 만들고 남는 자투리 원단으로 다양한 칼라를 만들어보세요.

Accessory 3
따뜻한 니트 스누드

난이도 초급 ★☆☆☆☆ **소요 시간** 30분(미싱 작업 기준 재단 시간 포함)

사용 원단 및 부자재

	사용	대체 가능
니트 스누드	아크릴 니트 원단	거즈면, 30~40수 나염 원단

만드는 과정

※ 실물 패턴 미포함

가로형 스누드

방한용 니트 스누드는 겨울철 산책 시 얇은 귀가 동상에 걸리지 않도록 보호해주고, 귀 털이 바닥에 쓸리지 않도록 해주는, 겨울철에 꼭 필요한 필수 아이템입니다. 반드시 귀를 뒤집어 착용해주시고, 너무 조이지 않는지 수시로 확인해주세요.

아래의 머리 둘레 사이즈를 참고하여 원단과 고무줄을 각각 재단한다.

가로형 스누드는 핏감이 좋아 귀를 뒤집어 고정하는 용도로 좋다.

가로형	머리 둘레	원단 사이즈 (시접 포함)	고무줄 사이즈 (묶인 부분 포함)	
S size	25cm	40x25cm	가로 23cm×2ea	세로 23cm×2ea
M size	35cm	55x30cm	가로 32cm×2ea	세로 32cm×3ea
L size	45cm	70x35cm	가로 40cm×2ea	세로 40cm×3ea

1

사이즈대로 재단한 원단의 양쪽 끝단 부분을 정리해 보자.

2

끝부분을 3~5mm 정도로 말아박아주거나 오버록 처리로 마감해준다.

말아박기와 오버록 처리로 마감한 모습. 미싱의 지그재그나 말아박기, 오버록 등 상관없이 OK!

가로 방향의 고무줄을 3개 잘라 박을 위치를 정한다.

고무줄의 처음 앞부분은 당기지 말고 그 자리에서 되돌아박기를 반복해서 고정하고, 그다음부터는 고무줄을 쭉 늘려가며 박아준다.

다 박으면 스누드의 가로 주름이 잡힌다.

사진처럼 반을 접어 박음질하면 원통형의 모양이 된다.

양쪽 끝 고무줄의 이음새가 잘 만나는지 확인해주면 더욱 깔끔하고 예쁜 스누드를 만들 수 있다.

원통의 끝부분은 고무줄을 끼워줄 수 있게 2.5cm 정도로 크게 말아박아준다. 말아박을 때는 약 2~3cm 정도 창구멍을 내고 박아준다.

창구멍을 약 2~3cm 내어둔 곳에 고무줄을 끼워준다.

머리에 씌워보며 길이를 조절하고 묶어주면, 완성! 창구멍은 굳이 닫지 않아도 거슬리거나 풀리지 않는다.

plus

잦은 사용으로 고무줄이 늘어나면 고무줄만 바꿔서 다시 사용할 수 있다.

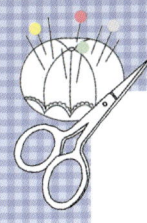

만드는 과정

※ 실물 패턴 미포함

세로형 스누드

방한용 니트 스누드 가로형을 만들어보았다면 이번에는 세로형 스누드를 만들어봅시다. 가로형과 세로형 모두 겨울철 강아지들에겐 꼭 필요한 아이템이고, 견종에 따라 여름에도 스누드를 애용한답니다. 가로형을 만들어보았다면, 좀 더 쉽고 빠르게 완성할 수 있을 거예요.

아래의 머리 둘레 사이즈를 참고하여 원단과 고무줄을 각각 재단한다.

세로형 스누드는 바닥에 귀 털이 쓸릴 정도로 귀 털이 풍성한 견종에게 적합하다.

세로형	머리 둘레	원단 사이즈 (시접 포함)	고무줄 사이즈 (묶인 부분 포함)	
S size	25cm	40x25cm	가로 23cmx2ea	세로 13cmx4ea
M size	35cm	55x35cm	가로 32cmx2ea	세로 15cmx4ea
L size	45cm	70x40cm	가로 45cmx2ea	세로 20cmx5ea

사이즈대로 재단한 원단의 양쪽 끝단 부분을 정리해 보자.

끝부분을 3~5mm 정도로 말아박기 또는 오버록 처리로 마감해준다.

위 사진처럼 고무줄 4개(L사이즈는 5개)를 고루 나눠 박을 위치를 정한다.

위 사진처럼 윗부분을 2cm 정도 말아박을 부분을 남겨두고 고무줄 박을 위치를 잡는다(윗부분은 고무줄을 끼워줄 공간임).

고무줄의 앞부분은 그냥 두고 박아서 고정시키고, 그다음부터는 고무줄을 쭉 늘려가며 박아준다.

고무줄을 다 박아준 모습.

고무줄을 박은 부분을 위 사진처럼 안쪽이 보이게 접어준다.

끝부분을 말아박기 또는 오버록 처리로 마감해준다.

뒤집으면 세로 주름이 잡힌다.

마감이 안 된 가로 부분을 위 사진처럼 고무줄을 넣을 수 있도록 넓게 말아박아준다. 이때, 고무줄을 끼울 수 있게 2~3cm 정도 창구멍을 내준다.

말아박기가 끝난 깔끔한 상태의 스누드 모습.

고무줄을 끼워준다. | 위 사진처럼 고무줄을 끼워 묶은 후, 강아지 머리 사이즈에 맞춰 조절해준다. | 세로형 스누드 완성!

스누드는 여름철에도 귀가 덮여 있지만 산책을 자주 못해 귓병이 잘 발생하는 견종들에게는 꼭 필요한 아이템이다. 통풍이 되는 망사 원단을 이용해 여름용 스누드도 만들어주면 귓병 예방에 도움이 된다.
만드는 방법은 겨울용과 동일하니, 꼭 한번 만들어보자.

엄마, 나 예뻐요?

SPECIAL

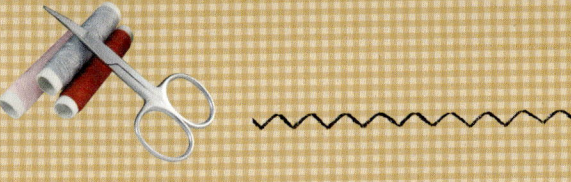

Comme Des Garçons

How to make 300p

월요일

화요일

월요일부터
일요일까지
옷에 대한 고민
끝~!

수요일

월요일부터 일요일까지 매일매일 갈아입어도
아직도 못 입은 옷이 더 있어요!
상의와 하의 3벌로 9가지 스타일을 연출해보세요.

목요일

금요일

토요일

일요일

How to make **320p**

How to make **182p**

대형견을 위한 스페셜 코~너!
우리 대형견들도 멋 부릴 권리 충분히 있습니다!
인기 만점 고깔 후드티와 멋쟁이 트렌치코트 만들기에 한번 도전해보세요.

'아멜리에 트렌치코트' 만들기 182p 참고

Special

Top & Bottom 1
플라워 칼라 줄무늬 티셔츠 & 플랜 치마

칼라 티셔츠 **난이도** 초급 ★★☆☆☆ **소요 시간** 1시간 30분(미싱 작업 기준 재단 시간 포함)
치마 **난이도** 초급 ★☆☆☆☆ **소요 시간** 1시간(미싱 작업 기준 재단 시간 포함)

사용 원단 및 부자재

		사용	대체 가능
	셔츠	10수 나염 싱글 원단	20수 싱글, 후라이스 원단 등 스판성 좋은 원단
	칼라	20수 잔꽃 나염 옥스퍼드	직기 원단 또는 다이마루+접착 아사 심지
	치마	네오플랜 원단	뻣뻣한 소재의 직기 원단 또는 10수 이상의 다이마루 (싱글 또는 3단쭈리, 특양면, 분또 등)
	리본	20수 잔꽃 나염 옥스퍼드	직기류 선염, 나염 원단
	장식용 단추	우드 나염 단추(4공)	장식 리본 및 단추 등
	핀 대	사각 집게 핀(4cm)	수동 핀, 자동 핀 모두 가능

상의

디자인 과정 안내

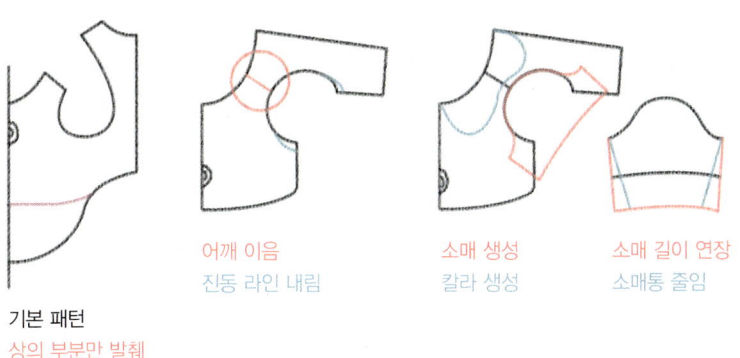

기본 패턴
상의 부분만 발췌

어깨 이음
진동 라인 내림

소매 생성
칼라 생성

소매 길이 연장
소매통 줄임

패턴 배치 및 원단 소요량 안내

※ 실제 패턴과 다를 수 있으니, 소요량 및 패턴 배치 방법만 참고하세요(패턴 배치표-정사각형 기준).

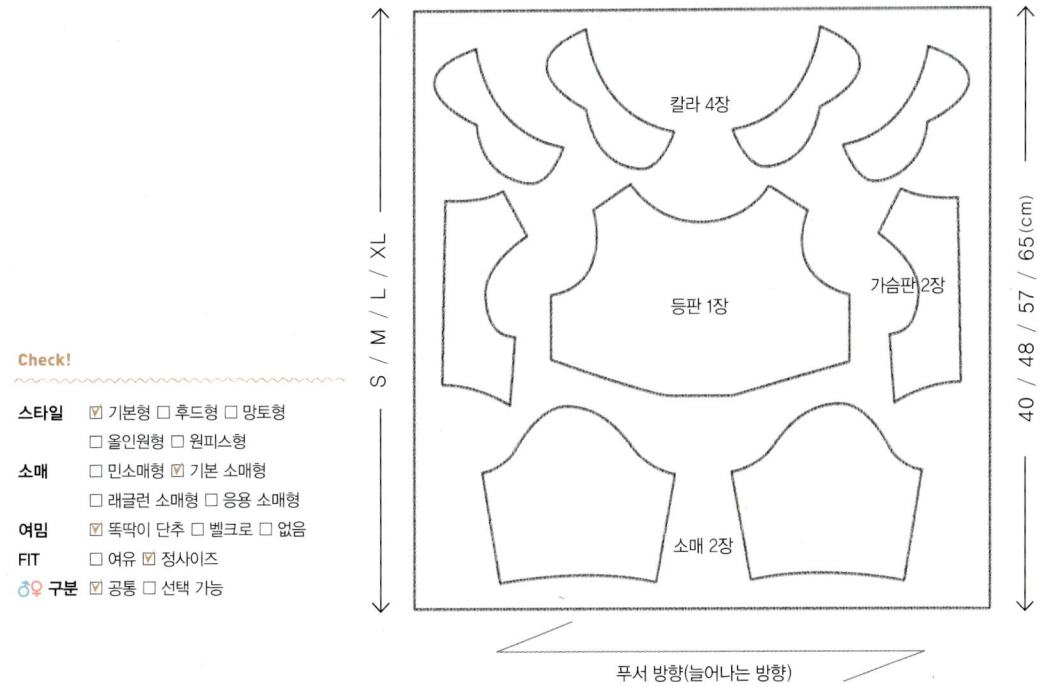

Check!

- **스타일**: ☑ 기본형 ☐ 후드형 ☐ 망토형
  ☐ 올인원형 ☐ 원피스형
- **소매**: ☐ 민소매형 ☑ 기본 소매형
  ☐ 래글런 소매형 ☐ 응용 소매형
- **여밈**: ☑ 똑딱이 단추 ☐ 벨크로 ☐ 없음
- **FIT**: ☐ 여유 ☑ 정사이즈
- **구분**: ☑ 공통 ☐ 선택 가능

디자인 과정 안내

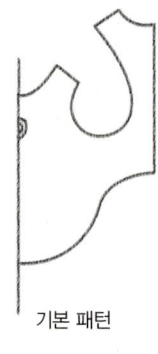
기본 패턴

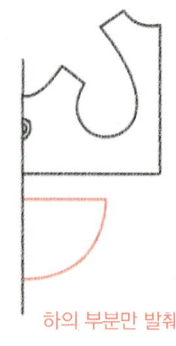
하의 부분만 발췌

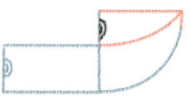
치마의 비율 결정
치마 프릴 2배 늘림

패턴 배치 및 원단 소요량 안내

※ 실제 패턴과 다를 수 있으니, 소요량 및 패턴 배치 방법만 참고하세요(패턴 배치표-정사각형 기준).

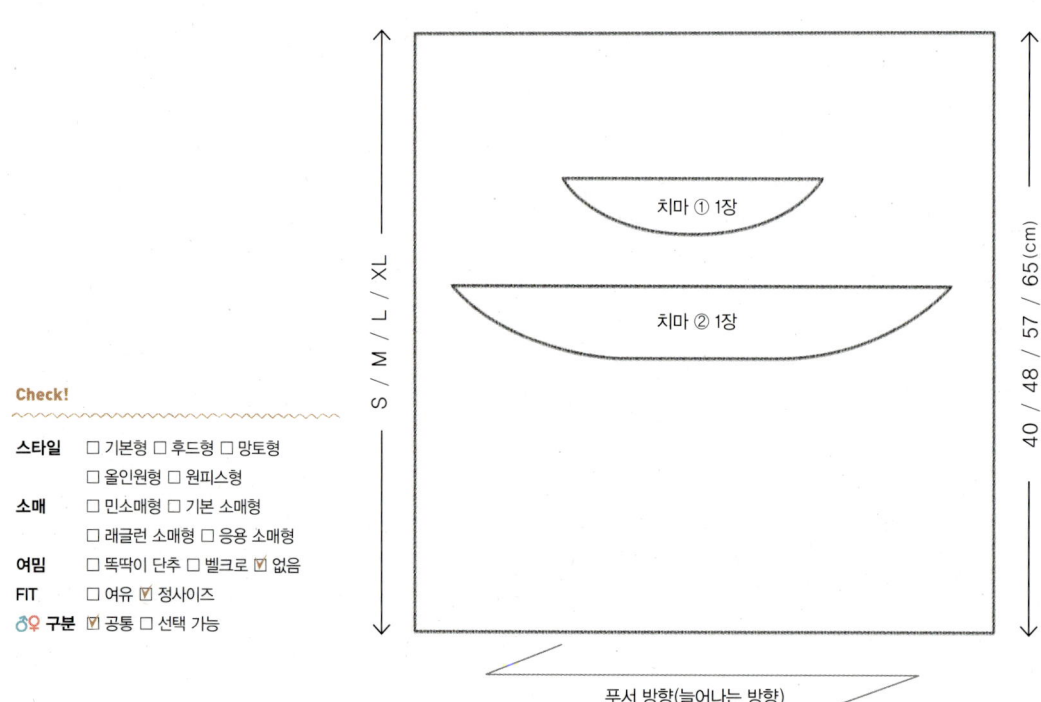

Check!

- **스타일** ☐ 기본형 ☐ 후드형 ☐ 망토형
  ☐ 올인원형 ☐ 원피스형
- **소매** ☐ 민소매형 ☐ 기본 소매형
  ☐ 래글런 소매형 ☐ 응용 소매형
- **여밈** ☐ 똑딱이 단추 ☐ 벨크로 ☑ 없음
- **FIT** ☐ 여유 ☑ 정사이즈
- **구분** ☑ 공통 ☐ 선택 가능

만드는 과정

상의 원단 재단하기 → 칼라 만들기 → 상의 만들기 → 줄 단추 달기 → 리본 핀 만들기
하의 원단 재단하기 → 하의 치마 만들기

9가지 스타일을 연출할 수 있는 상하의 세트, 첫 번째 옷입니다. 상의는 화사한 꽃무늬 칼라가 있는 줄무늬 티셔츠예요. 칼라에 다양한 느낌의 포인트를 주면 또 다른 연출로도 응용할 수 있어요. 하의는 주름이 예쁘게 들어간 네오플랜 원단의 치마입니다. 얌전한 요조숙녀 스타일이어서, 무난한 평상복으로 자주 입을 수 있는 데일리룩입니다. 어느 견종에나 무난하게 잘 어울리며 치마 색깔을 다르게 하면 또 다른 느낌으로 연출할 수 있어요. 플라워 리본 핀도 함께 만들어 패션을 완성해보세요! 그럼 플라워 칼라 줄무늬 티셔츠부터 함께 만들어봅시다.

상의 원단 재단하기

가슴판 10수 싱글 원단 2장
칼라 20수 나염 옥스퍼드 원단 4장
리본 핀 20수 나염 옥스퍼드 원단 4장
소매 10수 싱글 원단 2장
등판 10수 싱글 원단 1장

하의 원단 재단하기

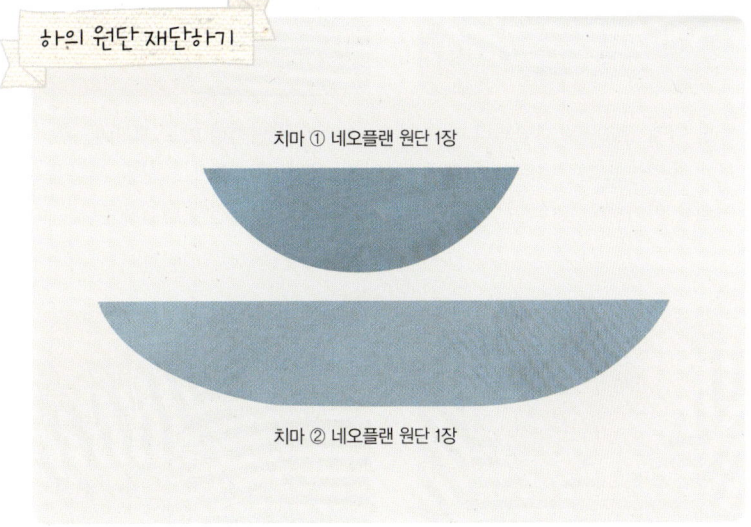

치마 ① 네오플랜 원단 1장
치마 ② 네오플랜 원단 1장

패턴지를 원단에 대고 패턴 배치표를 참고하여 그려준 후, 1cm 정도의 시접을 주고 재단한다.

칼라 만들기

1. 칼라 원단을 겉면끼리 마주 놓고 사진의 점선을 따라 박음질한 후, 가위집을 내고 뒤집어준다. ▶ 가위집 넣는 방법 340p 참고

2. 상침보다는 다림질을 꼼꼼하게 해서 모양을 잡아준다.

상의 만들기

1. 등판 위에 가슴판을 겉면끼리 마주 보게 올려놓고 점선대로 박음질해 어깨를 이어준다.

2. 소매를 겉면끼리 마주 보게 둔 후, 위 사진의 노랗게 표시된 부분을 둘러가며 박음질해 연결해준다.

소매 연결된 모습. 반대쪽도 동일한 방법으로 연결해준다.

3. 앞서 만든 칼라를 가슴판 끝에 1cm 시접을 남기고 사진과 같이 배치한 후 점선대로 박음질한다.

4. 소매를 반으로 접어 위 사진처럼 겉면끼리 겹쳐둔 후, 점선을 따라 'ㄱ자'로 박음질한다.

5. 몸통을 반으로 접어 가슴판을 겉면끼리 겹쳐두고 점선을 따라 박음질한다.

Check!
몸통에 칼라 연결된 모습.

6
소매 끝단 시접을 말아넣고 상침해서 마무리한다.

7
사진의 표시된 허리 밑단을 말아박기 또는 오버록 처리한 후 접어박는다.

줄 단추 달기

1
가슴에 비해 허리가 많이 가는 견종의 경우, 배 쪽에 고무줄을 넣어 당겨 박아준다. ▶ 고무줄 넣는 방법 340p 참고

2
등판의 허리 끝단에 줄 단추를 사진과 같이 원단 안쪽에 배치한 후, 점선을 박음질한다.

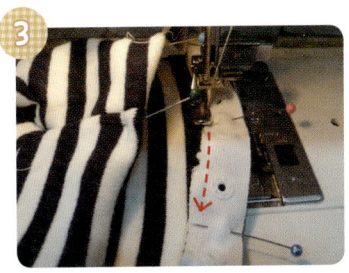
3
줄 단추를 박음질할 때 외다리 노루발을 사용해 박음질하면 단추에 노루발이 걸리지 않아 편리하다. ▶ 노루발 338p 참고

리본 핀 만들기

1
두 겹의 원단을 위 사진처럼 잘라 사진의 점선대로 박음질한다.

2
위 사진의 표시된 부분을 한 면만 가위집을 내준다.

Check!
뒤집은 모습.

3. 사진과 같이 비스듬하게 배치해준 후, 점선처럼 M자 형태로 접어 리본 모양을 잡아준다.

4. 위 사진처럼 리본 모양이 잡히면 실로 여러 번 감아 고정한 후, 장식 단추를 바느질로 붙여준다.

플라워 리본 핀 완성!

하의 치마 만들기

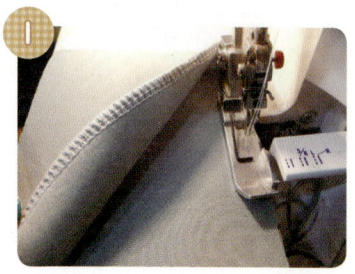

1. 치마 ②의 끝단 부분을 오버록 처리한다.

2. 끝단을 한 번 접어 겉면에서 보았을 때 두 줄 스티치가 되도록 쌍침으로 박아준다. ▶ 쌍침 사용하기 338p 참고

쌍침이 아닌 손바느질 또는 일반 미싱의 경우, 시접을 2cm 정도로 넓게 하여 1cm로 말아 박아준다.

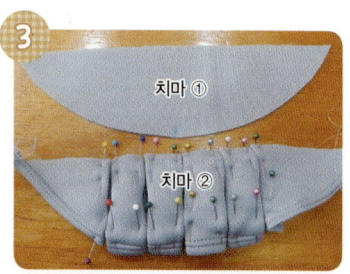

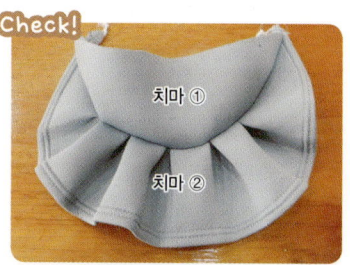

3. 치마 ②를 위 사진처럼 주름을 잡아 시침핀으로 고정시킨다.

4. 치마 ①과 ②를 위 사진처럼 겉면끼리 마주 놓은 후, 점선을 따라 박음질해 연결한다.

치마 연결된 모습.

오버록으로 깔끔하게 정리해준다.

네오플랜 원단의 경우 올이 풀리지 않으므로 그냥 두어도 좋다.

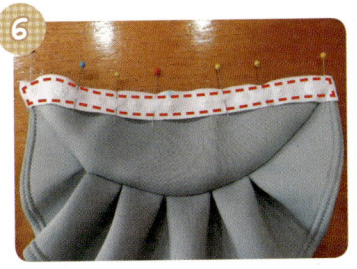

상의와 연결해줄 줄 단추를 위 사진처럼 가장자리에 박음질해 붙여준다.

가슴 쪽 모습

데일리룩의 심쿵 포인트는 플라워 리본 핀!

완성

Special

Top & Bottom 2
맨투맨 티셔츠 & 청바지

티셔츠 난이도 초급 ★★☆☆☆ **소요 시간** 1시간 30분(미싱 작업 기준 재단 시간 포함)
청바지 난이도 고급 ★★★★☆ **소요 시간** 1시간 30분(미싱 작업 기준 재단 시간 포함)

사용 원단 및 부자재

		사용	대체 가능
	티셔츠	미니쭈리(백색)	기모쭈리, 3단쭈리
	장식용 아플리케 가방	하드펠트	무지 원단+접착 심지
	가방끈	골드체인	면꼬임 끈, 노끈, 샤무드 끈
	시보리	2x1 립직 시보리(백색)	몸통 원단을 그대로 사용 가능
	바지	안 입는 청바지 원단	20~30수 청원단, 청해지, 면트윌
	장식용 가죽	인조 가죽(브라운)	면 라벨, 나염 원단
	장식용 라벨	면 나염 테이프	기성 가죽 라벨, 끼움 라벨

상의

디자인 과정 안내

기본 패턴
어깨 이음
진동 라인 내림

소매 생성
시보리 사이즈 계산

래글런 소매 생성
장식 아플리케 가방

패턴 배치 및 원단 소요량 안내

※ 실제 패턴과 다를 수 있으니, 소요량 및 패턴 배치 방법만 참고하세요(패턴 배치표-정사각형 기준).

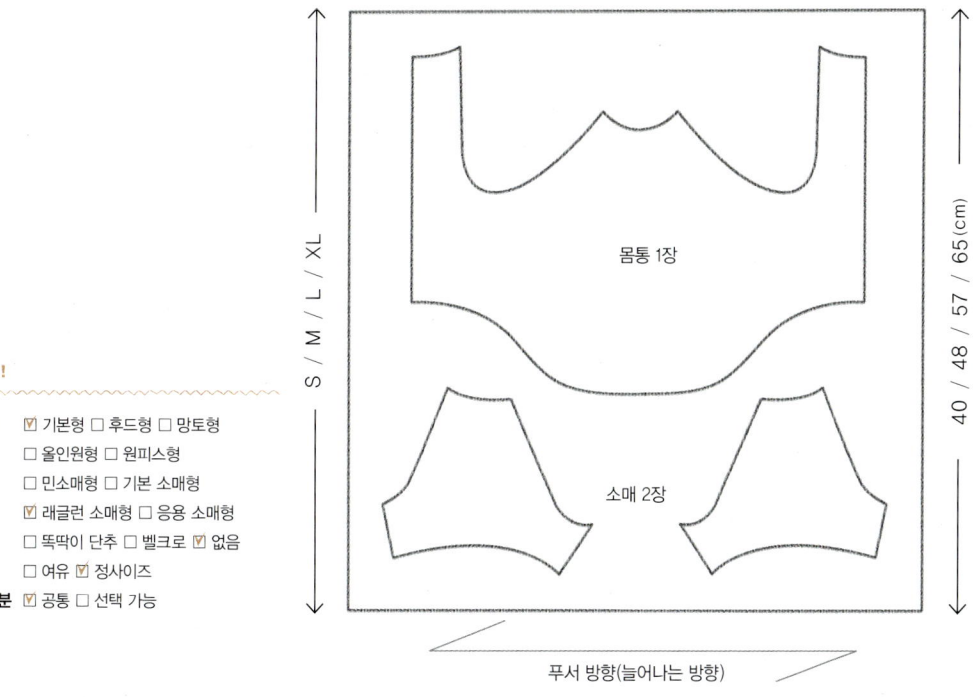

Check!

- **스타일** ☑ 기본형 ☐ 후드형 ☐ 망토형
  ☐ 올인원형 ☐ 원피스형
- **소매** ☐ 민소매형 ☐ 기본 소매형
  ☑ 래글런 소매형 ☐ 응용 소매형
- **여밈** ☐ 똑딱이 단추 ☐ 벨크로 ☑ 없음
- **FIT** ☐ 여유 ☑ 정사이즈
- **구분** ☑ 공통 ☐ 선택 가능

하의

디자인 과정 안내

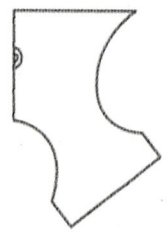
기본 바지 패턴

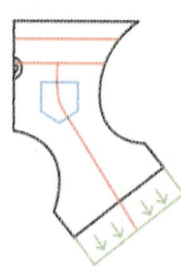
허리끈 주름 여유분 연장
주머니 생성
진동 라인 내림

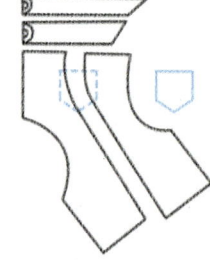
패턴 완성

패턴 배치 및 원단 소요량 안내

※ 실제 패턴과 다를 수 있으니, 소요량 및 패턴 배치 방법만 참고하세요(패턴 배치표-정사각형 기준).

※ 가죽 장식 별도

허릿단 ①
허릿단 ②
주머니 2장
바지 ① 2장
바지 ② 2장

S / M / L / XL
40 / 48 / 57 / 65 (cm)

푸서 방향(늘어나는 방향)

Check!

- **스타일** ☑ 기본형 ☐ 후드형 ☐ 망토형
  ☐ 올인원형 ☐ 원피스형
- **소매** ☐ 민소매형 ☑ 기본 소매형
  ☐ 래글런 소매형 ☐ 응용 소매형
- **여밈** ☐ 똑딱이 단추 ☐ 벨크로 ☑ 없음
- **FIT** ☐ 여유 ☑ 정사이즈
- **구분** ☑ 공통 ☐ 선택 가능

만드는 과정

상의 원단 재단하기 → 몸통·소매 연결하기 →
　　 시보리 달기 → 아플리케 장식 달기 → 줄 단추 달기

하의 원단 재단하기 → 하의 바지 만들기 →
　　 바지 주머니 달기 → 바지통 고무줄 넣기

"

9가지 스타일을 연출할 수 있는 상하의 세트, 두 번째 옷입니다. 상의는 빨간 아플리케 가방을 장식으로 포인트를 준 화이트 맨투맨 티셔츠예요. 하얀색 티셔츠는 어디에나 무난하게 코디할 수 있어서 활용도가 매우 높아요. 여기에 하의로 안 입는 청바지를 활용해 엉덩이에 주머니 달린 청바지를 만들어주면, 편안한 캐주얼룩으로 두 번째 스타일이 완성됩니다. 청바지 스티치사(청바지사) 실을 이용해 만들어주면 더욱 완성도를 높일 수 있어요. 다리가 짧은 강아지는 길이를 줄여 만들어야 핏감이 좋은 청바지가 됩니다.

"

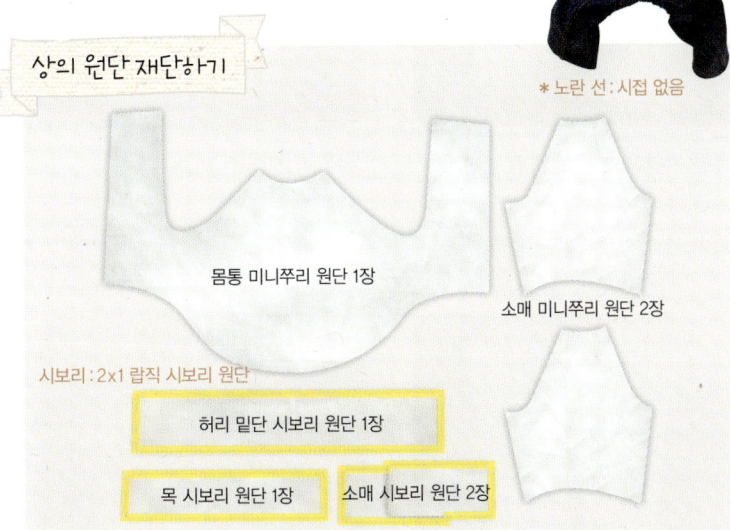

상의 원단 재단하기　　＊노란 선 : 시접 없음

몸통 미니쮸리 원단 1장
소매 미니쮸리 원단 2장
시보리 : 2x1 랍직 시보리 원단
허리 밑단 시보리 원단 1장
목 시보리 원단 1장　소매 시보리 원단 2장

하의 원단 재단하기　　＊노란 선 : 시접 없음

전체 : 20수 청원단
허릿단 ① 1장
허릿단 ② 1장
바지 ② 2장
바지 ① 2장
주머니 2장
가죽 장식 1장

패턴지를 원단에 대고 패턴 배치표를 참고하여 그려준 후, 상의 허리 밑단, 목, 소매 시보리 원단과 하의 주머니 원단 중 한 장의 위쪽만 시접 없이 재단하고, 그 외는 모두 1cm 정도의 시접을 주고 재단한다.

몸통·소매 연결하기

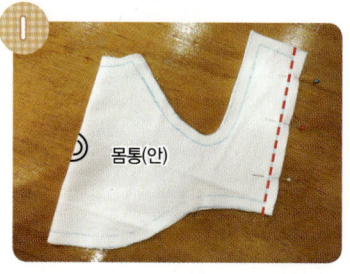

1. 몸통 원단을 위 사진처럼 겉면끼리 마주 보게 반으로 접어 점선을 따라 박음질한 후 뒤집어준다.

몸통 뒤집어준 모습.

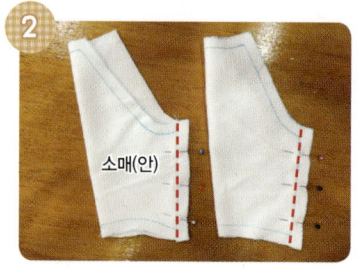

2. 2개의 소매도 위 사진의 점선을 따라 박음질하고 뒤집어준다.

소매 뒤집어준 모습.

3. 가슴 쪽 방향을 잘 구별하여 위 사진처럼 소매와 몸통을 박음질해 연결해준다.

4. 소매 연결된 모습. 나머지 한쪽도 동일한 방법으로 연결해준다.

시보리 달기

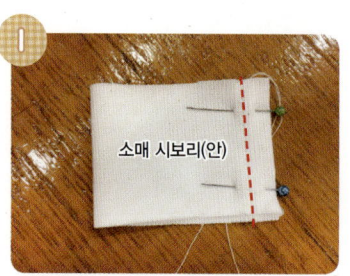

1. 시보리를 두를 길이의 80%로 계산해 2cm(시접)를 더해 준비한 후, 위 사진처럼 접어 점선을 따라 박음실한다.

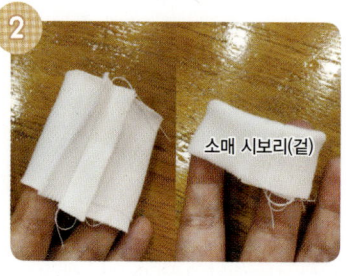

2. 가름솔을 갈라 반으로 접어준다.

3. 소매 끝단에 시보리를 겉면끼리 마주 보게 겹쳐두고 점선을 따라 빙 둘러가며 바음질해준다.

시접은 오버록 또는 쌈솔로 정리해 준다. ▶ 시접 정리 방법 333p 참고

동일한 방법으로 목과 허리 밑단에 시보리를 달아준다.

아플리케 장식 달기

패턴대로 펠트지를 시접 없이 재단해준다.

눈·코 모양을 글루 또는 우드락 본드로 붙여준다.

입가의 미소는 펠트용 실을 사용하여 홈질로 표현해준다.

뒤에 한 장을 더 겹쳐서 버튼홀스 티치로 아플리케를 마감한다.

완성된 펠트 아플리케는 공그르기로 적당한 위치에 붙여준다.

아플리케가 가방을 메고 있는 것처럼 보이도록 체인 끈을 달아준다(얇은 체인은 두 줄로 달아주면 더 튼튼하다).

줄 단추 달기

1. 허리 밑단의 정리된 시접(안쪽 면) 위에 줄 단추를 놓고 사진의 점선대로 박음질해 붙여준다.

2. 줄 단추를 박음질해 붙여준다(외다리 노루발을 사용해 박으면 단추에 노루발이 걸리지 않아 편리하다). ▶노루발 338p 참고

Finish! 안쪽에 줄 단추를 달아 단추가 보이지 않는 겉모습.

하의 바지 만들기

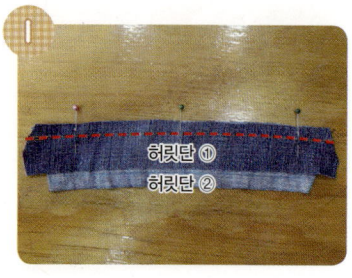

1. 바지 허릿단 원단 ①과 ②를 위 사진처럼 겹쳐 안감이 서로 마주 보게 놓고 점선을 따라 박음질해준다.

2. 박음질한 허릿단을 펼치면 위 사진처럼 시접분이 겉면으로 보인다.

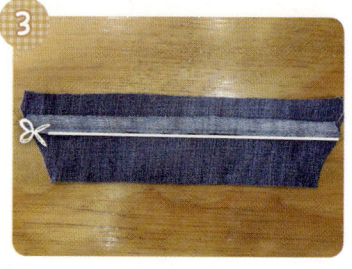

3. 이 시접 중 한쪽을 3mm 정도로 짧게 잘라준다.

4. 위 사진처럼 남은 한쪽 시접으로 자른 시접을 감싸듯 말아박아준다.

5. 박음질하면 두 줄의 스티치처럼 보인다.

6. 바지 원단 ①과 ②를 준비한다.

허릿단과 동일한 방법으로 시접분이 겉면으로 나오게 박음질해 연결한다.

한쪽 시접을 자른 후, 나머지 시접으로 말아박아주면 두 줄의 스티치가 보인다.

허릿단과 바지도 동일하게 같은 방법으로 말아박아 연결해준다.

바지 주머니 달기

주머니 원단 2장과 가죽 장식 원단을 준비한다(주머니 1장은 윗부분의 시접이 없고, 다른 1장은 시접이 있도록 준비한다).

가죽 원단을 위 사진처럼 접어서 가죽 위에 패턴 라인대로 스티치를 넣어 박아준다.

끝단을 오버록 처리한 후, 시접이 남은 주머니는 위 사진처럼 윗부분을 접어서 박아준다.

준비된 주머니를 위 사진처럼 바지에 배치한 후 시접부분을 접어서 시침핀으로 고정시킨다.

사진의 점선을 따라 박음질해 주머니를 완성한다.

다른 쪽 주머니는 위 사진처럼 면 라벨지를 접어 끼워 장식을 더해준다.

바지통 고무줄 넣기

1. 바지통을 겉면을 중심으로 반으로 접어 시침핀으로 고정한 후, 위 사진의 점선을 따라 박음질해준다.

2. 바지 가장자리의 끝단 부분을 오버록 처리한다.

3. 오버록 처리한 가장자리에 고무줄을 당겨 박아준다. ▶고무줄 넣는 방법 341p 참고

Check! 고무줄을 다 박아준 모습(안쪽 모습).

4. 오버록 처리한 시접분을 접어 박음질하되, 고무줄은 피해서 박아준다.

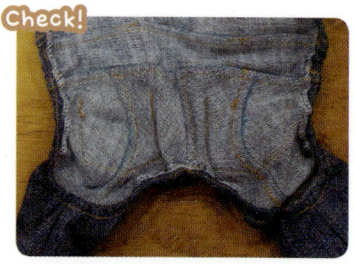

Check! 접어 박음질한 모습.

5. 바지 밑단의 시접을 접어 넣고 박음질해준다.

6. 바지 위 끝단 부분을 오버록 처리한 후, 사진의 점선을 따라 줄 단추를 박음질해주면, 완성!

가슴 쪽 모습

짜~잔, 예쁘게 완성되었네요!
흰 티셔츠에 청바지는 언제나 진리죠~!
깔끔하게 떨어지는 캐주얼룩으로 한 벌쯤
갖추고 있어야 할 기본 아이템이니,
꼭 만들어보세요.

완성

Top & Bottom 3
칼라 레이스 셔츠 & 튜튜 치마

셔츠 난이도 중급 ★★★☆☆ **소요 시간** 2시간 30분(미싱 작업 기준 재단 시간 포함)
치마 난이도 초급 ★★☆☆☆ **소요 시간** 1시간(미싱 작업 기준 재단 시간 포함)

사용 원단 및 부자재

	사용	대체 가능
몸통	30수 워싱 청해지, 청지	30수 청워싱, 청해지, 직기류
몸통 포인트	라셀 레이스 원단(핑크/백색)	면 자수 레이스 원단 등
장식용 단추	레이저 꽃나염 단추	장식 단추
여밈용 단추	T도트(화이트)	가시도트, 스냅 단추 등
치마 안감	20수 싱글 원단	30수 싱글, 40수 면혼방(TC) 등
튜튜 망사	튜튜 작은 망 원단	라셀 레이스 원단 등

상의

디자인 과정 안내

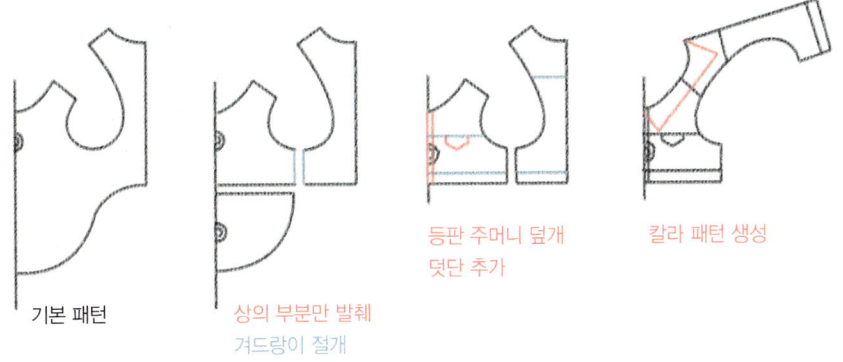

기본 패턴 | 상의 부분만 발췌 / 겨드랑이 절개 | 등판 주머니 덮개 덧단 추가 | 칼라 패턴 생성

패턴 배치 및 원단 소요량 안내

※ 실제 패턴과 다를 수 있으니, 소요량 및 패턴 배치 방법만 참고하세요(패턴 배치표-정사각형 기준).

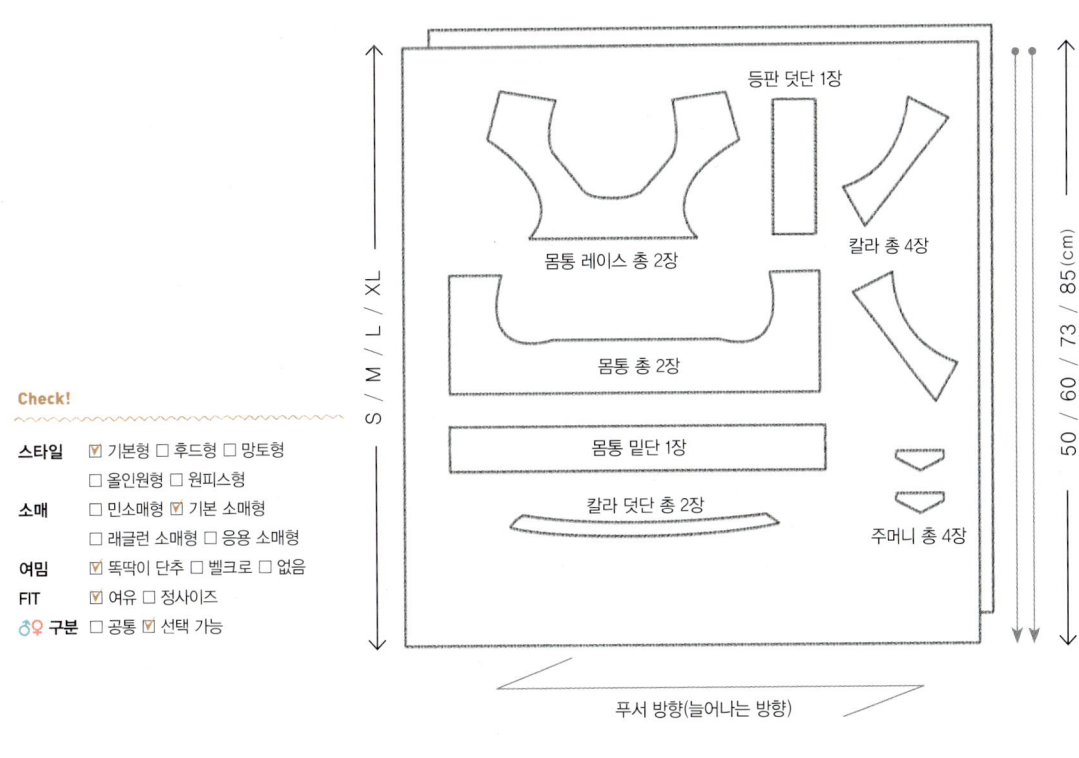

Check!

- **스타일** ☑ 기본형 ☐ 후드형 ☐ 망토형
  ☐ 올인원형 ☐ 원피스형
- **소매** ☐ 민소매형 ☑ 기본 소매형
  ☐ 래글런 소매형 ☐ 응용 소매형
- **여밈** ☑ 똑딱이 단추 ☐ 벨크로 ☐ 없음
- **FIT** ☑ 여유 ☐ 정사이즈
- **♂♀ 구분** ☐ 공통 ☑ 선택 가능

하의

디자인 과정 안내

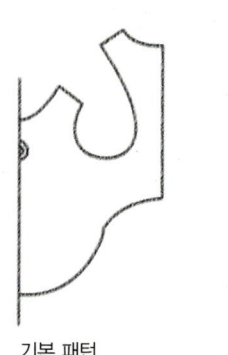
기본 패턴

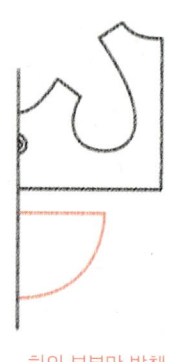
하의 부분만 발췌

패턴 배치 및 원단 소요량 안내

※ 실제 패턴과 다를 수 있으니, 소요량 및 패턴 배치 방법만 참고하세요(패턴 배치표-정사각형 기준).

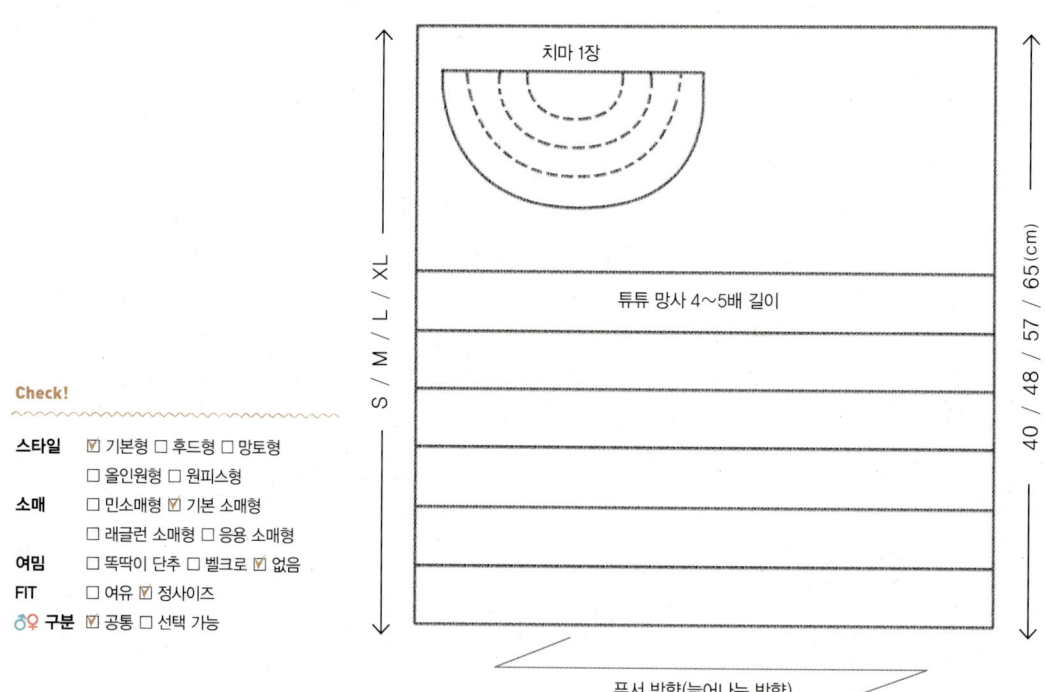

Check!

- **스타일** ☑ 기본형 ☐ 후드형 ☐ 망토형
  ☐ 올인원형 ☐ 원피스형
- **소매** ☐ 민소매형 ☑ 기본 소매형
  ☐ 래글런 소매형 ☐ 응용 소매형
- **여밈** ☐ 똑딱이 단추 ☐ 벨크로 ☑ 없음
- **FIT** ☐ 여유 ☑ 정사이즈
- **구분** ☑ 공통 ☐ 선택 가능

만드는 과정

상의 원단 재단하기 → 주머니·칼라·덧단 만들기 → 상의 만들기
하의 원단 재단하기 → 하의 치마 만들기 → 줄 단추 달기

" 9가지 스타일을 연출할 수 있는 상하의 세트, 세 번째 옷입니다. 상의는 사랑스러운 핑크색 레이스로 포인트를 준 민소매 칼라 셔츠예요. 청해지 원단을 이용하기 때문에 캐주얼과 정장 모두와 잘 어울리는 장점이 있어요. 하의는 튜튜 망사 원단으로 만들어 화사하면서도 사랑스러운 느낌을 물씬 살려주는 튜튜 망사 치마입니다. 민소매로 화려한 듯 과감하면서도 우아한 듯 청순한 느낌의 데일리룩으로 세 번째 스타일이 완성되었네요. 칼라 레이스 셔츠부터 함께 만들어봅시다. "

상의 원단 재단하기

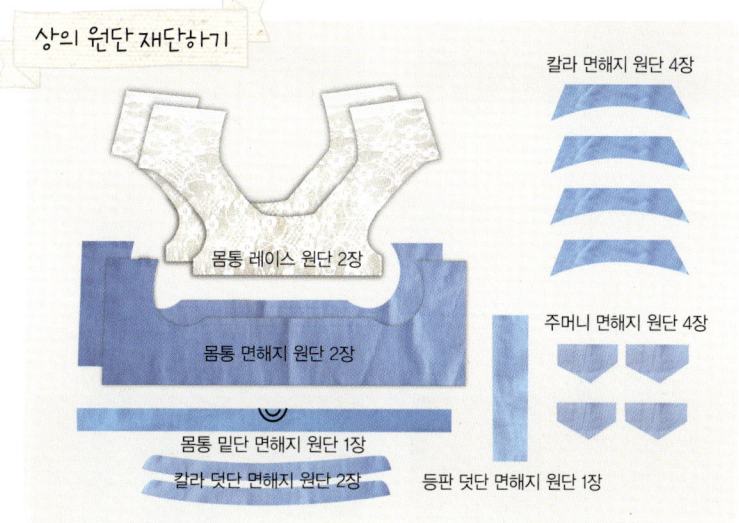

- 몸통 레이스 원단 2장
- 몸통 면해지 원단 2장
- 몸통 밑단 면해지 원단 1장
- 칼라 덧단 면해지 원단 2장
- 등판 덧단 면해지 원단 1장
- 칼라 면해지 원단 4장
- 주머니 면해지 원단 4장

하의 원단 재단하기

*노란 선: 시접 없음

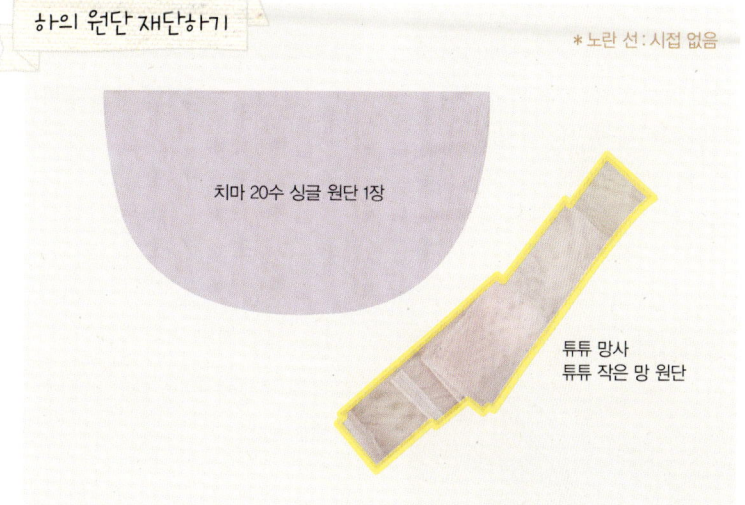

- 치마 20수 싱글 원단 1장
- 튜튜 망사 튜튜 작은 망 원단

패턴지를 원단에 대고 패턴 배치표를 참고하여 그려준 후, 하의 튜튜 망사 원단은 시접 없이 재단하고, 그 외는 모두 1cm 정도의 시접을 주고 재단한다.

주머니·칼라·덧단 만들기

1. 주머니 원단 2장을 겉면끼리 마주 놓고 위 사진의 점선을 따라 박음질한 후, 뒤집어준다.

2. 상침보다는 다림질을 꼼꼼하게 해서 모양을 잡아준다.

3. 칼라 원단도 겉면끼리 마주 놓고 점선을 따라 박음질한 후, 모서리를 잘라내고 뒤집어준다.

4. 앞서 만든 칼라 2장을 칼라 덧단의 겉면 사이에 위 사진과 같이 겹쳐 둔 후, 점선을 따라 박음질하고 뒤집어준다.

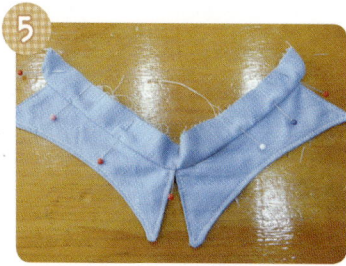

5. 위 사진처럼 예쁘게 모양을 잡아준다.

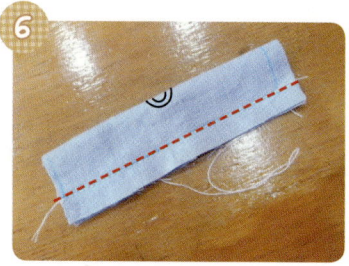

6. 등판 덧단 원단을 겉면끼리 포개어 접어 박음질한 후, 뒤집어준다.

7. 시접을 중심에 두고 다림질해 준비해둔다.

상의 만들기

1. 몸통 레이스 원단 2장을 겉면끼리 마주 놓고 겨드랑이와 몸통 앞단 부분을 박음질해서 뒤집어준다. 상침해서 깔끔하게 정리해준다.

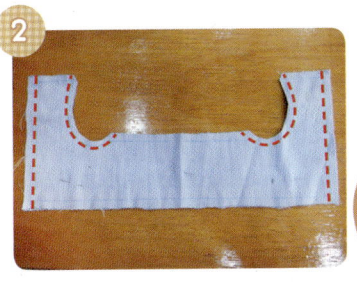

2. 청해지 몸통 원단 2장을 겉면끼리 마주 놓고 겨드랑이와 몸통 앞단 부분을 점선을 따라 박음질한 후, 뒤집어준다.

3. 레이스 원단의 옆구리 끝단을 청해지 원단 속으로 넣고, 시침핀으로 고정시킨다.

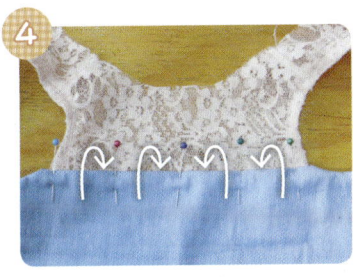

4. 청해지 원단 안쪽으로 시접을 접어 넣으며 시침핀으로만 임시로 고정해둔다.

5. 앞서 만든 주머니를 청해지 원단과 레이스 원단 사이에 끼워둔 후 사진의 점선대로 박음질한다.

6. 몸통 밑단 원단을 준비해 폭 방향으로 반을 접어 다림질한다.

7. 몸통 밑단을 몸통 밑에 배치하고, 앞서 만든 등판 덧단 원단도 사진과 같이 배치한 후 점선대로 박음질한다.

8. 위 사진과 같이 밑단 시접 부분(옷 안쪽)에 줄 단추를 놓고 점선을 따라 박음질해 붙여준다.

이때, 단추에 걸리지 않도록 외다리 노루발을 사용해 줄 단추를 박음질해준다. ▶ 노루발 338p 참고

칼라 덧단 안감의 겉면과 레이스 원단의 뒷면이 포개지도록 배치한 후, 사진의 점선을 박음질한다.

칼라 덧단의 시접을 안으로 접어 넣으며 상침해준다.

주머니 장식과 등판 덧단에 장식용 단추를 달아준다.

가슴 쪽에 여밈 단추를 달아 마무리한다.

하의 치마 만들기

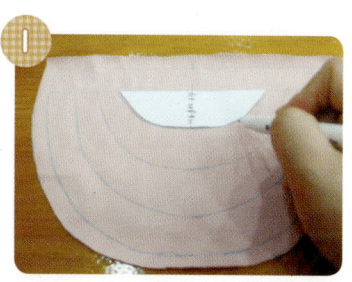

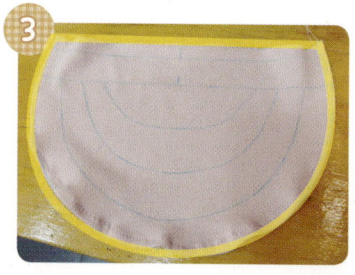

치마 원단에 튜튜 망사가 들어갈 라인을 패턴대로 시접 없이 똑같이 표시해준다. 아웃 라인은 1cm씩 시접을 준다.

5cm 폭으로 재단한 망사를 사진과 같이 리퍼로 밀어 넣어가며 주름을 잡아 박음질해준다.

치마의 가장자리 시접을 말아박기 또는 오버록 처리해서 접어박기 등으로 정리해준다. ▶끝단 처리 방법 337p 참고

손바느질로 홈질하여 당기며 주름을 잡아줘도 된다.

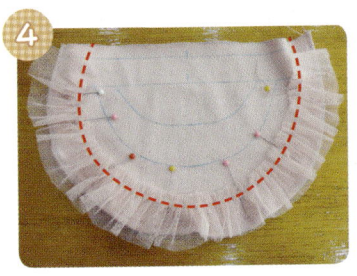

만들어놓은 튜튜 망사를 위 사진처럼 먼저 그려놓은 라인에 맞추어 점선을 따라 박음질해준다(안감 치마와 1cm씩 차이가 나도록 패턴이 구성되어 있다).

동일한 방법으로 모든 튜튜 라인에 만들어놓은 튜튜 주름을 박음질해준다.

안쪽에서 본 모습.

줄 단추 달기

줄 단추가 자리 잡을 위치에 사진과 같이 배치하고, 'ㅁ자' 형태로 박음질해 붙여준다.

외다리 노루발을 사용해 박음질하면 편리하고 더욱 깔끔하게 완성된다.

가슴 쪽 모습

완성

Special

Big Dog

대형견 고깔 후드티

난이도 초급 ★☆☆☆☆ **소요 시간** 1시간 30분(미싱 작업 기준 재단 시간 포함)

사용 원단 및 부자재

	사용	대체 가능
몸통·고깔 후드	아크릴 니트 원단(별나염)	미니쭈리, 특양면, 기모쭈리, 싱글 20수 원단 등
시보리	2x1 립직 시보리(아이보리)	미라노 시보리, 접밴드 등
장식용 볼	양모 볼(흰색)	리본 또는 왕단추 등

디자인 과정 안내

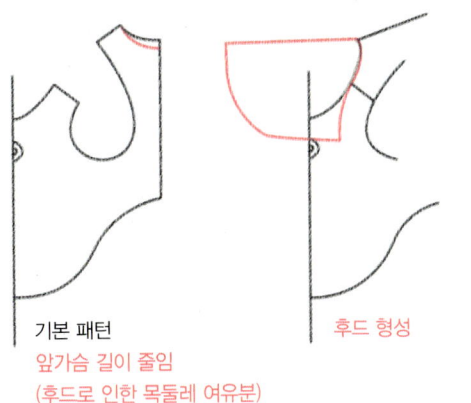
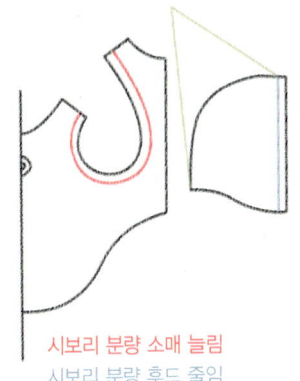

기본 패턴
앞가슴 길이 줄임
(후드로 인한 목둘레 여유분)

후드 형성

시보리 분량 소매 늘림
시보리 분량 후드 줄임
고깔 후드 응용

패턴 배치 및 원단 소요량 안내

※ 실제 패턴과 다를 수 있으니, 소요량 및 패턴 배치 방법만 참고하세요(패턴 배치표-정사각형 기준).

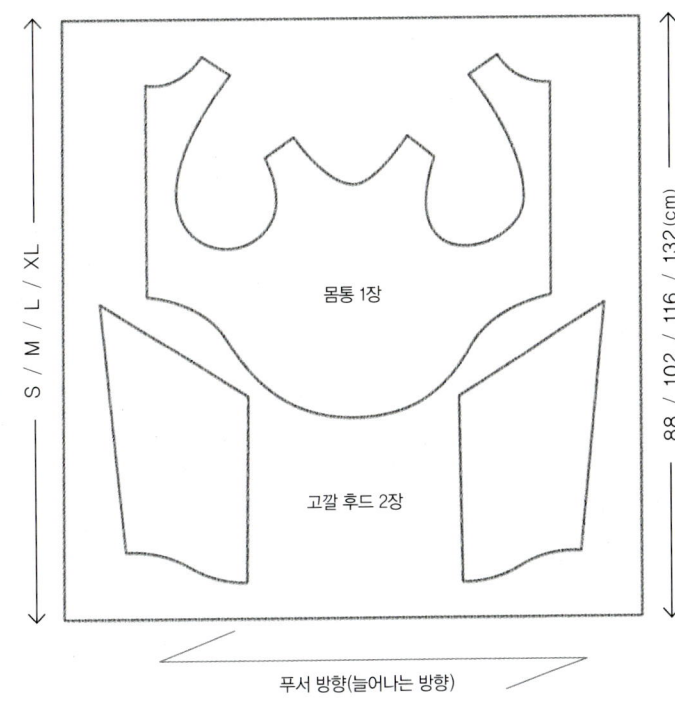

※ 시보리 별도

몸통 1장
고깔 후드 2장

S / M / L / XL
88 / 102 / 116 / 132 (cm)

푸서 방향(늘어나는 방향)

Check!

- **스타일**: ☐ 기본형 ☑ 후드형 ☐ 망토형 ☐ 올인원형 ☐ 원피스형
- **소매**: ☑ 민소매형 ☐ 기본 소매형 ☐ 래글런 소매형 ☐ 응용 소매형
- **여밈**: ☐ 똑딱이 단추 ☐ 벨크로 ☑ 없음
- **FIT**: ☑ 여유 ☐ 정사이즈
- **♂♀구분**: ☐ 공통 ☑ 선택 가능

만드는 과정

원단 재단하기 → 고깔 후드 만들기 → 몸통·소매 만들기 → 고깔 후드·몸통 연결하기 → 허리 고무줄 넣기

> 대형견을 위해 포근한 니트 원단을 이용한 고깔 후드티를 만들어봐요. '고깔모자 티셔츠'를 만들어봤다면 기본적으로 만드는 방법이 같아서 이 옷 만드는 것이 아주 쉽게 느껴질 거예요. 후드 끝에 대형견 덩치에 맞게 커다란 양모 볼로 포인트를 주면, 어디서나 시선 집중을 받을 정도로 패셔니스타가 될 거예요. 양모 볼은 예쁜 왕단추나 리본으로 대체 가능하니 다양하게 연출해보세요.

원단 재단하기

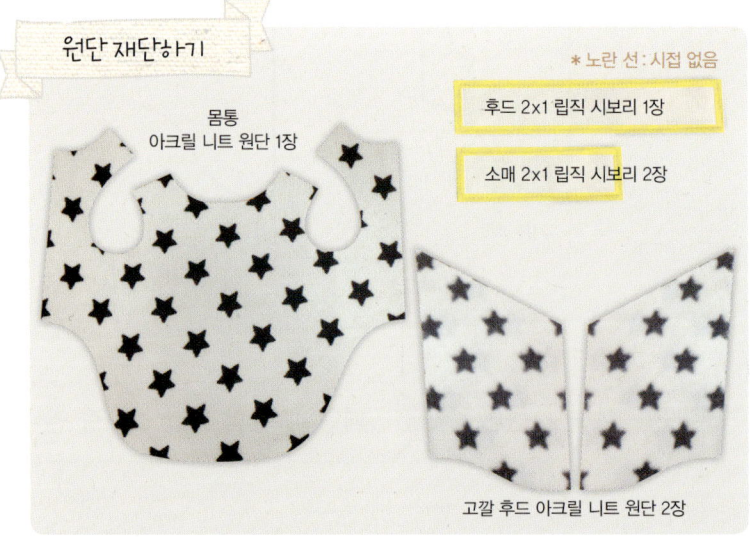

* 노란 선 : 시접 없음

- 몸통 아크릴 니트 원단 1장
- 후드 2x1 립직 시보리 1장
- 소매 2x1 립직 시보리 2장
- 고깔 후드 아크릴 니트 원단 2장

패턴지를 원단에 대고 패턴 배치표를 참고하여 그려준 후, 시보리는 시접 없이 재단하고, 그 외는 모두 1cm 정도의 시접을 주고 재단한다.

고깔 후드 만들기

1 고깔 후드 원단 2장을 위 사진과 같이 겉면끼리 마주 놓은 후, 점선을 따라 박음질한다.

2 고깔 끝 모서리를 잘라 시접을 정리해주고 뒤집으면, 모서리가 깔끔하게 정리된다.

Check! 뒤집었을 때 모습.

시보리를 반으로 접어 위 사진처럼 고깔 후드 겉면에 겹쳐두고 점선을 따라 박음질한다.

고깔 후드 완성된 모습.

고깔 후드 끝에 양모 볼을 손바느질로 박음질하여 붙여준다.

몸통·소매 만들기

몸통을 위 사진처럼 양어깨를 접고 사진의 점선을 박음질한다.

위 사진처럼 반으로 접어 점선을 따라 박음질해준다.

완성된 모습(가슴 쪽에서 본 모습).

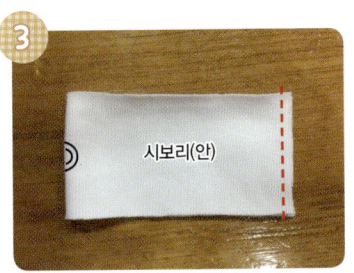

소매용 시보리를 반으로 접어 사진의 점선을 따라 박음질한다.

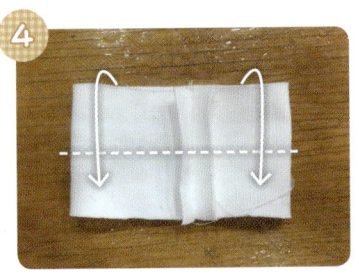

가름솔을 갈라 반으로 접는다.

소매에 시보리를 위 사진처럼 놓고 점선대로 동그랗게 박음질한다. 이 때, 소매의 둘레보다 짧은 시보리를 적당히 당겨가며 박음질해준다.

6 시접을 오버록 처리해서 마무리해준다(단, 오버록이 없는 경우에는 생략 가능). 동일한 방법으로 다른 쪽 소매도 달아준다.

Check! 양쪽 소매 시보리 달기 완성!

고깔 후드·몸통 연결하기

 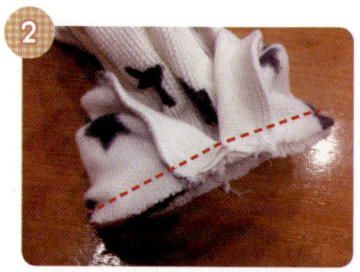

1 고깔 후드의 시보리를 위 사진처럼 잘 펼쳐준다.

2 몸통의 목둘레에 겉면끼리 포개어 두고, 왼쪽의 사진처럼 동그란 형태로 모양을 잡은 후, 점선을 따라 박음질해 고깔 후드와 몸통을 연결해준다.

허리 고무줄 넣기

1 대형견은 가슴에 비해 허리가 가는 경우가 많아 허리에 고무줄을 넣어준다. 위 사진에 표시된 위치에 고무줄을 넣어순다.

2 대형견의 경우 10골(폭 10cm 고무줄)을 사용하여 시접 5mm 안쪽에 당겨 박아준다.

Check! 고무줄 박음질한 모습.

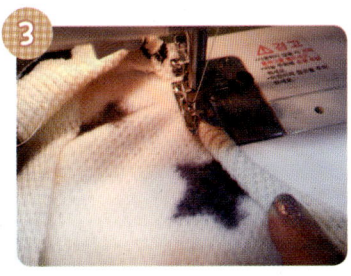  

고무줄을 감싸듯이 허리통을 말아 박음질해준다.

허릿단 완성된 모습.

완성!

이런 이런, 과도하게 귀엽구만!

완성

● 아둥바둥 공방 소개

국내 최초 유일의 강아지 옷 전문 공방
아둥바둥 바느질 이야기

인천 1호점(본점)

위치 인천 남구 주안동
연락처 0505-302-8899
블로그 blog.naver.com/oaret

따뜻한 사람들과 함께 도담도담 이야기를 나누며 내 강아지를 위한 단 하나뿐인 옷을 만들 수 있는 곳.
'아둥바둥 바느질 이야기'는 강아지 옷 전문 공방으로, 강아지 각각의 체형에 맞춘 패턴과 가봉, 원단에 대하여 체계적인 커리큘럼으로 개인 레슨을 받을 수 있는 국내 유일의 공방입니다. 취미반은 물론이고, 전문인 양성을 위한 전문가반(사업가, 교육자반) 수강생을 교육하고 있으며 전국 공방 분점을 모집 중입니다.
시간제한 없이 언제든 들를 수 있는 편안한 사랑방 같은 공방에 강아지와 함께 놀러 오세요.

공방으로 놀러 오세요!

공방 수강생 작품

임소망 님
뚜비

김현정 님
초롱이

강근아 님
보리

권미영 님
콩이

강아지 옷 DIY 패키지 전문 쇼핑몰

아둥바둥 바느질 이야기

http://www.adong-badong.com

인스타그램 ID : @ADONGBADONG

강아지 옷을 처음 만들어보는 초보자를 위한 맞춤 DIY 제안 옷본과 설명서, 원단이 모두 들어 있는 DIY 패키지부터 옷 만드는 데 필요한 각종 부속품과 장식품까지 다양한 아이템들을 만나볼 수 있답니다. 책에 수록되어 있는 대부분의 옷들도 저렴한 금액의 DIY 패키지로 만나볼 수 있어요.
초·중·고급의 단계별로 나뉘어져 있어, 내 수준에 맞는 옷을 선택해 우리 집 강아지에게 꼭 맞는 옷 한 벌을 실패 없이 완성할 수 있답니다.

● 원단 및 부자재 구매 팁

내 마음을 알아주는 원단 쇼핑몰
아이러브아이옷

http://www.iloveiot.com

위치 대구 북구 동암로 7길 39
연락처 053-323-5614 / 010-2505-5257
카카오톡 ID iloveiot
카카오스토리 검색 아이러브아이옷

2000년 창업하여 십여 년간 바느질 고수들에게 꾸준히 사랑받고 있는 원단 쇼핑몰, 아이러브아이옷.
다양한 원단 종류와 트렌드에 꼭 맞는 원단까지 선택의 폭이 넓어 많은 사람들이 이용하고 있다. 등급제를 통해 사면 살수록 할인율이 높아지기 때문에 원단 구매를 자주 할수록 저렴하게 구입할 수 있는 이점이 있다. 원단 소요량이 적은 강아지 옷의 경우엔 묶음 원단을 이용하면 더 저렴하고 다양한 원단을 손쉽게 찾을 수 있어 좋다. 최근에는 카카오스토리 소식받기를 통해 이벤트 선물과 적립금도 챙길 수 있어 원단 쇼핑하기엔 편하고 좋다.

국내 최대 의류 재료 전문 시장
동대문 종합시장

http://www.ddm-mall.com

위치 지하철 4호선 동대문역 9번 출구
영업 시간 평일 오전 7시~저녁 6시까지
         토요일 오전 7시~오후 1시까지
         (영업 시간은 층마다 다르니, 이 점 참고하세요.)

tip. 평일 오전 9시~12시까지는 주로 업체 디자이너들이 많고, 오후 4시~6시 사이에는 그날 물량을 정리하거나 택배사들의 방문으로 혼잡한 시간이다. 이 시간을 피해 방문하면 좀 더 여유롭게 쇼핑을 즐길 수 있다.

동대문 종합시장은 A동, B동, C동, D동으로 이루어진 서울에서 가장 큰 원단 시장이다. 원단뿐 아니라, 다양한 부자재와 장식용품들이 한데 모여 있어 직접 보고 구입할 수 있어 좋지만, 너무 크다 보니 내가 원하는 상품이 어디에서 파는지 정확히 알지 못하면 힘들게 발품을 팔아야 하는 단점이 있다. 또한 동대문 원단 시장은 주로 업체를 상대로 대량으로 판매를 하기 때문에 거의 모든 상가들이 창고를 별도로 준비해놓고 그쪽에서 직접 발송해주거나 하루에 창고를 두 번 정도 내려가 물량을 준비해오기 때문에 당일에 못 받는 경우도 종종 있다. 다양한 원단을 직접 만져보고 경험하길 원해서 방문해보는 것은 좋지만, 소량의 재료를 구매하는 소매자인 경우 가격 면에서는 이익이 크지 않으므로, 인터넷 원단 쇼핑몰 이용을 추천한다.

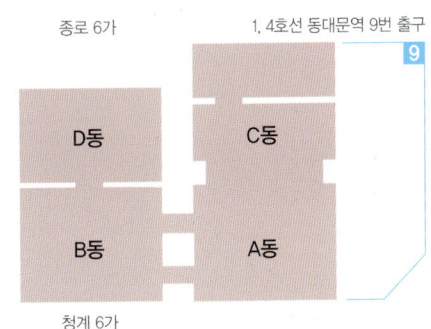

종로 6가
1. 4호선 동대문역 9번 출구
청계 6가

▶ 동대문 종합시장 안내

동대문 상가는 각 동이 순서대로 배열되어 있지 않고, 또 창문이 보이지 않아 길을 잃기 쉽다. 엘리베이터나 계단 등의 주요 위치를 기준으로 움직이는 등 요령껏 주위를 살피며 이동하길 권한다.

tip 1. 각 동을 연결해주는 브리지 공간에 주로 가위를 갈아주는 할아버지가 있다.
예) D동, B동 사이 3층 연결 브리지

tip 2. 각 계단 밑 자투리 공간의 상가들은 말 그대로 자투리 원단을 아주 저렴하게 판매하는 경우가 많다. 원단 소요량이 적은 강아지 옷에 필요한 원단 구입에는 좋다.
예) D2777 우정단추 앞 자투리 원단상

▶ 각 층별 주요 원단과 추천 상가

각 층마다 주요 품목은 있지만, 다른 품목들도 여럿 섞여 있으니 이 점 유의하자.

	A동	B동	C동	D동
지하 1층		각종 실, 의류 부자재 등		커튼 수예 침구 D1624 천일사 (각종 포장 비닐류)
1층	각종 의류, 미싱 부자재 B1564 청송상회	각종 의류 부속 스트링 파이핑 등 B1323 환희토탈 (와펜 장식 전문) B1533 경동상사(가죽)	의류 부속 커튼, 수예 침구 D1674 늘조은레이스 D1640 아산금속(금속 장식 등)	
2층	각종 나염 직기류 (홈패션) A2264 예농 (나염 선염 직기류)	레이스 망사 등 B2490 우영(망사) B2481 무지개 레이스 (토숀, 면 자수 레이스) B2515 천호아트 (라셀, 오간디 레이스 등)	각종 다이마루 및 단추 장식품들	각종 다이마루 니트류 D2596 서울섬유 (무지 다이마루) D2777 우정단추 (아기자기한 단추 많음) D2633 솔니트 (니트 원단) D2552 하리상사 (특수 니트 전문)
3층	원단 및 레이스 A3012 데님코리아 (청지 전문 원단) A3120 스티브 (선염 체크 전문)	원단 및 레이스 B3176 후암직물 (카모 전문 원단) B3163 청호텍스 (청지 나염 전문)	원단 및 레이스	극세사 FUR 원단 등 D3028 대동텍스타일 폴라폴리스 D3177 청광섬유 (극세사 전문)
4층		원단 및 레이스		
5층		각종 와펜 비즈, 풀 등의 의류 장식 B5171 현경(와펜, 장식 전문) B5109 이쌔(금속 스터드) B5213 리본월드(리본 전문)		식당가

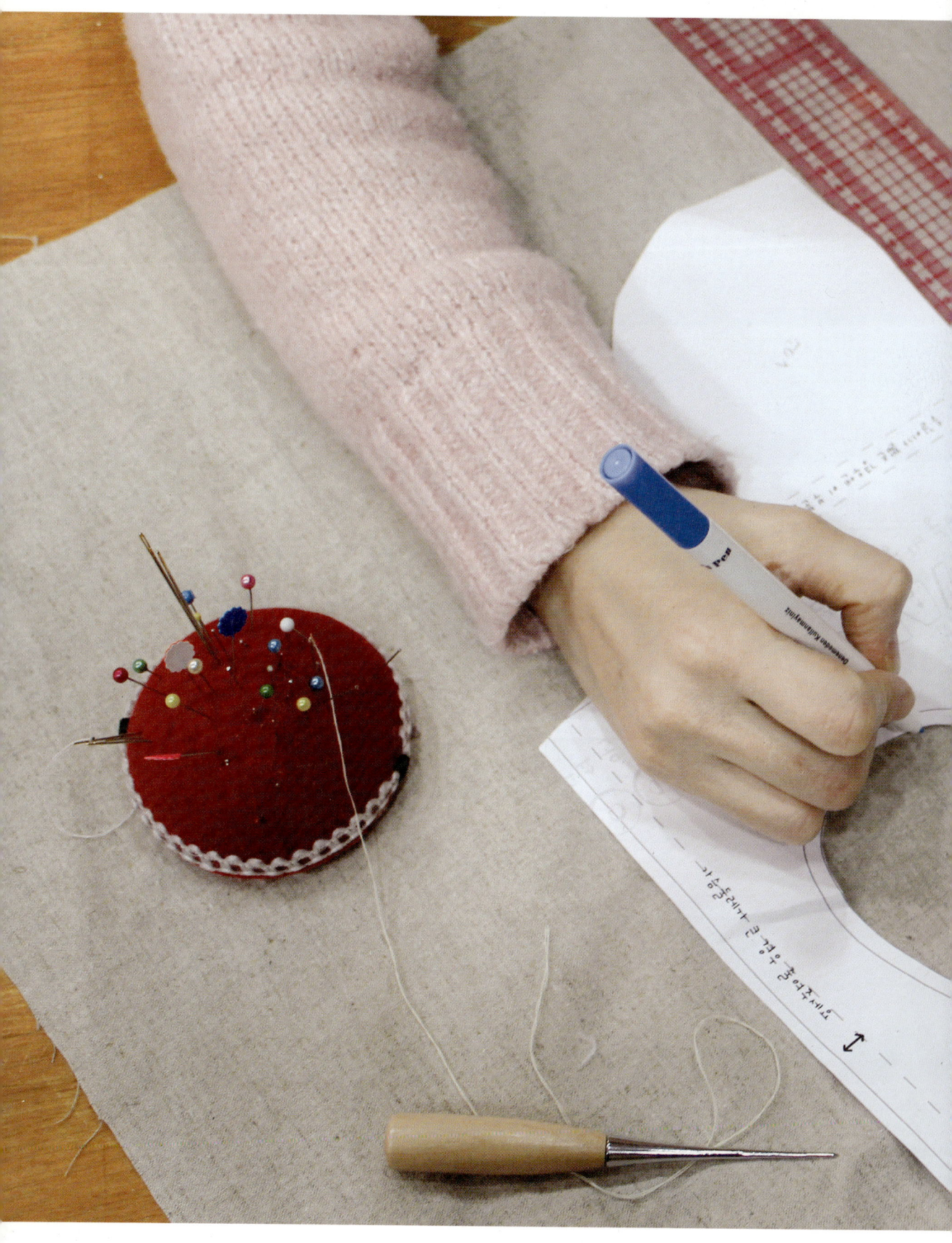

옷 만들 때 찾아보기

332 ·············· 손바느질 방법
333 ·············· 시접 정리 방법
334 ·········· 바이어스 만드는 방법
335 ············ 바이어스 싸는 방법
336 ············· 시보리 처리 방법
337 ·············· 끝단 처리 방법
337 ················· 말아박기
338 ············· 쌍침 사용하기
338 ················· 노루발
339 ············· 주름 잡는 방법
340 ············ 가위집 넣는 방법
340 ············ 고무줄 넣는 방법
341 ·········· 바지 고무줄 넣는 방법
345 ·············· 지퍼 다는 방법
346 ·············· 심지 사용하기
347 ················· 싸개단추
348 ·············· 단추 다는 방법
350 ············ 패턴 수정하는 방법

손바느질 방법

▶ 공그르기

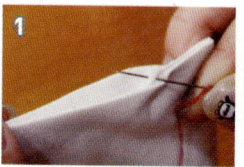   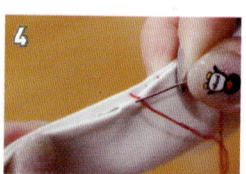

1. 실을 안쪽으로 숨기기 위해 안쪽 시접에서 바느질을 시작한다.
2. 시접 안쪽에 한 땀을 떠준다.
3. 안쪽에 실을 걸어 고정해준다.
4. 톱니 모양으로 윗 시접과 아랫 시접을 번갈아 지그재그로 바느질해준다.

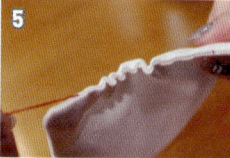  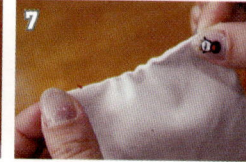 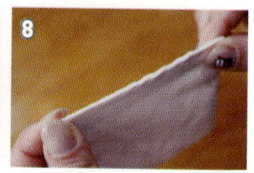

5. 창구멍보다 더 넓은 부위까지 바느질한 후, 쭉 잡아당겨 사진처럼 조인다.
6. 실매듭을 지어준다.
7. 실매듭의 끝을 짧게 자른다.
8. 주름진 원단을 좌우로 팽팽하게 당겨, 매듭이 안쪽으로 들어가도록 정리하여 깔끔하게 마무리해준다.

▶ 버튼홀스티치

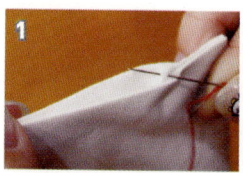 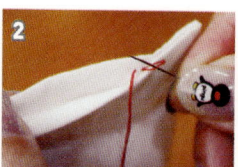  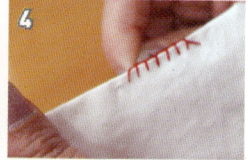

1. 원단 안쪽에서 한 땀을 떠서 시작해준다.
2. 실을 당겨, 매듭에 걸어준다.
3. 튼튼하게 걸어졌으면 뒷면으로 바늘을 통과해준다.
4. 바느질은 뒷면에서 시작해 뒤에서 앞으로 꽂아 뺀다.

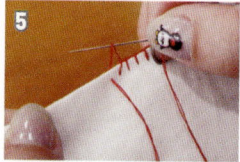 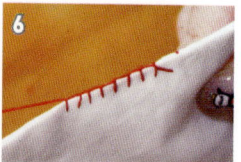

5. 실을 바늘에 걸어 지나가게 한다.
6. 쭉 잡아당겨 모양이 예쁘게 나오도록 조절해준다.

시접 정리 방법

▶ 홑솔

1. 시접 끝을 오버록 또는 미싱의 지그재그 스티치로 박아준다.

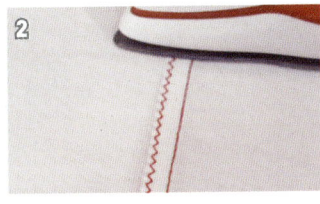
2. 시접을 한쪽으로 젖힌 후, 다림질해 준다.

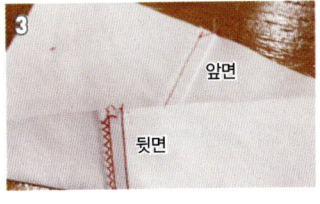
3. 젖힌 방향의 겉감 쪽에서 박음질하여 상침해준다.

▶ 가름솔

1. 시접 끝을 미리 오버록 또는 미싱의 지그재그 스티치로 박아준다.

2. 두 겹을 점선대로 박음질해준다.

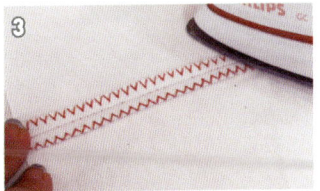
3. 솔기(시접)를 양쪽으로 갈라서 다림질한다.

▶ 쌈솔

1. 시접 중 한쪽을 2~3mm로 짧게 잘라준다.

2. 나머지 한쪽 솔기로 자른 솔기를 감싸듯 말아 위로 상침해준다.

완성된 모습. 뒷면도 동일한 모습이다.

바이어스 만드는 방법

바이어스는 끝단을 마무리하기 가장 간단하고 좋은 방법 중 하나이다. 의류뿐 아니라 발 매트, 방석 등에도 폭을 달리하여 연출해보면 좋다. 다이마루 원단류의 경우 소매나 치마 끝단 부분이 늘어지는 것을 방지해주는 장점이 있지만 스판성이 크진 않다.

1 바이어스감을 만들어준다.

2 직기 원단의 경우 곡선 부분은 반드시 사선 방향을 바이어스로 사용한다. 정확하게 사선으로 자르기 위해 위 사진과 같이 접어준다.

3 필요한 바이어스의 폭x4배의 폭으로 그려준다.

4 재단한다.

5 짜투리는 버리고 나머지를 사용해 길게 이어준다.

6 위 사진과 같이 직각이 되도록 원단을 배치한 후, 시접 1cm의 위치를 박음질해준다.

7 시접을 갈라 다림질해준다.

8 삐져나온 시접을 잘라 정리해준다.

Check! 깔끔하게 연결된 모습.

▶ 종이 이용 시

9 위 사진처럼 1cm 간격으로 선을 그은 후, 1cm씩 접어가며 다려준다.

10 1cm를 다린 후, 다시 1cm를 접어 다려준다.

11 뒤집어 뒷면도 같은 방식으로 1cm씩 접어가며 다림질해서 모양을 잡아준다.

▶ 바이어스 메이커 이용 시

9 바이어스 메이커를 이용하면 좀 더 쉽게 만들 수 있다.

10 위 사진처럼 메이커에 원단을 끼우고 짧게 당기며 다림질해준다

11 반으로 한 번 더 접어 다려준다.

바이어스 싸는 방법

▶ 직선, 곡선에 바이어스 박기

원단의 뒷면에 먼저 위 사진처럼 박음질해준다.

겉면으로 돌아와 나머지 원단을 다림질해놓은 모양대로 접어 넣고 박음질한다.

완성된 모습.
(앞과 뒷면이 동일하다.)

▶ 원통형(소매, 목둘레 등)에 바이어스 박기

바이어스 원단은 원통형 원단 길이의 70~90% 정도 원단에 시접 2cm를 더해 준비한다.

원단 안쪽과 바이어스 겉면을 포개어두고 점선을 박음질해준다.

뒤집어 겉감에서 보는 방향에서 접어 박음질해준다.

바이어스 완성!

ex) 소매 둘레가 10cm인 경우 바이어스 원단 = 7cm(소매 둘레의 70%) + 2cm(시접) = 9cm
※ 원단 소재에 따라 70~90%로 달라지므로, 원단으로 테스트해본 후 결정한다.

▶ 인바이어스 박기

인바이어스는 1cm짜리 바이어스가 마감되기 위해, 3cm짜리 폭 바이어스를 준비해 사진처럼 겉면에서 1cm 시접으로 박음질한다.

뒷면에서 봤을 때 모습. 시접분까지 말아 접어준다.

시침핀으로 고정 후, 박음질해서 깔끔하게 완성한다.

완성된 모습. 안쪽 면에서만 바이어스가 보이는 모습이 인바이어스이다.

시보리 처리 방법

시보리는 옷감의 마지막 단 처리 방법 중 가장 일반적인 방법이다. 시보리 전용 원단을 사용할 수도 있고, 동일 소재 원단을 사용해 처리 방식만 똑같이 해도 된다. 시보리 역시 직기류는 신축성 높은 바이어스 방향의 원단을 사용해서, 시보리감은 본래 사이즈의 70~90% 정도 짧게 사용한다.

▶ 직선형 시보리 처리

 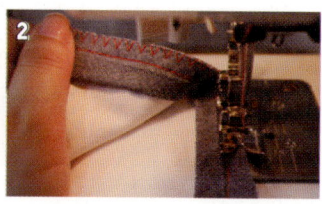 

1. 시보리감을 반으로 접어, 시접분을 박음질해준다. 시보리의 폭은 '(보여지는 폭+시접)x2배'이다.
2. 나머지 시접은 오버록 또는 지그재그로 마감한다.
3. 겉면에서 위와 같이 시접을 젖힌 후 상침한다.

완성된 겉면 모습.

완성된 뒷면 모습.

▶ 원통형 시보리 처리

 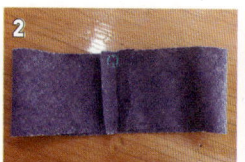  

1. 시보리감을 반으로 접어 점선을 박음질한다.
2. 가름솔을 갈라 펼친다.
3. 반으로 접어준다.
4. 원통형 원단에 시보리를 끼워 위 사진과 같이 고정한다.

5. 위 사진의 점선을 박음질해준다.
6. 시접을 오버록이나 지그재그로 마감한다.
7. 안으로 접어 넣어 상침해 마감한다.

완성된 모습.

끝단 처리 방법

▶ 바이어스 싸기

바이어스를 만들어 감싼 후, 안으로 접어 홈질로 박아 옷 가장자리를 마무리한다.

▶ 시보리 처리하기

가장자리 끝을 안으로 접어 넣은 상태에서 그 위를 홈질로 마무리한다.

▶ 말아박기

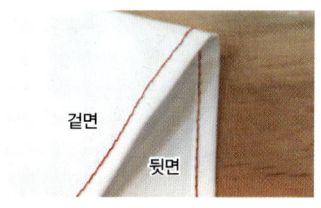

천을 두루마리 말듯 접은 상태에서 접은 끝단을 박음질로 마무리한다.

▶ 오버록 또는 지그재그 후 접어박기

미싱으로 안으로 접을 천을 풀리지 않게 오버록 처리하거나 지그재그로 접어 박는다.

▶ 인터록 처리하기

끝단을 접지 않은 상태에서 그대로 실올이 풀리지 않게 인터록 처리한다.

▶ 커버 스티치

오버록 처리한 것보다 더 튼튼하게 끝단을 접어 뒤쪽이 두 줄의 박음질한 것처럼 마무리된다.

말아박기

오버록이나 지그재그 마감이 어려울 경우, 말아박기로 간단하게 끝단을 마무리할 수 있다.

끝단을 두 번 접어 박아준다. 1cm의 시접의 경우, 5mm씩 두 번 접어 박으면 5mm 말아박기가 된다.

말아박기 완성!

쌍침 사용하기

쌍침을 사용하면 가정용 미싱으로도 기성품에서 느낄 수 있는 깔끔하고 완성도 높은 옷을 만들 수 있다. 가지고 있는 미싱과 쌍침이 호환이 되는지 확인한 후, 디자인이나 강아지 사이즈 또는 원단에 따라 쌍침을 선택한다. 보통 강아지 L사이즈 이하는 2.5mm 간격을, 그 이상은 4mm 간격의 쌍침을 추천한다.

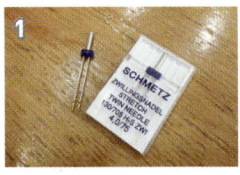   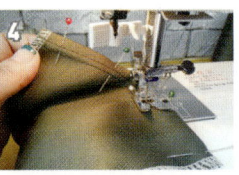

1	2	3	4
쌍침 바늘을 준비한다.	두 개의 윗실이 잘 풀리도록 세팅한 후, 윗실 두 개를 한꺼번에 잡아 윗실 세팅을 한다.	마지막에 쌍침의 각각의 바늘구멍에 실을 끼워준다. 밑실은 원래 세팅 그대로 둔다.	두 줄로 한 번에 일정한 간격으로 박히는 것을 볼 수 있다. 끝단 마감할 때 아주 유용하다.

노루발

노루발을 모두 구비할 필요는 없다. 단지 손으로 작업해서 보완할 때 활용하거나, 작업하는 것이 꾸준히 있을 때 사용하면 완성도를 높이고 시간 또한 절약할 수 있다.

▶ **기본 노루발** ▶ **말아박기 노루발** ▶ **지퍼 노루발**(방향 조절 가능) ▶ **가죽 롤러 노루발**

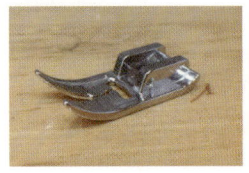   

기본 노루발	말아박기 노루발	지퍼 노루발	가죽 롤러 노루발
기본적으로 장착되어 있는 노루발.	적당한 두께와 살짝 뻣뻣한 원단을 말아박을 때 사용하면 좋다.	지퍼를 달 땐 꼭 사용해야 한다. 외발 노루발과 호환이 가능하다.	가죽이 노루발에 붙지 않게 도와준다. 가죽 원단 위에 상침 시 사용하면 용이하다.

▶ **누빔**(워킹풋) **노루발** ▶ **외발 노루발**(방향 조절 가능) ▶ **주름 노루발** ▶ **단춧구멍 노루발**(자동/수동)

   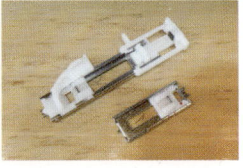

누빔(워킹풋) 노루발	외발 노루발	주름 노루발	단춧구멍 노루발
원단과 솜을 박아 누빌 때, 위 원단이 밀려서 씹히지 않도록 도와준다.	지퍼나 파이핑을 박을 때 사용한다.	장력과 땀수를 최대한 늘려서 주름을 만들 때 사용하면 주름이 좀 더 예쁘게 잘 잡힌다. 단, 두꺼운 원단은 주름이 잘 나오지 않는다.	촘촘하게 박아야 하는 원단이 울거나 밀리지 않도록 도와준다.

주름 잡는 방법

▶ 홈질로 당겨 주름 잡기

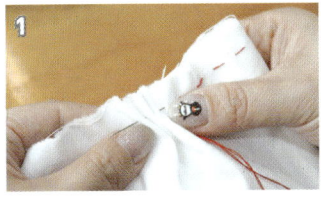

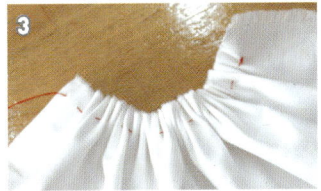

홈질을 한다.
(짧은 땀 : 잔주름/넓은 땀 : 큰 주름)

실을 당겨 주름을 정리한다.

필요한 폭만큼 당겨 실을 매듭지어 마감한다.

▶ 미싱의 윗실 장력 조절하여 주름 잡기

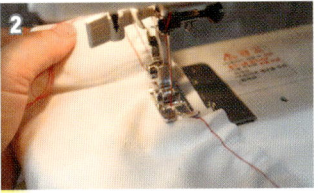
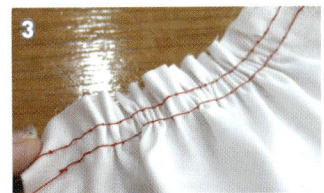

윗실 장력과 땀 길이를 최대로 설정해준다.

두 줄을 박는다(주름 노루발을 사용하면 더욱 좋다).

두 줄의 윗실(겉면 쪽 실)을 당겨 주름을 조절한다.

▶ 리퍼로 밀어 넣으며 주름 잡기

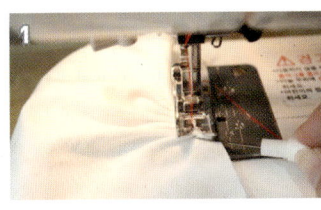
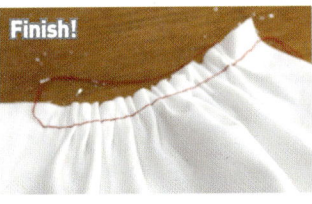

기본 노루발을 사용하되, 리퍼를 이용해 밀어 넣어주며 박는다.

완성된 모습.

가위집 넣는 방법

패턴 라인까지 2mm 정도 남기고 잘라서 가위집을 낸다. 급격한 곡선에는 촘촘하게, 완만한 곡선에는 드문드문 가위집을 내준다.

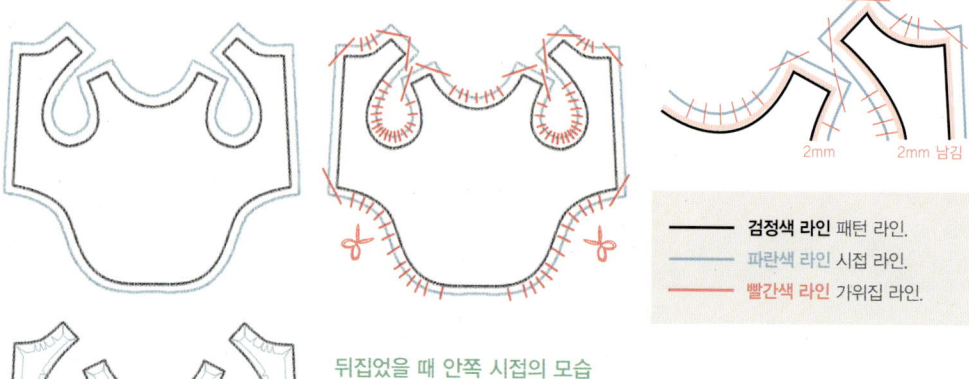

— **검정색 라인** 패턴 라인.
— **파란색 라인** 시접 라인.
— **빨간색 라인** 가위집 라인.

뒤집었을 때 안쪽 시접의 모습

볼록한 부분은 시접이 벌어지고 오목한 지점은 시접이 겹쳐지며 원단이 울렁거리는 것을 방지한다.

모서리 부분을 잘라내서 처리했기 때문에 겹치는 면적이 줄어, 표면이 고르게 된다.

고무줄 넣는 방법

▶ **늘려서 박기+말아박기**

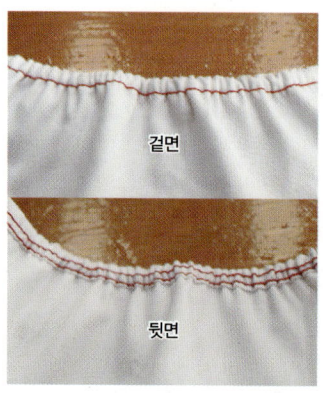

고무줄을 늘린 상태에서 아래 끝단을 접어 홈질 또는 박음질로 마무리한다.

▶ **늘려서 박기+접어박기**

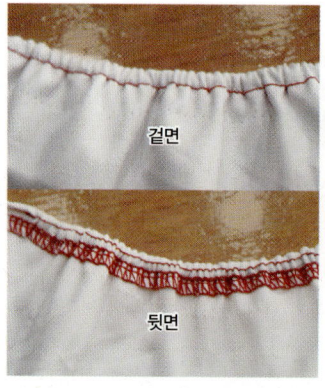

고무줄을 고정시켜서 덜 움직이도록 오버록 처리해서 함께 박음질해준다. 뒷면은 더 튼튼하게 고정된다.

▶ **통 만들어 넣기**

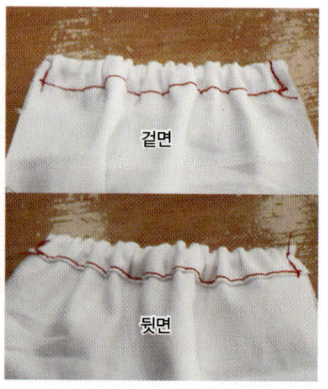

끝단을 넓게 접어 박음질로 처리한 후, 작은 창구멍으로 고무줄을 넣어준다.

바지 고무줄 넣는 방법

강아지 바지 만들기를 할 때 고무줄 넣기는 필수다. 특히 가슴둘레에 비해 허리와 엉덩이가 가늘고 작은 경우, 뒷다리가 자꾸 빠지거나 불편할 수 있으므로, 신축성 좋은 원단을 사용하여 활동성을 높여주는 것이 좋다.

▶ 고무줄 위치 확인

사용하는 원단 또는 강아지 체형에 따라 위와 같이 고무줄의 범위를 조절해준다.

(A) 허리가 가늘고 엉덩이가 작은 체형, 또는 신축성이 좋은 원단의 경우 사진과 같이 뒷다리의 사타구니와 꼬리를 감싸는 위치 모두 고무줄을 넣어준다.

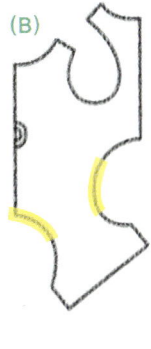

(B) 뒷다리 근육이 발달하거나 엉덩이가 큰 체형, 또는 신축성이 없는 직기류 원단의 경우 사진과 같이 사타구니 안쪽과 꼬리 위치의 일부에 고무줄을 넣어준다.

▶ 고무줄 넣기

기본적인 고무줄 넣는 방법과 비슷하나, 고무줄이 들어가는 패턴 특성상 곡선이 많아 가봉이 쉽지 않다.
두 가지 바지 형태(여밈형, 원통형)를 예로 들어 바지를 만들기 위한 고무줄 넣기 방법을 소개하겠다.

① 여밈형 바지

② 원통형 바지

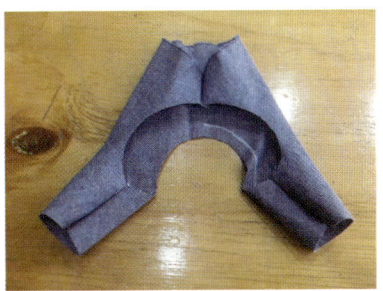

(A) 늘려서 박은 후, 말아박기 또는 접어박기

늘려 박음질한 후, 말아박거나 접어박으며 마무리하는 방법은 가장 쉽고 기본적인 방법이지만, 늘리는 정도에 따라 신축성이 달라지고, 박음질한 후 수선이 어려운 단점이 있다.

① 여밈형 바지(늘려서 박음질+말아박기) : 곡선이 급격한 M사이즈 이하의 작은 사이즈의 경우에는 적합하지 않다.

원단의 안쪽 면에서 바라보고, 위 사진과 같이 고무줄을 늘려가며 박음질한다.

이때, 사진처럼 패턴 라인에 고무줄 끝 라인이 붙도록 시접에 박음질한다.

박음질된 고무줄을 감싸듯 말아박아 준다. 이때, 고무줄은 비켜가며 박는다.

겉면 완성된 모습.

안쪽 면 완성된 모습(두 줄 스티치 마감).

② 원통형 바지(늘려서 박음질+접어박기) : 가장 손쉬운 방법이나, 올이 풀리는 원단의 경우, 끝단을 오버록 처리해줘야 한다.

시접을 모두 오버록 처리해준다(올이 풀리지 않는 원단의 경우 생략 가능).

고무줄을 원단의 안쪽 면의 시접 부분에 늘려가며 박음질해준다.

이때, 사진처럼 패턴 라인에 고무줄 끝 라인이 붙도록 시접에 박음질한다.

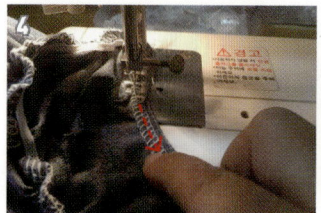

원단 안쪽을 바라보며, 시접을 접어가며 박음실한다.

겉면 완성된 모습.

안쪽 면 완성된 모습(오버록 마감).

(B) 인바이어스 처리한 후 고무줄 끼우기 또는 넓게 말아박은 후 고무줄 끼우기

작은 사이즈 바지 만들기에서도 비교적 용이하다. 통을 만들어 고무줄을 끼워넣는 방식이라 고무줄에 스토퍼를 끼워 아이 체형에 맞도록 고무줄을 조절하며 입힐 수 있다. 또한 사용 중 고무줄이 늘어지면 수선이 용이하다.

① **여밈형 바지** : 꼬리 위쪽으로 스토퍼 위치를 하거나 또는 없이 만든다.

원단의 겉면(엉덩이 꼬리 위)에서 바이어스 겉면끼리 포개어둔 후, 시접을 박음질한다. 이때 시접 끝을 1cm가량 접고 시작한다.

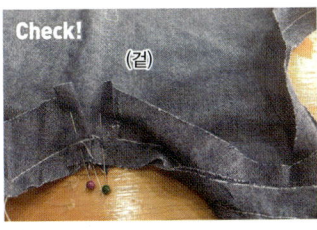
엉덩이 꼬리 위 시접을 접어 맞닿은 모습.

바이어스 전체를 두른 모습.

안쪽 시접을 사진과 같이 4mm 정도로 짧게 자른다.

원단 안쪽에서 바라보고 패턴 라인을 기준으로 시접을 접어 박음질한다.

안쪽 면 바이어스 휜싱된 모습.

겉면 완성된 모습.

고무줄을 끼워준다.

엉덩이 위 꼬리 위치에 스토퍼(돼지코)도 끼워준다.

겉면 완성된 모습.

안쪽에서 바라본 모습.

② 원통형 바지 : 배 위치에 스토퍼를 달아 숨겨줄 수 있다.

원단의 겉면(배 중앙)에서 바이어스를 겉면끼리 포개어둔 후, 시접을 박음질 한다. 이때, 시접 끝을 1cm가량 접고 시작한다.

배 중앙에서 시접을 접어 맞댄은 모습.

바이어스 전체를 두른 모습.

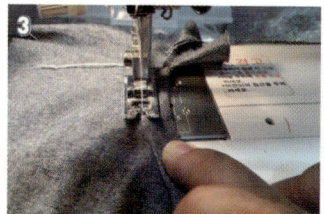

안쪽 시접을 사진과 같이 4mm 정도로 짧게 자른다.

원단 안쪽에서 바라보고 패턴 라인을 기준으로 시접을 접어 박음질한다.

안쪽 면 바이어스 완성된 모습.

겉면 완성된 모습.

고무줄을 끼워준다.

배 중앙 위치에 스토퍼(돼지코)도 끼워 준다.

겉면 완성된 모습.

안쪽에서 바라본 모습.

지퍼 다는 방법

간단한 방법으로 매립형 지퍼(지퍼가 안 보이는 방식)를 달아줄 수 있다. 일반적으로 강아지 옷에는 강아지 털 때문에 가급적 지퍼를 쓰지 않지만, 장식용이나 소품류에 사용하기도 한다. 간단한 방법으로 지퍼 다는 방법을 살펴보도록 하자.

먼저 준비된 지퍼의 폭을 측정한 후, 폭의 1/2만큼씩 지퍼를 달 위치에 시접을 준다.

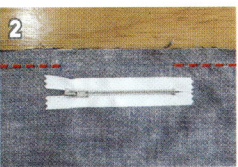
지퍼의 길이만큼을 제외하고 위 사진과 같이 원단을 겹쳐두고 점선을 박음질해준다.

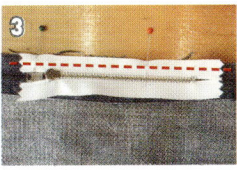
시접을 갈라, 위 사진처럼 한 쪽으로 원단을 정리한 후, 지퍼의 뒷면이 보이도록 점선을 박음질한다.

지퍼를 달 때는 지퍼 노루발을 사용하면 좋다. ▶노루발 338p 참고

시작 부위는 지퍼를 열고 박아준다.

중간쯤 박았을 때 멈추고 지퍼를 닫이시 지피 스잡이기 노루발에 걸리지 않도록 해준다.

똑같은 방식으로 지퍼 반대 면도 박음질해준다.

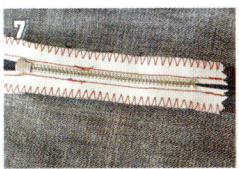
나머지 시접은 지그재그 또는 버튼홀스티치로 올 풀림을 방지해준다.

뒤집었을 때 겉면의 모습. 양쪽에 미싱의 지그재그 스티치 또는 감침질을 반복해서 벌어짐을 잡아주면, 지퍼 달기 완성!

심지 사용하기

심지는 꼭 사용해야 하는 아이템은 아니다. 하지만 적당한 위치에 사용하면 옷을 더욱 깔끔하고 예쁘게 만들 수 있고, 바느질을 하는 데 좀 더 쉽고 편리하다. 칼라, 주머니, 단추 다는 위치, 안단 등 안쪽 면에 붙여서 사용한다.

▶ 심지의 종류

식서테이프(다데테이프)

실크 심지

아사 심지

모자 심지

▶ 심지 붙이는 방법

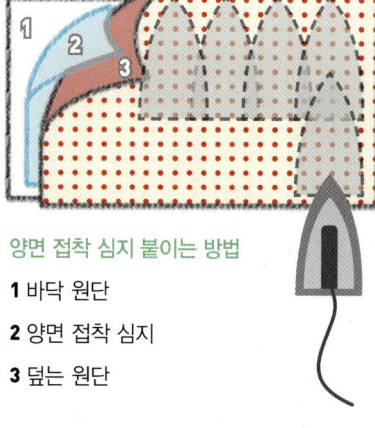

양면 접착 심지 붙이는 방법
1 바닥 원단
2 양면 접착 심지
3 덮는 원단

단면 접착 심지 붙이는 방법
1 단면 접착 심지
(까슬거리는 접착제가 뿌려진 쪽이 하늘색)
2 덮는 원단

다리미로 10초씩 눌러주며 이동한다. 빈 공간이 생겨서 떨어지지 않도록 하고, 뜨거울 때는 떨어지기 쉬우므로 다 식을 때까지 기다렸다 사용한다.

▶ 부위별 용도에 맞는 심지

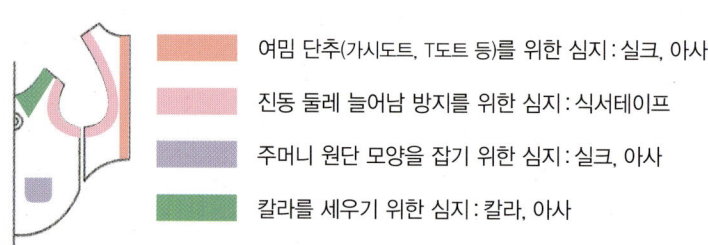

여밈 단추(가시도트, T도트 등)를 위한 심지 : 실크, 아사
진동 둘레 늘어남 방지를 위한 심지 : 식서테이프
주머니 원단 모양을 잡기 위한 심지 : 실크, 아사
칼라를 세우기 위한 심지 : 칼라, 아사

싸개단추

▶ 조립형 싸개단추

원단 및 DIY 쇼핑몰 등에서 쉽게 구할 수 있다. 원단을 사이즈에 맞게 재단하여 두 개의 단추 사이에 끼운 후, 꾹 눌러줘서 단추를 만든다. 금액이 비싸다는 단점이 있지만, 한두 개 소량으로 싸개단추가 필요해 이용할 때에는 좋다.

▶ 몰드형 싸개단추

기계 또는 손 망치로 몰드에 압력을 가해 단추를 만들어준다. 기계나 몰드를 구비하는 데 기본 비용이 발생하는 단점이 있지만, 대량으로 많은 양의 싸개단추가 필요해 이용할 때에는 경제적이다.

▶ 손싸개단추 만드는 방법

 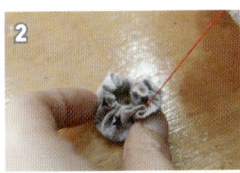  

1. 단추 사이즈보다 큰 원단으로 재단해 홈질한다.
2. 단추를 넣고 바느질을 잡아당겨 주름을 만들어준다.
3. 주름을 모아준 후, 뒤쪽에서 돌돌 말아 고정한다.
4. 짜투리 주름분을 가위로 잘라 정리해준다.

손싸개단추 완성!

단추 다는 방법

▶ 스냅 단추 달기

1
스냅 단추 달 자리를 확인한다. 겉면에는 수놈을, 안쪽에는 암놈을 배치해야 뾰족한 수놈이 몸을 누르지 않는다.

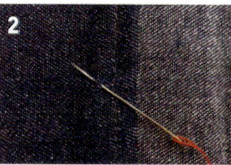
2
원단을 한 땀 뜬다.

3
매듭 고리에 걸어

4
원단에 실을 고정해준다.

5
수놈 단추를 위 사진과 같이 구멍 하나에 바늘을 통과하되,

6
통과하며 남은 실이 동그랗게 말리면 그 안으로 바늘을 다시 통과시킨다.

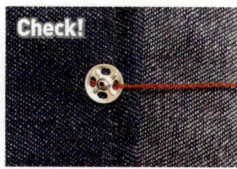
Check!
바늘을 당겨 매듭이 완성된 모습.

7
이 과정을 3~4번 반복해준다(스냅 단추의 구멍 사이즈를 보고 조절해준다).

Check!
한쪽 부분 완성된 모습.

8
단추의 뒷면을 통해 다음 구멍으로 바늘을 이동하여, 앞의 과정을 반복해준다.

Check!
구멍 4곳을 모두 완성한 모습.

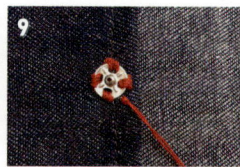
9
단추 옆에서 매듭을 짓는다.

10
단추와 원단 사이로 단추를 중심으로 매듭 반대편으로 바늘을 통과시킨 후, 실을 짧게 잘라내 마감한다.

11
암놈 단추도 동일한 방법으로 마감한다.

Check!
겉면에서 보이는 모습.

Finish!
스냅 단추 달기 완성!

▶ 장식 단추 달기

1
단추 위치에 한 땀을 떠준다.

2
실을 통과시킨 후 마지막 매듭 고리에 실을 걸어준다.

Check!
실을 걸어 고정시켜둔 모습.

3
실을 단추 구멍에 통과시킨 후, 다른 한쪽 구멍에 바늘을 통과시켜준다.

4
단추 구멍에 통과한 바늘을 다시 한 번 원단에 한 땀을 떠준다. 이 과정을 2~3차례 반복해준다.

5
구멍이 4개인 경우 다음 단춧구멍으로 넘어가 동일하게 단춧구멍과 원단을 교차하며 바느질해준다.

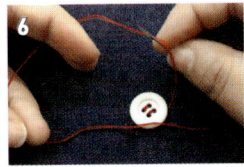
6
실을 위 사진과 같이 동그랗게 만든 후, 실을 통과한다.

7
매듭을 짓듯이 바늘을 당겨 원단과 단추 사이의 기둥(실)에 여러 번 감아 기둥을 보강해준다.

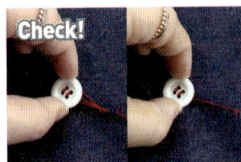
Check!
당겨서 마감하는 모습.

8
단추 뒤에서 한 땀을 뜬 후, 실을 바늘에 감아준다.

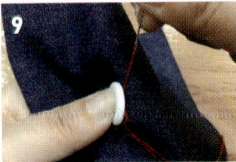
9
실을 누르며 바늘을 당긴다.

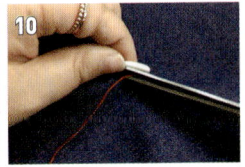
10
단추와 원단 사이의 실을 짧게 잘라 매듭을 마감한다.

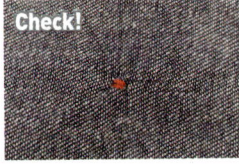
Check!
안쪽에서 보이는 모습.

Finish!
장식 단추 달기 완성!

패턴 수정하는 방법

사이즈 조절하기

우리 집 강아지의 몸에 맞는 사이즈로 패턴을 수정하려면 옷의 장점을 한껏 살릴 수 있고, 더 편안하면서도 완성도 높은 예쁜 옷을 만들어줄 수 있다. 복잡하고 어려울 것 같지만 하나씩 따라 하다 보면 전혀 어렵지 않게 패턴을 수정할 수 있다.

사이즈 조절 기준선

모든 패턴은 각 사이즈에서 ±5~10% 이내로만 조절하고, 이 이상의 수정이 발생하면 패턴 자체를 새로 그려주는 게 좋다.

ex) 목둘레 30cm의 경우 : ±3cm, 즉 27~33cm 정도까지만 조절한다.

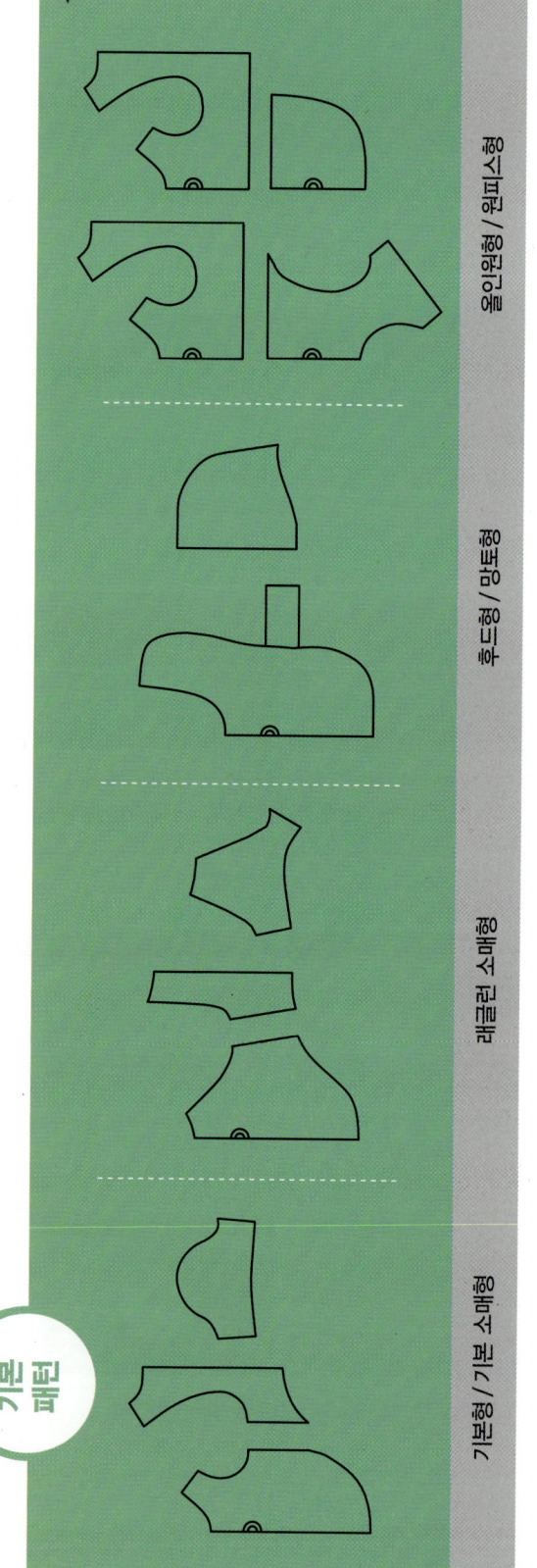

기본형 / 기본 소매형 · 래글런 소매형 · 후드형 / 망토형 · 올인원형 / 원피스형

기본 패턴

❶ 가슴둘레와 목둘레 함께 조절하기

가슴둘레를 조정하는 경우 특별한 체형이 아닌 이상, 등판, 가슴판, 거드랑이 부분에서 균등하게 줄여주는 게 좋다. 가슴둘레를 늘리는 경우에는 목둘레도 영향이 있으니, 가슴둘레나 목둘레 중 한 가지만 수정을 원할 경우 ❷, ❸을 참고한다.

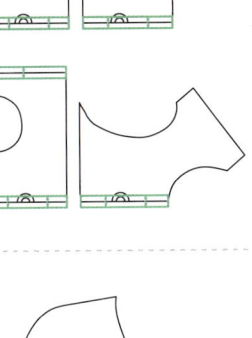

절개가 없는 상의의 경우, 수정 범위가 미미한 경우, 등판과 가슴판을 그림과 같이 수정한다.

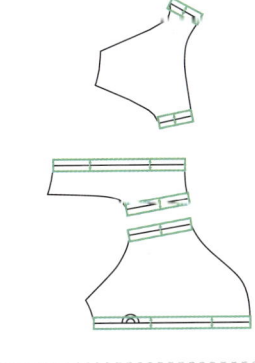

후드형, 망토형의 경우에는 소매 진동이 없으므로, 등판과 허리 벨트의 길이를 조절해준다. 이때 목둘레가 함께 조정되는 경우, 후드의 목둘레도 함께 조절한다.

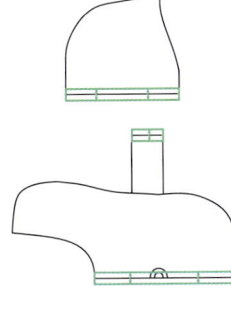

래글런 소매형 역시 기본 소매형과 동일하다. 수정 범위가 미미할 경우, 등판과 가슴판에서만 수정할 것을 추천한다.

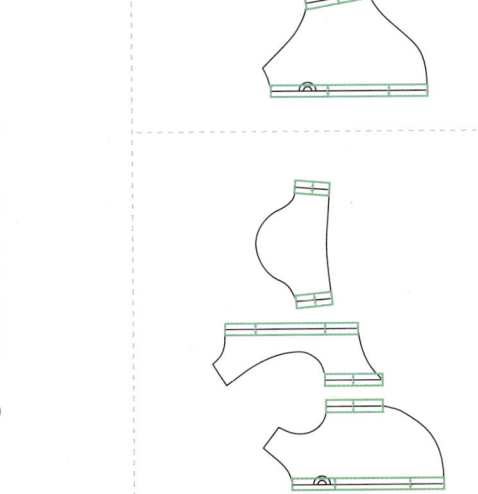

기본 소매형의 경우 등판, 가슴판, 가슴판뿐 아니라 옆구리까지 조절하면 소매 진동 둘레가 늘어난다는 점에 유의해야 한다.
만일 소매 진동 둘레의 변경을 원치 않는 경우는 ❸을 참고한다.

기본패턴

| 기본형/기본 소매형 | 래글런 소매형 | 후드형/망토형 | 옷입원형/원피스형 |

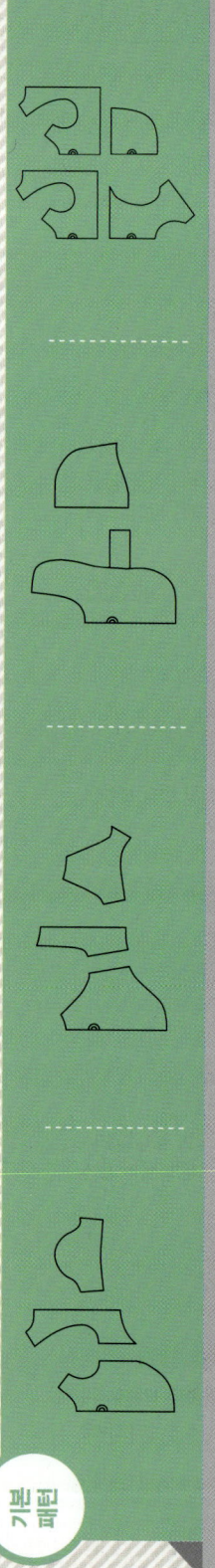

❷ 목둘레만 조절하기

나이 든 강아지의 목살이 처지거나 목둘레만 두꺼운 견종(퍼그, 페키니즈 등)의 경우, 앞가슴 길이를 먼저 확인한 후 목둘레를 체크해준다. ▶ 사이즈 측정 방법 46p 참고

목둘레

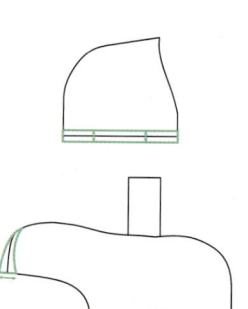

기본형의 경우, 좌우 대칭이 될 등판의 축은 기울이지 않고, 앞가슴판과 어깨에서 목둘레를 조절한다. 가슴판도 좌우 대칭으로 그릴 경우는 배 밑부분의 패턴 라인(노란 선)을 조절하여 자연스러운 곡선을 유지한다.

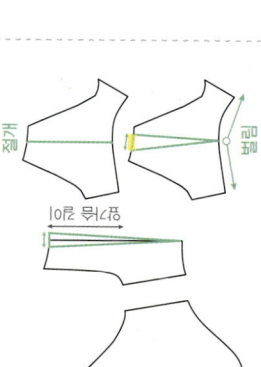

래글런 패턴의 경우도 기능하면 앞가슴판에서 조절하되, 이상의 조절이 필요한 경우 소매의 목둘레 부분을 조절한다. 중심에서 적당한 절개를 준 후, 그림과 같이 벌려 노란 선 부분을 자연스럽게 연결해준다.

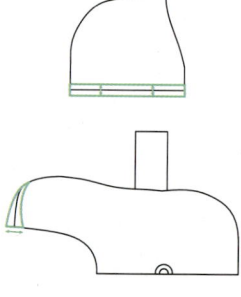

후드형, 망토형의 경우, 앞 목 위치에서 늘려준다.
목둘레와 연결되어 있는 후드도 함께 수정하여 누덕되지 않도록 한다.

* 망토형으로 앞가슴 길이 없음

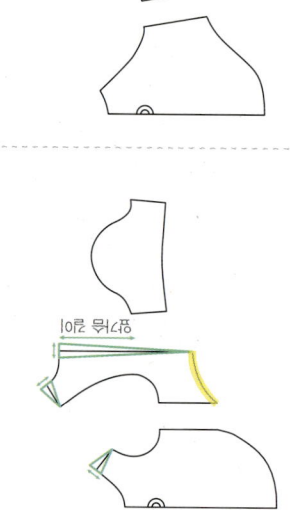

절개가 없는 상의의 경우, 좌우 대칭이 될 중심축은 기울인 움직이지 않고, 앞가슴판과 어깨에서 조절한다.

❸ 가슴둘레만 조절하기

가슴둘레 가슴둘레만 조절하는 경우는 목둘레만 조절하는 경우와 비슷하다. 다만, 이 경우엔 허리 사이즈가 커질 수 있으니, 허리 마감을 가능한 시보리 등의 신축성 좋은 원단으로 하거나 고무줄을 넣어주어야 한다.

소매 길이 조절하기

소매 길이 소매 둘레는 디자인 또는 다리 길이에 의해 주로 수정이 이루어진다. 소매의 길이가 발목 위쪽으로 두 번째 관절 위에 위치하는 것이 가장 활동성이 좋다. 소매 길이는 소매 둘레 조절하기 참고와 함께 연동해 수정해주면 좀 더 예쁘게 조절이 가능하다.

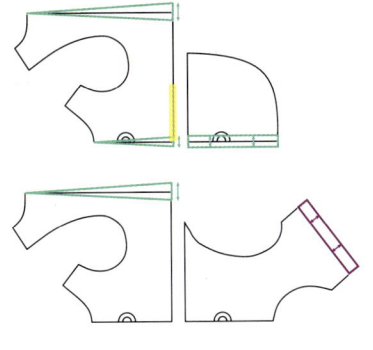

가슴둘레만 조절할 경우, ❶의 내용을 기초로 위 그림과 같이 수정하되, 절개된 연결 부위(느란 선)가 자연스러운 곡선을 그리도록 조절이 필요하다.

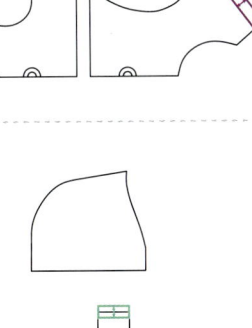

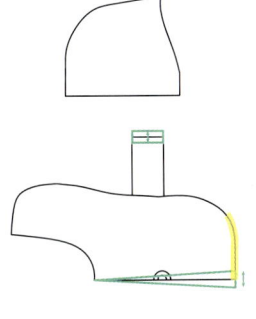

소매 길이는 소매 절개선의 연장선을 사용하여 조절한다. 이때, 소매 길이를 많이 늘릴 경우 소매통이 좁아질 수 있으니 ❹ 소매 둘레 조절하기를 참고하여 함께 조절한다.

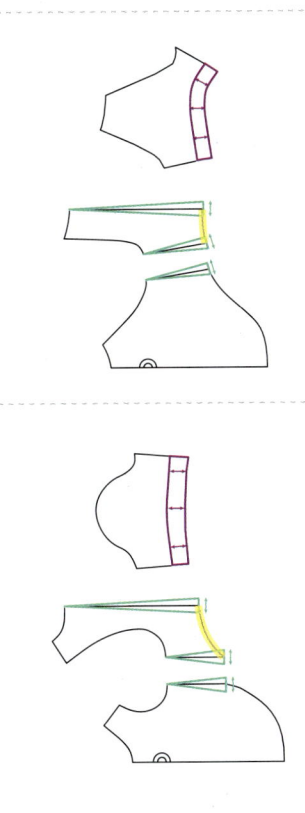

* 소매 없음

바지 소매의 경우, 연중에 따라 길이 조절이 필수다. 약간의 수정으로 최대의 효과를 누릴 수 있다.

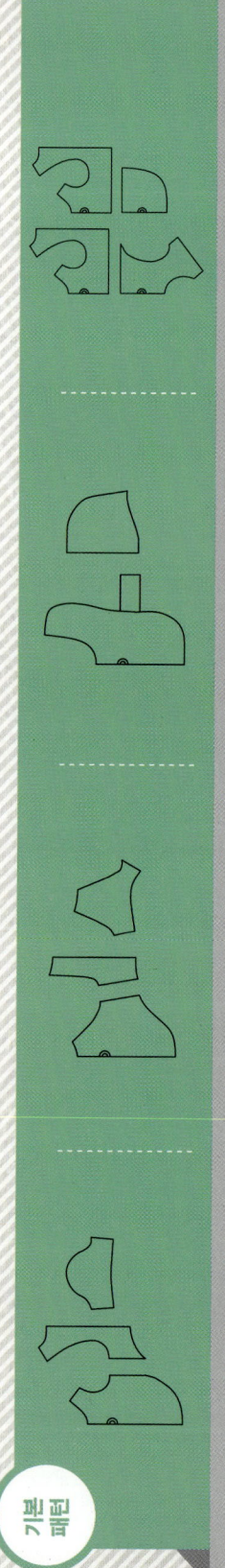

기본형 / 기본 소매형　래글런 소매형　후드형 / 망토형　올인원형 / 원피스형

④ 등 길이 조절하기
소매 둘레 조절하기
후드 크기 조절하기

등 길이를 조절할 경우, 아래 설명에 따라 조절한 후, 남녀 강아지 구분에 따른 가슴판의 기장을 확인한다. ⑦의 남녀 강아지에 따른 허리 밑단의 패턴 라인을 참고하자.

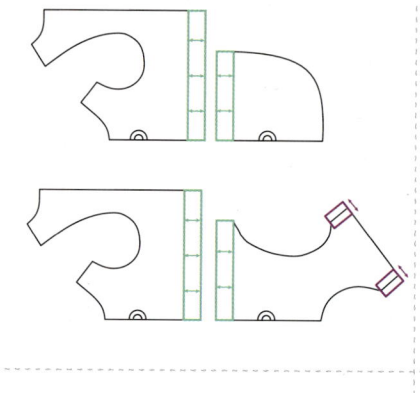

상하의 스타일의 경우, 등 길이 조절을 어느 위치에서 하느냐에 따라 웃의 디자인의 차이가 많이 난다.
남녀 강아지에 따라 달라질 수 있으므로 이 점은 ⑦을 참고해 조절한다.

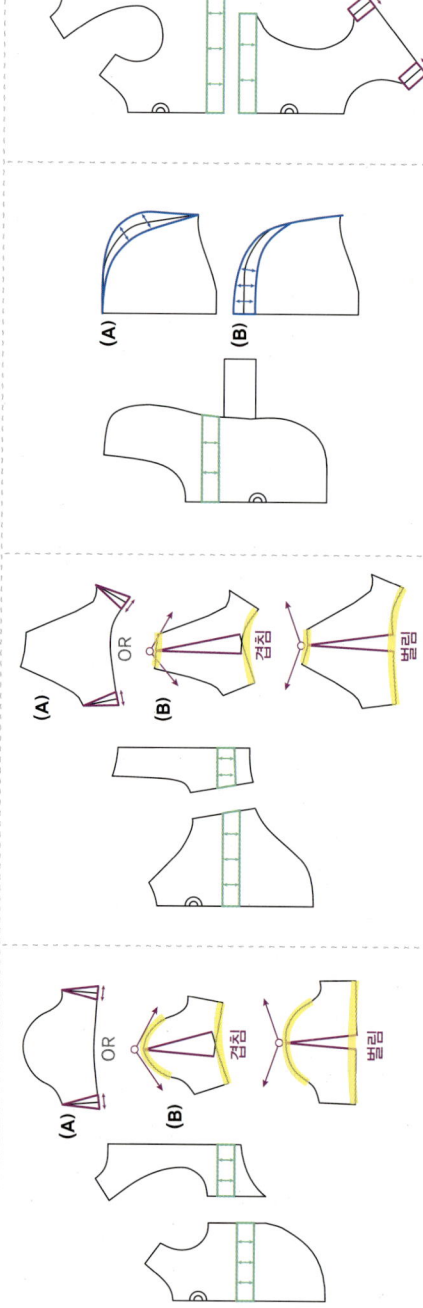

등 길이의 경우, 등판과 가슴판을 동시에 조절한다.
다른 쪽단 조각과의 상관관계가 적어 가장 손쉽게 조절이 가능하다.

등 길이

소매 둘레

소매 둘레(소매통)를 조절하는 방법은 둘레 부분을 간단하게 조절하는 방법**(A)**이 있으며, 조금 더 큰 수치를 조절할 경우, 소매선을 높이거나 낮추는 방법**(B)**이 있다.
위 그림처럼 소매선 기준으로 **(B)**와 같이 잘라
소매를 원하는 만큼 겹치거나 띄우면서 조절할 때,
노란 선을 곡선으로 다시 정리하면 소매 둘레를 줄이거나 늘릴 수 있다.

* 후드 없음

* 소매 없음

바지 소매 둘레 또한 그림처럼 좌우 동일한 수치로 수정한다.

* 후드 없음

후드 크기 및 높이

* 후드 없음

(A) 목둘레와 정수리 높이 차이는 없이 뒤통수만 조절해준다. 목 세워지는 큰 후드는 등으로 젖혔을 때, 모양이 예쁘지 않은 단점이 있다.
목이 긴 아이의 경우 **(B)**의 방법대로 모자 높이(정수리 높이)를 조절해준다.

* 소매 없음

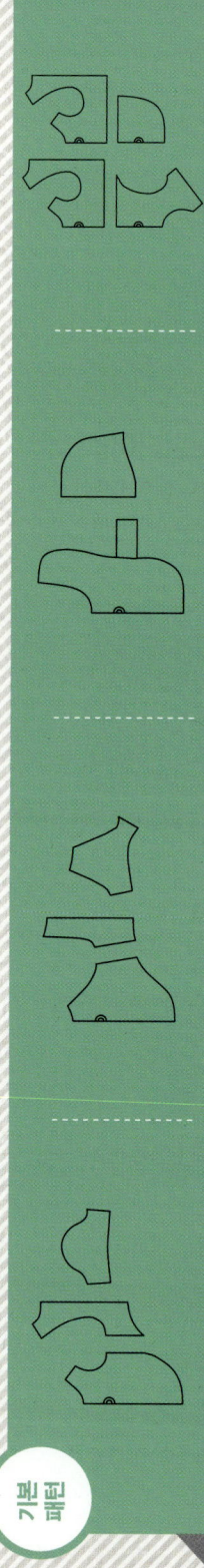

⑤ 진동 길이 조절하기

진동의 길이(진동 기준선)는 진동 둘레를 결정짓는 가장 중요한 수치다. 진동의 길이를 조절할 때는 등 너비와 앞가슴 둘레 폭이 변동이 없도록 유의하고, 앞가슴 길이에 어떤 영향을 끼치는지 확인한 후, ❶을 참고하여 수정해준다.

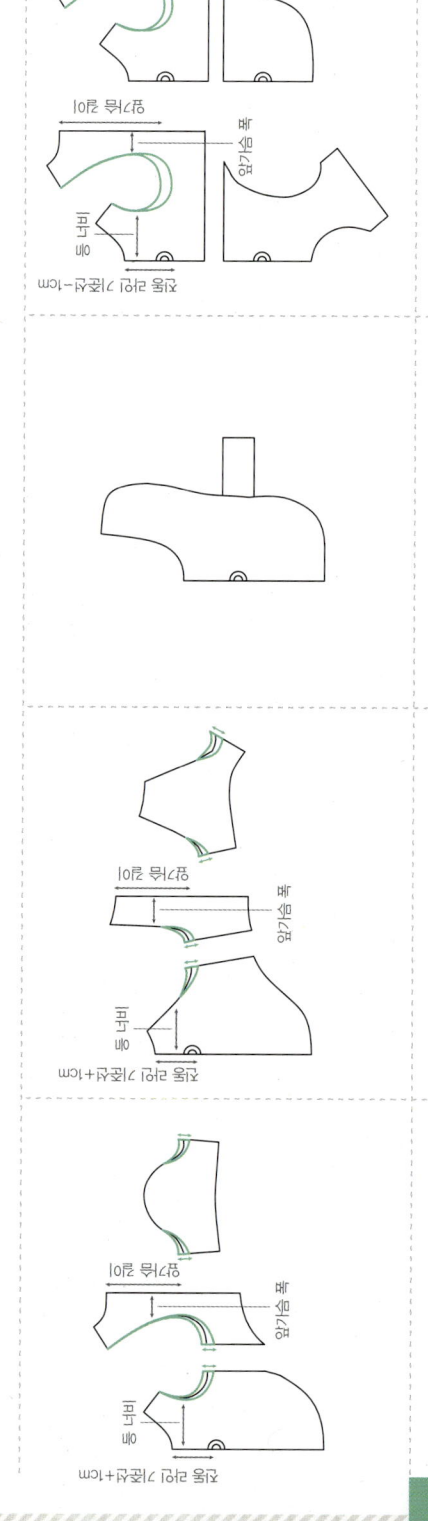

앞다리 근육이 튼실한 경우의 경우, 진동이 꽉 끼는 느낌이 들 수 있다. 이 경우 진동 길이를 조절(⑤)하거나 아래와 같은 방법으로 진동 둘레를 조절할 수 있다.

⑥ 진동 둘레 조절하기

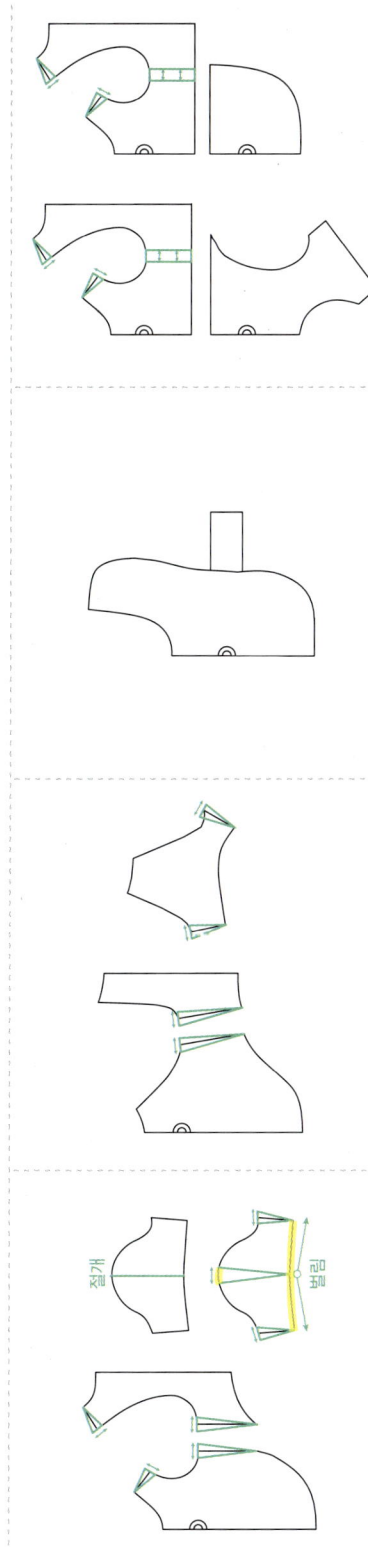

기본 소매형의 경우, 소매 진동이 둘레를 조절한다. 가슴둘레와 사이즈 변화가 조금 있을 수 있으니, 소매에 절개된 부위가 연결이 될 때, 에리아이나 둔각이 되지 않도록 모서리를 가능한 90도에 가깝도록 조절하고 노란 선을 자연스럽게 곡선으로 정리한다.

* 진동 없음

기본 소매형, 래글런 소매형과 동일하나, 가슴둘레가 함께 조절되는 점에 주의한다.

진동 둘레

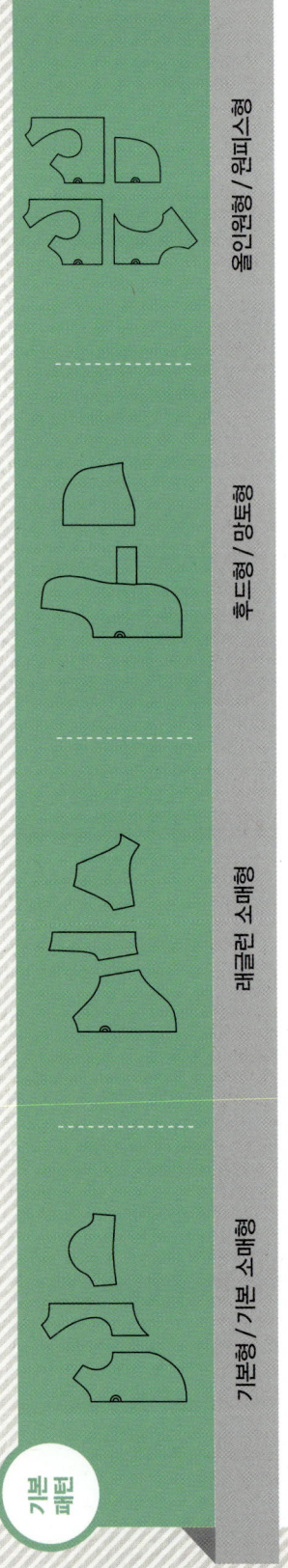

기본형/기본 소매형

래글런 소매형

후드형/맨투형

롬인원형/원피스형

❶ 앞가슴 길이 조절하기
남·여 라인 조절하기

앞가슴 길이 앞가슴이 발달한 아이의 경우, 앞가슴 길이를 조절해준다. 앞 목이 움푹 패인 새들 중심에 오는지 확인한 후, 측정한 앞가슴 길이대로 조절하되, 목둘레에 걸리나 후드 등이 달려 있으면 1cm 정도를 짧게 수정해준다.

남·여 라인 남자, 여자 경이지의 경우, 생식기의 위치 그리고 배를 따뜻하게 덮어주고 픈 엄마 마음을 고려해 자유롭게 수정할 수 있다. 기준선은 패턴 그리기 ▶ 48P 참고를 참고하면 마음 좀 더 정확하게 알 수 있다.

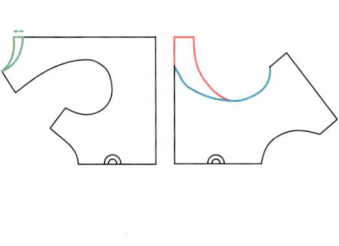

기본 소매형과 마찬가지로 수정하며, 만일 후드나 칼라가 붙는 경우는 앞가슴 길이를 1cm 작게 조절해준다.

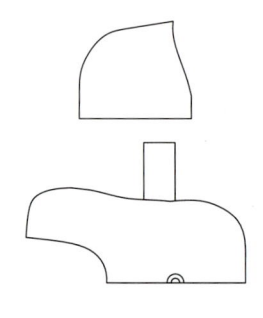

* 앞가슴 없음

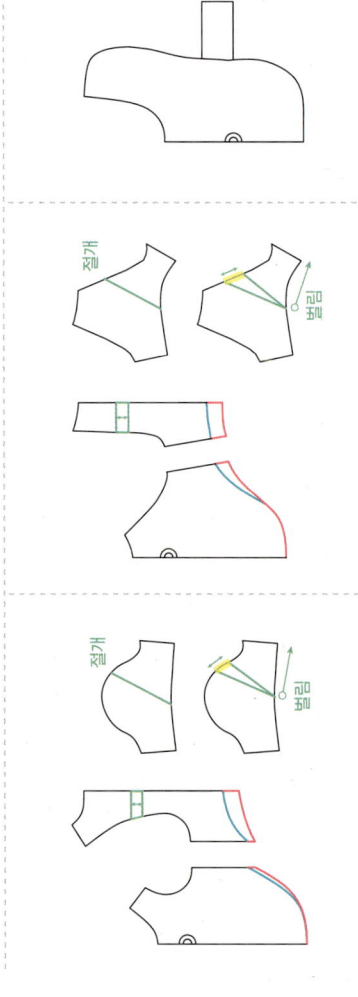

소매가 없는 경우 앞가슴 길이 조절이 간단하지만, 그렇지 않은 경우 앞가슴을 조절한 만큼 소매도 수정이 필요하다. 위 그림을 참고하여 앞가슴 길이를 늘린 만큼 소매 부분을 눌러주는데, 이때 노란 선은 자연스럽게 연결한다.

기본 패턴

앞가슴길이

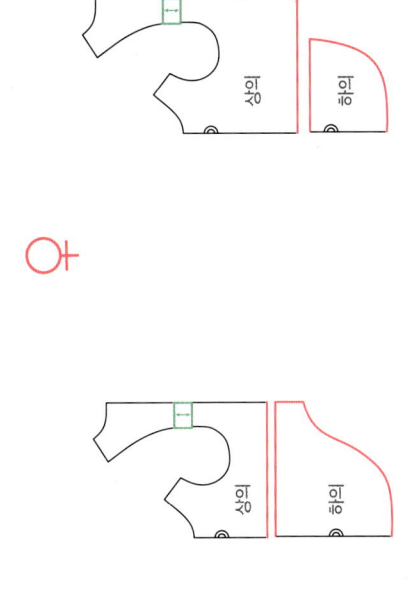

♀

상의가 길고 하의가 짧은 디자인

상의가 짧고 하의가 긴 디자인

* 남·여 구별 없음

♂

상의가 짧고 하의가 긴 디자인

상의가 길고 하의가 짧은 디자인

생식기 위치에 따라 남자 강아지의 경우는 등 길이의 1/2까지 배의 길이를 줄여준다.

여자 강아지의 경우 나머지 지점의 1/3 지점까지 준비한다.
이때, 절개가 들어간 몸판과 가슴판이 자연스러운 곡선으로 연결되었을 때 각이 생기지 않도록 조절해준다.

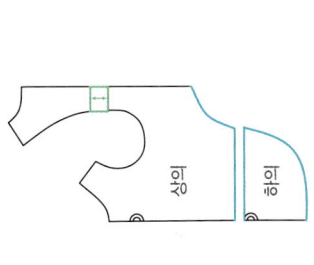

트렌디한 강아지 옷 만들기

1판 1쇄 2017년 1월 20일
7쇄 2023년 12월 15일

지은이 이윤희

발행인 주정관
발행처 북스토리라이프
주　소 서울특별시 마포구 양화로7길 6-16 서교제일빌딩 201호
대표전화 02-332-5281
팩시밀리 02-332-5283
출판등록 2016년 3월 8일 (제387-2016-000012호)
홈페이지 www.ebookstory.co.kr
이메일 bookstory@naver.com

ISBN 979-11-957611-5-9　14590
　　　　979-11-957611-2-8　(세트)

※잘못된 책은 바꾸어드립니다.

이 도서의 국립중앙도서관 출판시도서목록(CIP)은 서지정보유통지원시스템 홈페이지
(http://seoji.nl.go.kr)와 국가자료공동목록시스템(http://www.nl.go.kr/kolisnet)에서
이용하실 수 있습니다.(CIP제어번호: CIP2016029348)